삶과 지적 대화

† 인성과 융복합 학문의 접근

소향숙 간호대학 간호학과
안성주 농업생명과학대학 바이오에너지공학과
문동호 자연과학대학 물리학과
안승호 자연과학대학 수학과
송호준 치의학전문대학원 치의학과
최보길 약학대학 명예교수
최덕재 공과대학 전자컴퓨터공학부
조재신 공학교육혁신센터
민태운 인문대학 영어영문학과
최혜영 인문대학 사학과
정봉현 경영대학 경제학부
송오식 법학전문대학원
김선미 치의학전문대학원 치의학과
강준원 종교문화연구소

삶과 지적 대화
- 인성과 융복합 학문의 접근 -

인 쇄 | 2017년 11월 25일
발 행 | 2017년 11월 30일

저 자 | 소향숙 · 안성주 · 문동호 · 안승호 · 송호준
최보길 · 최덕재 · 조재신 · 민태운 · 최혜영
정봉현 · 송오식 · 김선미 · 강준원 (게재순)
발행인 | 정병석
발행처 | 전남대학교출판문화원

등 록 | 1981. 5. 21. 제53호
주 소 | 61186 광주광역시 북구 용봉로 77
전 화 | (062) 530-0571~2
마케팅 | (062) 530-0573
팩 스 | (062) 530-0579
홈페이지 | http://www.cnup.co.kr
이메일 | cnup0571@hanmail.net

값 17,000 원

ISBN 978-89-6849-444-4 (03230)

이 도서의 국립중앙도서관 출판시도서목록(CIP)은 서지정보유통지원시스템홈페이지(http://seoji.nl.go.kr)와 국가자료공동목록시스템(http://www.nl.go.kr/kolisnet)에서 이용하실 수 있습니다.
(CIP제어번호: 2017030673)

삶과 지적 대화

인성과 융복합 학문의 접근

최혜영 외
공저

전남대학교출판문화원

머리말

바람직한 사회라는 것은 각 사회의 구성원들이 사회문화 전반의 올바른 가치관을 공유하고, 민주 시민 의식을 통하여 개인과 상호간의 존중과 더불어 조직 사회의 공동 이익을 함께 도모하는 사회일 것이다. 그러나 21세기에 들어오면서, 대중문화를 주도하는 매체들의 영향력이 증대되는 가운데, 대부분 매체들이 인간의 감각을 자극하면서, 특히 젊은 층의 가치 신념과 사상에 우려할 만한 영향을 끼치는 사회가 되었다. 이를 바로잡기 위해서는, 무엇보다도 생명을 존중하고 민주시민 의식을 확립하기 위해서는, 올바른 가치관과 도덕윤리, 법학과 경영을 제대로 배움으로써 가능할 것이다.

이에 자연과학, 의약학, 공학, 인문학, 사회학, 법학, 경영학 등 열두 가지 색깔의 다양한 전공의 전남대학교 기독교수들이 <삶과 지적 대화(부제: 인성과 융복합 학문의 접근)>라는 책을 공동으로 저술하게 되었다. 이는 하나님께서 우리들에게 베풀어주신 은혜에 조금이라도 보답하고자하는 목적의 결과물이다. 각자에게 주신 소명이라 할 수 있는 각 학문분야의 전문성이 숙성되어 담겨진 내용들로, 하나님을 조금이라도 변증하고자 하는 우리의 바램이 모인 것이다.

우리의 얕은 지식과 식견으로는 도무지 다 알 수가 없는 것이 하나님 섭리이고, 창조하신 우주와 자연과 인간이라 하겠다. 하지만 '여호와를 경외하는 것이 지식(지혜)의 근본'이라고 하신 것처럼, 하나님을 사랑하는 마음으로, 또 이웃을 사랑하는 마음으로 기도하면서 이 책을 펴낸다. 이 책이 하나님의 의와 그 나라를 알려주는데 조금이라도 도움이 되기를 간절하게 바랄 뿐이다. 이 책에 담긴 내용에 미흡한 부분이 있다면, 저자들에게 충언을 주셔서 더 충실한 내용으로 보완된 재판이 출간되는 날을 기대하는 바이다.

솔리 데오 글로리아, 오직 하나님께 영광을!

2017년 8월

빛고을 용봉동에서 저자 일동

차 례

제3부

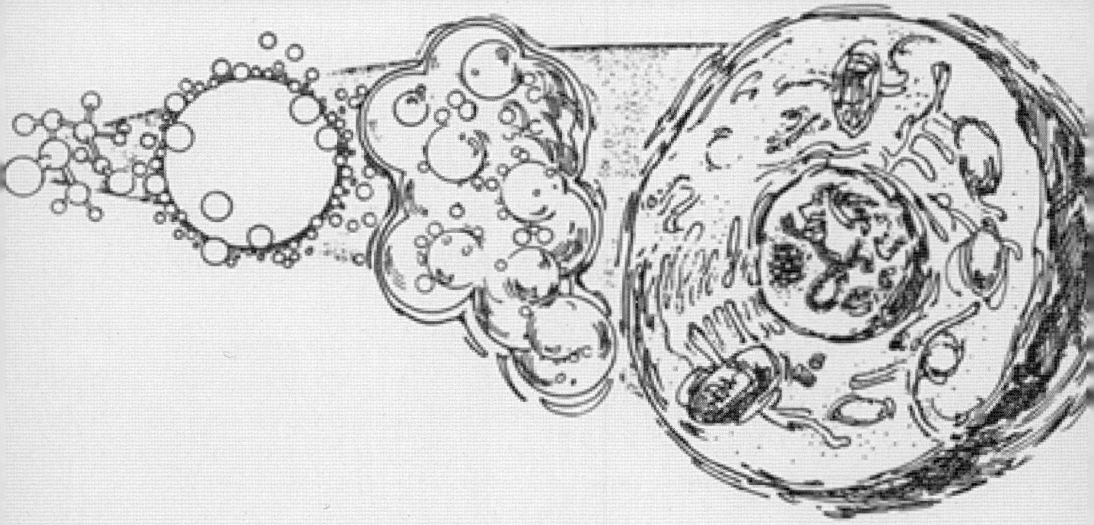

Part 1.

- 인체의 신비: 인간 생명의 시작과 종말
- 생명의 신비 그리고 식물
- 우주를 통해 살펴본 과학과 신앙
- 하나님과 수
- 성경과 현대물리학
- 약과 삶
- 정보기술과 신앙
- 창조와 지식재산권

인체의 신비:
인간 생명의 시작과 종말

1. 인체 탄생의 신비로움

생명은 정말로 신비 그 자체이다. 아직도 우리는 과학적으로 그 신비를 다 밝히지 못하고 있다. 이 신비로운 생명이 과연 저절로 우연히 만들어질 수 있을까? 지금까지 밝혀진 과학적인 근거만으로도 생명은 결코 저절로 될 수 없음을 쉽게 알 수 있다.

생명이란 무엇인가?

사전에서 생명에 대해서 다음과 같이 설명하고 있다. "생물이 살아서 숨 쉬고 활동할 수 있는 힘 또는 모든 생물에 공통적으로 존재하는 속성이다. 이는 누구나 쉽게 느낄 수 있는 것이지만 정확하게 정의하기는 대단히 어렵다. 때에 따라서는 생물과 그 활동을 '생명'이라 부르기도 한다." 물론 생물학적으로 생명의 특성은 세포로 되어 있고, 호흡하고, 대사 작용을 하며, 번식하고, 환경에 적응한다는 등으로 다양하게 말할 수 있다. 그러나 이런 설명들이 생명을 완전히 정의해주는 것은 아니며, 생명의 특성을 일부 말할 뿐이다. 또 생명이 무엇으로 구성되어 있는지 분석할 수 있지만, 이를 다 모은다고 생명이 되는 것은 아니다. 그래서 생명체는 생명체를 구성하는 무생명 물질inanimate matter의 단순한 집합만이 아니라, 그 이상이라고 말한다. 학자들은 이것을 분자논리molecular logic라고 말하지만, 이 역시 생명이 무엇인지를 시원하게 말하지 못한다.

1) 수정의 신비 : '놀라운 생명의 시작'

수정의 의미 : 학술적 의미에서 수정은 반수체haploid의 두 배우자인 난자와 정자가 만나 융합하여 배수체diploid인 접합자zygote가 되는 현상으로 정의한다. 즉 난자와 정자는 염색체의 수가 23개로 이루어진 반수체이며, 수정이란 이들이 만나 합하여 배수체, 즉 23쌍(46개)의 염색체를 가진 접합자인 수정난을 만드는 과정이라 말 할 수 있다. 이것이 이루어짐으로써 비로소 개체발생이 시작된다. 수정이라고 하면 난자와 정자가 만나 융합하는 과정으로 간단히 생각할 수 있겠지만, 수정이 이루어지기 위해서 정자와 난자는 각각 성숙maturation의 과정을 먼저 거치게 된다.

수정은 결코 단순한 과정이 아니다. 수정이 이루어지기 까지는 복잡하지만, 이미 짜여진 규칙에 의해 각 단계를 밟아가는 질서 정연한 과정의 연속이다. 그래서 수정은 한마디로 조화harmony의 극치요, 완성을 향한 시발점이요 바탕이라 말할 수 있다. 생명을 갖고 있는 생명체라면 다 그러겠지만, 생명의 시작이라고 할 수 있는 수정도 마치 수십 명의 교향악단 단원들이 각기 다른 악기를 갖고 하나의 아름다운 교향곡을 연주해내는 오케스트라와 비길 만하다. 과학이란 여기에 숨겨진 아름다운 비밀을 하나씩 하나씩 찾아가는 것이다.

수정을 발생학적인 의미로 설명한다면 크게 네 가지로 요약 할 수 있다. 첫째, 각각 반수의 염색체를 갖고 있는 정자와 난자가 만나 수정이 됨으로써 원래 상태의 배수체인 염색체로 회복이 되는 의미를 가진다. 둘째, 수정을 통해 엄마와 아빠의 유전형질을 자손에게 전달할 수 있다. 셋째, 성염색체의 조합에 따라 남성과 여성, 즉 성이 결정된다. 넷째, 수정이 되면 난자가 활성화[activation]되어 개체발생으로의 힘찬 발걸음을 내딛게 된다는 의미를 지닌다. 그래서 수정은 융합의 과정이요, 융합된 것으로서의 새로운 시작이라 할 수 있기에 그 의의는 실로 크다.

수정이 이루어지는 장소에 따라 수정도 두 가지로 나누어진다. 사람을 비롯한 대부분의 포유동물의 경우 수정이 몸 안에서 이루어지는 '체내수정'인 반면, 성게의 경우는 4억 개의 난자와 1천억 개의 정자가 바다에 방출되어 '체외수정'이 일어난다. 이처럼 수정이 이루어지기 위해서는 여러 가지의 조건이 부합되어야 하며, 결코 우연의 소산물이 아님을 알 수 있다.

2) 수정의 과정

(1) 정자와 난자의 만남과 상호 인식

수정이 되기 위해서는 정자와 난자가 만나야 함은 당연한 이치이다. 사람의 경우 정자는 여성의 질에 사정이 되고, 난자는 나팔관 상단부로 배출이 되기 때문에 정자는 난자를 만나기 위해 그 곳까지 여행을 해야 한다. 불과 약 15cm에 지나지 않는 짧은 거리지만, 정자로 볼 때는 매우 험난한 장거리이다. 이를 위해서 정자는 기동력이 있어야 하기 때문에 운동력을 갖고 나아갈 수 있도록 설계되어 있음을 볼 수 있다. 또한 정자가 난자를 만나 수정을 시키기 위해서는 반드시 여성 생식기관을 통과해야 한다. 즉 질과 자궁을 거치면서 수정 능력을 획득하게 되는데, 이것을 수정능 획득capacitation이라고 한다. 난자가 난소에서 배란이 된 후 생존할 수 있는 기간이 불과 8~12시간이고, 정자의 이동속도는 1~4 mm/min이다. 남자의 사정 후 정자가 방해물 없이 열심히 달려간다 해도 40분 이상 소요된다. 한 마디로 수정은 그야말로 타이밍이요, 확률이라고 표현할 수 있다. 정자는 한번 사정 시 약 3~5억 마리가 나오며, 이중 단 하나만이 난자에 골인하게 되는 행운을 갖는다. 난자는 처음에는 5~6백 만 개의 원시난자로부터 시작하지만, 일생 동안 400~500개만이 성장하여 배란되게 된다. 난자와 정자와의 만남의 확률을 볼 때, 나와 같이 생긴 한 생명이 탄생할 수 있는 확률은 거의 불가능하다고 해도 과언이 아니다. '내가 우연히 태어난 것이냐? 아니면 미리 계획된 선택이냐!' 는 결국 창조주를 인정하느냐 않느냐에 따라 달라지겠지만, 내가 태어났다는 사실 자체가 놀라운 사건이며, 우연한 산물로 보기 힘들다는 것을 이를 통해서도 알 수 있다.

사람의 정자는 원숭이의 난자를 수정시킬 수가 있을까? 결코 있을 수 없다. 수정에도 종 특이성species specificity이라는 것이 있기 때문에 사람의 정자만이 사람의 난자를 수정시킬 수 있다는 것이다. 이러한 수정과정에서 나타나는 종 특이성은 진화의 과정을 부정하는 과학적인 근거가 되며, 자기 개체의 특성을 보존하는 원리가 되기도 한다.

(2) 첨체 반응

정자가 난자를 어떻게 뚫고 들어갈 수 있을까? 포유류의 배란된 난자는 여러 겹의 세포들(방사관세포, 난구세포, 투명대 등)이 둘러싸고 있는데 이 세포들을 정자가 헤치고서 뚫고 들어가기 위해서는 첨체반응acrosomal reaction이라고 불리는, 마치 적의 진지를 파괴하는 반응 즉 생화학적인 반응이 일어나야 한다. 첨체반응은 정자의 머리 끝부분 첨체에 저장되어 있는 여러 종류의 단백질 분해효소들hualuronidase, acrosin이 분비되어 난자를 둘러싸고 있는 난구세포들을 분산시키고 투명대를 녹이면서 난자를 뚫고 들어가게 된다.

여기에도 종 특이성이 있어, 이 첨체반응은 자연적인 방법으로 다른 이종 간에는 절대 일어나지 않는다. 만약 이종간 수정이 일어나서 발달을 한다면, 매일 다른 종이 생겨나 이 세상은 괴물 천지로 바뀔 것이다. 한 가지 흥미로운 사실은 투명대를 제거하면 이종 간에도 가끔 수정현상이 일어나기도 한다. 예를 들면 햄스터 난자의 투명대를 제거하고 여기에 사람의 정자를 넣으면 정자가 난자 내로 진입을 하게 된다. 하지만 절대로 정상적인 배embryo 발달이 이루어지지는 않는다.

그런데 왜 투명대를 제거하면 정자의 진입이 허용되며 투명대가 있으면 불가능한 것인가? 그리고 더 이상의 발달이 일어나지 않을까? 이는 투명대 내에 종 특이 정자수용체sperm receptor가 존재한다는 사실을 암시한다. 마치 자물통과 열쇠의 관계처럼 서로 맞아야 자물통이 열리는 것처럼 사람의 정자를 인식하는 수용체가 사람의 난자에만 존재한다는 것이다. 다시 말해 이 수용체는 다른 종의 정자는 인식하지 못하기 때문에 주변에 아무리 많은 정자가 있더라도 문을 열어주지 않는다는 뜻이다. 이 얼마나 철저한 계획인가! 실제로 생쥐 난자의 투명대에서 ZP1, ZP2, ZP3로 불리는 세 가지의 당단백질이 분리되었으며, 이중 ZP3가 정자 수용체의 기능이 있음이 밝혀졌다. 그러나 더욱 신비스러운 것은 설령 투명대를 뚫고 들어간다고 해도 환경이 맞지 않으면 더 이상의 발달이 이루어지지 않는다는 사실이다. 사람의 정자가 햄스터의 난자에 들어가면 햄스터도 아니고 사람도 아닌 것이 만들어져야 하는데, 문제는 이를 위해서는 들어간 후에도 일련의 복잡한 반응들이 일어나야 하는 데 절대로 일어나지 않는다는 사실이다.

(3) 다정자 침입의 방지 : 어떻게 한 마리의 정자만이 난자에 들어가게 되는가?

"수억 마리의 정자가 배출되는데 어떻게 단 한 마리만이 난자와 수정되는가?"에 대한 해답은 매우 흥미로운 사실이다. 때로는 비정상적인 조건 하에서 여러 마리의 정자가 침입하는 다정자 침입polyspermy(다수정)이 일어날 수도 있지만 정상적인 발생이 일어나지 않는다. 그러면 어떻게 여러 마리의 정자가 침입하는 것을 막아줄까? 여기에는 난자에 다정자가 진입하는 것을 막아주는blocking to polyspermy 기작이 존재하기 때문이며, 이는 일정한 수의 염색체를 유지할 수 있도록 하는 발생학적으로 매우 중요한 현상이다.

이 다정자 침입방지 기전에는 크게 두 가지가 있는데, 첫째는 매우 빠른 조치를 취하는 빠른 차단fast blocking이 있고, 이후에 단단히 완전히 막아주는 느린 차단slow blocking이 있다. 이는 매우 치밀한 계획이며, 오랜 세월이 지나면서 스스로 터득한 것이 아니라 진정으로 누군가가 처음부터 완전한 계획적 설계한 것이 아니면 도저히 일어날 수 없는 현상이다.

빠른 방어차단 기작은 '수정전위'라 하여 정자가 난자에 접촉하면 몇 초 내에 전위의 차가 발생하게 되는데, 성게의 경우 미수정 난자의 막전위membrane potential는 -70mV인데 정자가 난자의 원형질막에 접촉하자마자 1~2초 내에 +10mV로 변화하게 되는데, 이를 우리는 수정전위라 부른다. 즉 정자는 난자의 원형질막의 전위가 강한 음성일 때 잘 접촉하여 융합할 수 있다. 느린 차단은 원형질막 아래에 존재하는 피질과립이 방출되어 일련의 복잡한 반응들이 일어나고 마지막으로 하이알린hyaline이라는 성분이 분비되어 난자 전체를 감싸고 더욱 두터워진 하이알린 층을 형성하여 나중에 난할로 만들어진 할구를 보호하는 역할까지 하게 된다. 이로써 추가적인 정자의 진입을 막게 되는 것이다.

(4) 난자의 활성화 : 수정 후에 난자 내에서는 어떤 반응인가?

수정된 난자는 개체로서의 발달을 향하여 매우 복잡하지만, 다양한 변화가 순서에 따라 질서정연하게 한 치의 오차도 없이 일어난다. 이것을 학술적으로는 난자의 활성화라고 하는데, 하나의 생명체가 만들어지는 그 과정은 정말 신비스럽고, 생명의 존엄성을 실감하게 된다. 어떤 이는 난자 활성을 생명발생의 시작이라고 하는데, 수정의 완성이 이 과정을 통해 이루어지기 때문이라 생각된다. 이 과정에서 일어나는 중요한 사항은 수정이 되면 pH도 변하고, Ca^{2+} 이온이 증가하고, 이에 따라 일련의 대사과정의 활성화, 산소 소모량의 증가, DNA와 단백질의 합성 등이 증가됨은 물론이고, 세포질 내용물의 위치변경과 재조정 등 질적인 변화가 일어나면서 다음 단계인 난할을 준비하게 되는 것이다. 난자의 활성화는 그야말로 완성을 향한 활발한 기지개라 표현할 수 있다.

(5) 난자핵과 정자핵의 융합

난자와 정자 두 핵의 융합은 수정 후 20~30분 정도에서 일어난다. 난자의 핵은 성숙과정을 거쳐 난자 전핵pronucleus을 형성하며, 난자에 진입한 정자의 핵은 복잡한 성숙과정을 거쳐 정자 전핵으로 재구성된다. 포유류에 있어서 이 정자 전핵 형성은 12시간 정도로 비교적 긴 시간에 걸쳐 일어난다. 이렇게 준비된 두 전핵은 융합하여 하나의 접합핵zygote nucleus을 형성한다. 동물의 종류에 따라 다소 차이는 있지만, 포유류의 경우 융합하기 이전의 전핵상태에서 DNA가 복제되고 핵막이 소실되고 양친의 염색체가 적도판에 배열하면서 제1분열에 들어간다. 따라서 진정한 의미의 배수체 접합체는 수정난에 존재하는 것이 아니라, 첫 번째 난할 후 2세포기 배아에서 처음으로 나타난다고 할 수 있다.

3) 생체 신비를 조절하는 호르몬

호르몬이라고 하면 사람들은 괜히 부끄럽고 민망한 표정을 짓곤 하는데 이는 호르몬을 단순히 정액정도로 생각하거나 성과 관련된 것이라고 생각하기 때문일 것이다. 물론 성호르몬이 있어 성 성숙과 직접적인 관련이 있는 것은 사실이지만, 성호르몬 이외 다른 많은 호르몬이 있어 우리 몸에서 다양한 생리적 기능을 한다. 사람을 비롯하여 모든 생명체는 자신의 내부 환경과 외부환경 변화에 적응을 할 수 있어야 한다. 사계절이 바뀌어 온도가 변하고 시간이 지나면 성장도 해야 하고, 내 몸속에 다양한 음식이 들어오면 소화도 해야 하고, 영양분의 상태도 바뀐다. 혈당이 올라가면 낮추기도 해야 하며, 때론 흥분도 한다. 우리 인생은 한 마디로 말하면 부단한 변화의 연속이라고 할 수 있다. 호르몬은 시시각각 변하는 환경에 대처하며 살아갈 수 있도록 하는 생체의 신비를 조율하는 전령이라고도 할 수 있다. 그러나 호르몬은 추상적인 것이 아니라 생화학적으로 말하면, 혈액 속에 존재하면서 혈행을 타고 돌아다니며 각종 일을 수행하는 하나의 화학적 전령(메신저)이다.

해부학적으로 어떤 물질을 분비하는 세포나 기관을 분비선gland이라 하는데 여기에는 두 가지가 있다. 하나는 침, 땀, 젖과 같이 어떤 관을 통해 분비되는 외분비선이 있고, 또 하나는 관이 아닌 혈액의 흐름 속으로 흘러들어가 작용할 표적기관target에 도달하여 작용을 하는 호르몬과 같은 내분비선이다. 그래서 호르몬을 연구하는 학문을 내분비학endocrinology이라고 한다. 호르몬을 분비하는 내분비 기관으로 시상하부, 뇌하수체, 갑상선, 부신, 난소, 정소 그리고 인슐린을 분비하는 췌장이 있다. 내분비선 중 가장 중요한 기관 가운데 하나인 뇌하수체는 불과 100년 전만 해도 단지 작다는 이유만으로 꼬리 등뼈와 함께 퇴화되어가는 흔적기관으로 여겼다.

호르몬이 갖는 특성의 하나는 일반적으로 극미량으로 존재하면서 갖가지 생리활성을 연출해 낸다는 점이다. 가장 좋은 예는 이 호르몬이 없거나 부족하면 여성의 특성을 잃어버리는 Estradiol-17B(간단히 E_2라고도 함)의 경우다. 이 E_2호르몬은 난소에서 합성이 되어 월경이 시작된 후 약 12~15일 경에 가장 많은 양이 분비되는데, 이때의 농도가 200 pg/ml(1pg = 1조분의 1g)정도 밖에 안 된다. 이 농도는 깊이 2 미터, 길이 200 미터, 넓이 100 미터 되는 호수에 한 숟가락의 설탕을 넣었을 때의 농도같이, 아주 미량이다. 그래서 호르몬을 연구하는 내분비학자들에게는 호르몬을 측정할 수 있는 특별한 분석방법이 필요하다. 그래서, 얄로우Yallow와 버슨Burson 등의 학자들은 방사선 동위원소와 항체, 항원반응을 이용한 소위 면역분석법RIA: radioimmunoassay을 개발하여 이 공로로 노벨상을 받기도 하였다.

때론 호르몬을 '작은 거인'이라고 표현하기도 한다. 이 E_2호르몬 분비에 이상이 생기면, 여자는 아기를 낳을 수도 없고, 턱에 수염이 날 수도 있고, 다리에 털이 나고 남자처럼 굵은 목소리를 낼 수도 있다.

4) 단백질은 저절로 만들어질 수 있는가?

세포를 구성하는 생체분자 중 가장 주된 거대분자macromolecules는 단백질, 핵산, 다당류 및 지질이 있다. 이 가운데 단백질은 어원에서 보듯이 (protein은 그리스어 proteios로서 첫째, 최고의 의미를 갖는다) 가장 중요한 생체분자이다. 우리가 잘 아는 피 속에서 산소를 운반하는 헤모글로빈(Hb)도 단백질이고, 면역기능을 지닌 항체도 그리고 모든 효소도 단백질이다. DNA는 단백질을 만들어내기 위한 정보라고 해도 과언이 아니다.

단백질은 스무 가지 아미노산으로 되어 있다. 모든 단백질은 아무렇게나 만들어 진 것이 아니라 일정한 배열 순서를 갖는다. 우리는 이것을 단백질의 일차구조라고 한다. 예를 들면, 인슐린이란 호르몬은 51개의 아미노산으로 되어 있는데, 사람의 경우 모든 인슐린은 1에서 51번까지 아미노산의 배열순서는 동일하다. 만약 그 가운데 한두 개라도 배열순서가 달라지면, 제 기능을 할 수 없게 되어 당뇨병에 걸릴 수도 있다. 모든 사람들의 인슐린 일차 구조가 어떻게 같을 수 있을까? 이것은 인슐린을 만들어 내는 유전자가 다 같기 때문이다. 진화가 옳다면 사람마다 달라져야 할 텐데, 결코 그렇지 않다는 것은 무엇을 말하는 것일까? 진화론적인 과정을 통해서 만들어지지 않았다는 사실을 입증한다. 헤모글로빈의 경우에 6번 위치 하나가 바뀌면, 적혈구는 소위 낫 모양의 적혈구로 그 모양이 바뀌어, 빈혈과 호흡곤란증을 일으키는 치명적인 병sickle cell anemia에 걸리게 된다.

대학에서 가장 널리 오랫동안 생화학 교과서로 사용되어 온 <Lehninger Biochemistry>에 보면, 100개의 아미노산으로 구성된 단백질 하나가 무작위로, 즉 진화론적인 과정으로 우연히 저절로 생기는 데는 10^{50}년, 즉 거의 무한대의 시간이 걸린다고 하는데, 이는 우연히 일어날 수가 없다는 것을 의미한다. 왜냐하면 진화론자들은 지구의 나이를 45억년이라고 하는데, 그렇다면 모든 진화는 45억년 기간 안에 일어나야 한다. 그런데 간단한 단백질 하나가 만들어지는데 무려 10^{50}년이 걸린다면 이는 지구의 나이를 훨씬 초과하게 되기 때문이다. 10^{50}년은 인간이 사용하는 수의 개념을 훨씬 벗어나는 그야말로 있을 수 없는, 생각할 수도 없는 수치다. 혈액 속에서 산소를 운반하는 헤모글로빈(Hb)은 574개의 아미노산으로 구성되어 있다. 이 Hb 분자가 우연히 만들어졌다면 도대체 몇 년이 걸리겠는가. 진화론적으로 해석할 수가 없음은 당연하다.

그런데 사람의 눈에도 보이지 않는 박테리아 한 마리는 불과 5초 만에 만들어 진다고 한다. 이 얼마나 놀라운 사실인가! 어떻게 해서 이것이 가능한 일일까? 한 마디로 말해서 5초 만에 만들어 낼 수 있는 장치가 되어 있기 때문이며, 이에 DNA-RNA-단백질로 이어지는 오늘날 생명과학의 핵심인 바로 분자생물학의 핵심적인 원리가 있기 때문이다. 연필 한 자루가 우연하게, 저절로 만들어 질 수는 없지만, 연필 공장에서는 수천, 수만 자루의 연필을 생산할 수가 있는 것은 일정한 크기와 모양의 연필이 만들어지도록 설계된 기계가 있기 때문이다. 마찬가지로, 현대의 첨단 과학기술로 박테리아 한 마리도 만들어 낼 수 없는 것이 5초 안에 만든다는 것은 '이미 설계되어진 장치의 설계'가 있기 때문이다. 어떤 간단한 생명체, 기계도 저절로 될 수가 없는데, 하물며 오늘도 호흡하며 살아가는 내가 저절로 우연히 되었다고 주장하는 진화론은 분명 잘못된 이론이다. 조금만 생각하면 우리 생명체가 결코 우연히 만들어질 수 없음을 알 수 있을 것이다.

생명의 신비에 관한 사실은 어디 이뿐이겠는가? 우리 주변의 식물, 곤충, 눈에 보이지 않는 미생물 등 모든 생명체는 신비의 덩어리이다.

2. 생명의 종말

인체 정상세포는 필요할 때 분화하고 특수하게 분화된 기능을 수행하며 최적의 신체기능을 위해 적절한 시간에 세포사멸apoptosis을 한다. 이처럼 정상세포는 한정된 생명주기를 가지고 있으며 세포분열 주기가 진행됨에 따라 염색체 끝의 말단소립teloreme DNA가 점차 짧아지는 프로그램화된 세포사멸programmed cell death의 신호에 대한 반응으로 일어난다. 세포사멸의 목적은 모든 인체 기관의 최적 조건에서 적절한 수의 세포를 갖도록 하기 때문에 노화된 세포나 죽은 세포나 원치 않은 세포를 제거하는 생화학적 그리고 세포단위에서 일어나는 정상적 인체기전이다.

일반적으로 죽음은 생물학적 죽음, 의학적 죽음, 사회적 죽음(식물

인간) 등으로 구분된다. 그 이외에 자신 또는 타인에 의해 인위적으로 생명의 종말을 유도하는 인공임신중절(낙태), 안락사, 자살 등을 들 수 있다. 본 장에서는 지면 제한과 더불어 본 저서의 주요 독자층 청소년과 청년층에게 부합하도록 피임과 인공임신중절을 함께 다루어보고자 한다.

1) 피임

피임은 임신을 피하는 것으로, 대개는 청소년이 성인이 되고 결혼하게 되었을 때를 대비하여 교육하는 것이다. 청소년에게 피임에 대해 교육함으로써 성행위를 조장하기보다 자제하도록 함에 의미를 둔다. 청소년의 경우 피임보다 더 중요한 것은 건강한 성 의식을 확립하여 자신을 지키고 성을 책임감을 가지고, 바르게 누릴 수 있는 힘을 기르는 것이 중요한다.

일반적으로 정상적인 결혼생활을 하였을 때 1년 안에 임신이 될 확률은 85%이다. 하지만 단 한 번의 성관계로도 임신할 수 있는 가능성이 있으므로 임신을 계획한 상태가 아니라면 자신에게 맞는 피임법에 대해 확실히 이해하고 있어야 한다. 이러한 임신과 피임에 대한 이해부족으로 낙태시술을 받거나 미혼모가 되는 사례가 늘고 있어 심각한 사회문제로 대두된 지 오래이다. 우리나라는 인구 1,000명당 인공임신 중절률이 15.8%로 OECD국가들 가운데 최상위 그룹에 속해 있다. 또한 2010년 보건복지부가 14~44세 가임기 여성들을 상대로 인공임신중절 실태를 조사한 결과에 따르면 이들 가운데 한 번이라도 낙태수술 경험이 있다는 대답이 10명중 3명(29.6%)으로 나타났다.

원치 않는 임신의 결과로 임공임신 중절을 택한 빈도가 높다는 것은, 이에 대한 교육이 절실하며, 피임의 방법과 실패율을 알고 본인에게 가장 효과적인 사용법을 잘 숙지하여 실제 상황에서 적용될 수 있어야 함을 의미한다. 이상적인 피임을 위해서는 피임효과가 확실한지, 피임을 중단했을 때 임신에 영향이 없는지, 부작용은 적은지, 성 매개질환을 예방할 수 있는지, 성감을 저하시키지 않으면서 사용법이 간단하고 비용이 되도록 적게 드는지 등의 조건을 따져보아야 한다.

올바른 성교육이 절실하게 필요하지만, 다른 한편 청소년 성교육에 있어 피임법을 너무 당연한 것으로 교육함으로써 성교나 임신마저도 쉽게 생각하게 만드는 오류를 피해야 할 것이다. 피임의 시작은 정확히 알 수 없으나 고대 문서에 질외사정으로 피임을 시도한 기록이 있으며, 이후 과학의 발달과 인권의식의 변화 등으로 많은 피임법들이 개발되고 이용되어 왔다. 실제로 20세기 전까지만 해도 피임은 사회적, 종교적으로 금지된 행위였다. 근대의 피임 시작은 1909년 독일에서 개발된 최초의 자궁 내 피임장치IUD(Intra-uterine device)가 시초이며, 미국은 1965년에서야 기혼부부들에게 피임할 권리를 법적으로 인정해주었고, 1972년에 미혼자들에게도 피임할 권리가 인정되었다. 오늘날 응급피임약을 약국에서 자유롭게 살 수 있도록, 전문의약품에서 일반의약품으로 전환되는 문제에 대해서는 첨예한 윤리적 의견 대립이 있다. 응급피임약을 쉽게 구해서 사용할 수 있는 환경이 되었을 때 발생할 수 있는 사회적, 윤리적인 문제를 살펴본다면 다음과 같다.

먼저 미성년자들이 무분별하게 사용할 가능성이 염려되어 청소년 보호가 문제가 된다. 현재 우리나라에 미성년자에게 판매가 금지된

술과 담배도 청소년들이 아주 쉽게 구할 수 있는 구조적 취약점이 있음을 고려하면, 응급피임약의 일반의약품 전환은 청소년들을 불건전한 성문화에 노출시킬 수 있으며 무책임한 성 개방의 상황으로 내몰 수 있다.

둘째, 남성의 책임은 낮아지고, 여성은 사회적 약자로 전락할 수가 있다. 성교 후 일방적으로 남성들이 여성들에게 응급피임법을 강요할 수 있기 때문이다. 남성은 피임에 대한 방관자로 행동하고 여성에게만 모든 책임을 지울 가능성이 농후하다. 또한 남성이 응급피임약을 기대하면서 콘돔 사용을 기피할 경우, 여성이 성병 등에 노출될 가능성이 현저히 높아지게 될 것이다.

셋째, 개인 성윤리 의식의 저하 현상과 맞물려 발생할 사회적 성윤리의 타락 현상이다. 1970년대 미국에서 프리섹스가 광풍처럼 유행할 때, 낙태와 미혼모 발생을 막자고 미혼자들에게 피임을 법적으로 허용했다. 하지만 사회적 합의나 제도적 안전장치가 없이 시행된 이러한 정책은 성 윤리의 타락과 미혼모의 폭발적 증가라는 역풍을 가져왔다. 개인의 자율성은 존중되어야 하지만 잘못 사용하면 고삐 풀린 망아지처럼 사회적 윤리 타락현상을 초래할 수 있다.

넷째, 국가의 생명윤리의식의 저하문제이다. 응급피임약은 수정란이 자궁에 착상하지 못하도록 피임하는 방법이다. 수정란 역시 생명으로 인정하고 보호해야 한다. 아무런 거리낌없이 수정란을 죽이도록 허용할 경우, 생명윤리 의식 저하 현상도 함께 동반될 수 있는 문제점으로 지적된다. 아무런 대책이나 사회적 합의도 없는 상황에서 급하게 일반의약품으로 전환할 아무런 이유는 없는 것이다.

2) 인공유산 및 인공임신중절 (낙태)

(1) 인공유산 및 인공임신중절의 정의

인공유산은 태아가 생존능력을 갖기 이전의 임신 시기에 약물 또는 수술로 임신을 중절시키는 것을 의미하며 '낙태'와 같은 뜻으로 사용된다. 인공유산은 크게 두 가지로 분류될 수 있는데, 첫째, 치료적 인공유산은 태아사망 등 산모나 태아에게 의학적 적응증이 있거나 성폭행 등과 같은 법적 적응증으로 인공유산을 유도하는 것을 의미한다. 둘째, 선택적 인공유산은 의학적 원인 없이 산모의 요구에 의한 인공유산을 말한다. 선택적 인공유산은 생명의 인위적 중단이라는 속성으로 인해 필연적으로 윤리적 문제를 동반하게 된다. 우리나라에서 선택적 인공유산은 '불법'이다.

(2) 윤리적 고려

인공임신중절과 관련된 윤리이론은 인간생명의 '신성성과 생명권'을 기반으로 하여 어떠한 상황에서도 윤리적으로 허용될 수 없다는 「보수주의적 입장」과, 어떠한 경우에도 여성이 자신의 신체와 가치관과 관련된 선택을 할 수 있다는 근거에서 허용하려는 「자유주의적 입장」의 이론들이 있다<참조: PRO-LIFE vs PRO-CHOICE>. 최근에는 이러한 양쪽의 입장을 수정한 중도적 온건 이론들이 등장하고 있으며, '인간 생명의 시작을 언제로 볼 것인가?'라는 근본적인 물음에 대하여는 논란이 있다.

여러 논란에도 불구하고 우리가 알고 있는 한 가지 확실한 답은 그것이 배아 상태이든지, 자궁 속 태아이든지, 출산한 신생아든지 간에 생명은 소중하다는 것이다. 낙태나 영아살해나 자살은 동일한 윤리적 문제를 가진다. 인간이 만들어 낸 어떠한 고결한 가치도 생명 그 자체의 가치와 비교할 수 없다. 특히 **청소년들이 건강한 생명윤리를 확립하는 것은 매우 중요하다.** 청소년들에게 성관계가 생명으로 이어지고 인공임신중절이 하나의 생명을 살해하는 결과가 될 수 있다는 개념을 알게 하는 것만으로도 성교육의 중요한 부분을 완성한다고 볼 수 있다.

(3) 인공임신중절의 실태 및 법률적 문제

한국에서는 인공유산이 신고제가 아니므로 정확한 통계를 알 수가 없다. 2010년 한국보건사회연구원에 의하면, 연간 약 34만 여건의 인공유산이 시행되고 90%이상이 불법 시술이라고 한다. 실제로는 이보다 많을 것으로 추정되며 심각한 현실이 아닐 수가 없다. 정부의 전국 조사에 따르면, 만 15세이상 44세 까지의 가임기 여성의 경우에 2005년 추정한 인공 임신중절은 34만여건 (인공임신중절률 29.8%), 2010년은 16만8천여건 (인공임신중절률 15.8%) 으로 보고하고 있다. 우리나라는 인공임신중절술이 너무 쉽게 시행되어 왔고 지금도 계속되고 있는 것으로 알려지고 있다. 2010년 정부 실태조사 결과, 인공임신중절 건수 168,738명 중 15~19세는 1,687명을 차지하였으며 10대 여성의 임신중절 시기는 12주 이후 시술비율이 높았는데 이는 어린 여성일수록 임신사실을 숨기다가 뒤늦게 낙태를 하는 사례가 많은 것으로 분석된다. 미혼여성의 시술 이유는 '미혼이어서, 미성년, 경제적 어려움 등'이 95%였고, 반면 기혼여성의 시술 이유는 '자녀를 원치 않아서, 자녀 간 터울 조절 등 가족계획 때문 그리고 경제적 어려움 등'이었다.

우리나라 형법 제269조와 270조에서는 인공임신중절을 낙태죄로 규정하고 있다. 인공임신중절로 인한 여러 가지 사회적, 법률적, 의학적, 윤리적 문제가 있음에도, 아직 우리나라에서는 이 문제에 대한 사회적 합의를 이끌어 내려는 노력이 부족한 편이다. 생명윤리에 대한 관심과 현 인공임신중절 시정 노력이 절실히 요구된다고 보인다. 특히 인공임신중절의 요인 대부분이 '원치 않는 임신, 터울 조절과 피임 실패'라는 점으로 볼 때에, 적극적이고 효과적인 피임법에 대한 교육이 중요하며, 궁극적으로 여성과 태아 모두의 건강과 복지가 증진되는 합의점을 찾기 위해 각계의 의견을 수렴하는 사회적 합의과정이 필요할 것이다.

Q&A

① 인간 생명의 시작을 언제로 볼 것인가?

② 왜 청소년들이 건강한 생명윤리를 확립하는 것이 중요할까?

③ 나는 인간생명권의 3 입장 중 어느 입장에 찬성하는가?

④ 적극적이고 효과적인 피임법에 대한 교육에 대한 찬반 의견은? 만일에 찬성(반대)한다면, 그 이유는?

⑤ 모성(여성)과 태아 모두의 건강과 복지가 증진되는 합의점을 찾기 위해 사회적 합의과정이 필요하다고 보는가?
그 구체적인 전략은 무엇이라고 생각하는가?

3. 세계관의 대립

세계관은 크게 세 가지로 나뉜다. 진화론적, 창조론적 및 유신진화론적 세계관이 그것이다.

(1) 진화론적 세계관Evolutionary worldview

진화론은 그리스 자연철학을 통해 학문의 세계로 들어 왔으나 그 철학적 기초는 르네상스시대의 인문주의에서 찾을 수 있을 것이다. 인문주의humanism란 인간성과 인간의 능력을 중시하고 신의 영향을 최소화시키자는 주장이다. 그 이후에 나타난 이성주의rationalism와 계몽주의illuminism는 교회의 권위에 대항하면서 이성에 근거한 합리적 비판으로 인간생활을 개선하고자 시도한 중세에 대한 저항운동이었다. 이러한 배경에서 탄생한 진화론evolution은 세속 인본주의, 뉴에이지운동, 포스트모더니즘 등과 손을 잡고 전 세계로 급속히 확산되었다. 이들의 공통적 추구목표는 신을 배격하고 인간이 주인인 세상을 만들자는 것이다.

초자연적인 절대 진리를 인정하지 않기 때문에 신이 정한 절대적인 진리나 윤리도 인정하지 않는다. 그래서 무신론적 자연주의 세계관은 결과적으로 '道德的 相對主義'와 '文化 多元主義'를 형성하게 되었다.

진화론은 두 부분으로 구성되어 있다. 화학진화론은 오파린A.I. Oparin이 생명의 기원(1937)에서 제시한 가설로 무기물이 유기물을 거쳐 세포로 진화했다는 자연발생설에 뿌리를 두고 있다. 이처럼 출현한 단세포가 긴 세월을 지나면서 오늘과 같은 다양한 생명체로 발전했다는 이론이 생물진화론biological evolution이다. 생물진화론은 다윈Charles Darwin이 「종의 기원」(1859)에서 체계화 했는데, 그 요지는 다음과 같다.

- 생물은 필요 이상으로 많은 자손을 낳는다 (overproduction)
- 자손들 사이에는 변이가 일어난다 (individual variation)
- 이들은 서로 살아남기 위해서 경쟁한다 (mutual competition)
- 환경에 잘 적응하는 자가 생존한다 (the survival of the fittest)
- 이러한 방식으로 자연은 우량종을 선택한다 (natural selection)

그 후, 진화론은 많은 문제점이 있다는 사실이 발견되면서 이를 보완하거나 대체하려는 새로운 학설들이 등장하였다. 신 다윈주의, 신 라마르크주의, 정향 진화설, 현대종합이론, 분자중립진화설, 단속평형설 등의 학설이 그 예이며, 이 중에서 단속 평형설punctuated equilibrium theory이 진화론자들에게 폭넓은 지지를 받고 있다.

※ 단속 평형이론(斷續平衡理論)이란 유성 생식을 하는 생물 종의 진화 양상은 대부분의 기간 동안 큰 변화 없는 안정기와 비교적 짧은 시간에 급속한 종 분화가 이루어지는 분화기로 나뉜다는 진화 이론으로, 1972년 미국의 생물학자 S. J. 굴드와 나일즈 엘드리와 함께 발전시킨 것으로 다윈설을 수정한 것이다.

(2) 창조론적 세계관Creational worldview

이 세계관은 성경에 기초한 기독교적 세계관이다. 유일신 하나님이 세계를 창조하셨고 세계를 다스리는 질서와 법칙도 함께 창조(지적설계) 하였기에, 인간은 하나님이 정하신 질서와 법칙을 준수하며 살아갈 때 비로소 인간답게 행복한 삶을 살아갈 수 있는데 이를 기독교적 세계관이라 한다.

성경은 천지창조, 인간의 타락, 홍수심판, 바벨탑사건, 하나님의 인간화(성육신), 십자가 구속의 죽음과 부활, 신천지(새 하늘과 땅)의

도래 등에 대해 기록하고 있다. 아울러 하나님이 사람들에게 내리신 두 가지 계명에 대해서도 소개하고 있다.

첫째는 하나님이 아담에게 "---땅을 정복하라. 바다의 고기와 공중의 새와 땅에 움직이는 모든 생물을 다스리라"(창세기 1장 28b) 고 하신 문화적 명령cultural commission이며, 이는 하나님이 만드신 창조질서를 잘 관리하라는 의미로 해석된다. 둘째는 예수님이 12제자들에게 "너희는 가서 모든 족속으로 제자를 삼아 아버지와 아들과 성령의 이름으로 세례를 주고 내가 너희에게 분부한 모든 것을 가르쳐 지키게 하라"(마태복음 28:19~20)는 대 위임령great commission이며, 이는 만물의 영장인 인간의 영적 회복에 관한 명령으로 해석된다. 사람은 이러한 두 명령을 수행하기 위한 소명을 갖고 태어난 존재라는 것이 창조론적 세계관의 핵심이다.

(3) 유신진화론적 세계관Theistic evolutionary worldview

구미제국에서 150년 전에 출현한 유신진화론(有神進化論)은 창조주가 진화적 방법으로 우주만물을 만드셨다고 주장한다. 창조주를 인정하면서 진화론도 수용하자는 일종의 타협안이라 할 수 있다. 그러나 무리한 이론의 전개로 진화론과 창조론 양측에서 공격을 받고 있다. 왜냐하면 두 이론은 무신론 대 유신론, 범신론 대 인격신론, 자연주의 대 지적 설계론, 우연론 대 목적론, 결정론 대 자유의지론 등으로 대립한다.

유신진화론이 갖는 중요성은 세계학문의 구심적 역할을 하는 구미의 많은 지성인이 이 이론을 선호하고 있다는 데에 있다. 최근에 미국 지식인에 대한 여러 번의 갤럽조사에서 창조론(지적설계론 포함)을 지지하는 비율이 40~50%로 의외로 높았으나 진화론은 10%

전후로 매우 낮았고, 유신진화론이 40~50%로 매우 높게 나타났다. 이는 미국 지식인 중에서 진화론을 지지하던 계층이 유신진화론으로 선회하고 있음을 보여 주는 것으로 해석이 된다. 따라서 유신진화론을 이해하지 않고는 구미의 새로운 학술적 경향을 이해하기 어렵게 되었다.

세계관은 필연적으로 열매를 맺게 된다. 대립되는 두 세계관은 필연적으로 서로 다른 문화적, 사회적, 정치적 열매를 만들어 낼 수밖에 없으며 서로 다른 신학과 철학을 만들어 낸다. '進化'를 믿는 자연주의 세계관(인본주의 세계관)과 '創造'를 믿는 기독교 세계관은 서로 다른 생물학을 만들어낸다. 이같이 하나님의 존재와 절대적 진리에 대한 신념은 다른 철학적, 문화적, 제도적 열매를 맺게 된다. 하나님을 부정하는 자연주의 세계관에 입각한 학문들이 초등학교, 중학교, 고등학교, 대학교의 공교육 시스템을 통하여 모든 국민의 생각과 마음 가운데 주입되며, 졸업 후에는 그와 같은 세계관과 교육을 기초로 한 정책을 만들고, 교육 커리큘럼과 교과서를 만들고, 법을 만들며, 대중의 문화(드라마와 영화, 음악)를 만들어내고 가정 안에서 아이들을 교육하게 된다. 현재 세계 속의 人權이란 人本主義 세계관과 윤리관을 기초로 한 인권이 주류를 이룬 것처럼 보인다.

균형이 잡힌 세계관이라면 신(神)의 개념, 신과 우주와의 관계, 인간의 감각에 대한 신뢰성 여부, 도덕법칙의 유무, 인간문제 등에 대해 명확하게 답변할 수 있어야 한다. 신학자 네쉬R. Nesh(2003)는 기독교 세계관이 다음과 같은 이유로 진화론적 세계관을 포함한 다른 세계관과 구분될 뿐 아니라 상대적으로 우월하다고 주장한다.

① 신에 대해 : 유일하신 삼위일체 하나님을 초자연적인 인격신으

로 믿음으로 무신론, 다신론, 범신론 등과 구분된다.

② **신과 우주와의 관계에 대해** : 무(無)에서 우주를 창조하고 다스리는 창조주를 믿으므로 우주의 영원성을 믿은 아리스토텔레스주의, 우주에서 목적론을 배제한 자연주의 등과 구분된다. 또한 우주에 대한 하나님의 섭리를 믿으므로 이신론deism과 구분되며, 무에서의 우주 창조를 믿으므로 유에서 유의 창조를 주장한 플라톤주의와도 구분된다.

③ **인간의 감각에 대해** : 하나님에 대한 지식이 가능하다고 여기므로 회의주의나 불가지론(不可知論)과 구분된다. 그리고 감각적 경험이 지식의 원천이 될 수 없다고 주장하므로 극단적 합리론과도 구분된다. 또한 진리의 근거가 성경이라고 믿으므로 지식의 출발을 인간에게서 찾으려는 인본주의와도 구분된다.

④ **인간에 대해** : 인간을 책임을 가진 자유로운 존재로 이해하므로 인간의 책임을 부정하려는 결정론과 구분된다. 그리고 인간 행위에 대해 사후에 책임을 지는 주체가 비물질적인 영혼이라고 주장하므로 물질주의와 구분된다.

4. 성 건강 : 성에 대한 가치관과 합리적 의사결정

세계보건기구WHO는 개인의 신체적 · 정신적 · 정서적 · 사회적 건강과 더불어 성 건강sexual health을 제시하였다. 성 건강이란 성과 관련하여 인간의 신체적, 정신적, 사회적 웰빙 상태, 즉 질병이나 장애가 없는 것 뿐 아니라 성sexuaity과 성적 관계에 대해 긍정과 존경의 감정을 갖고 접근하는 것 및 즐거운 성 경험, 차별과 폭력 없는 안전한 성경험을 내포하고 있다.

성 건강 요소는 성적 자아확립, 삶의 활력이나 즐거움, 생명출산 능력, 성적 편안함, 성적 친밀성, 성적 자부심, 성적 자율성, 성적 승화, 성적 배려 등 다양한 요소로 구성되어 있다. 이러한 구성요소들은 상호 호환적이며 통합적이며, 삶의 균형과 긍정적인 면을 포함한다. 성적으로 건강한 사람은 성숙된 자아 정체성 및 타인에 대한 배려심이 있으며, 신체를 긍정하며, 가치와 신념이 일치하는 성적활동을 하며, 사랑의 감정을 적절히 표현하며, 타인과 효율적인 의사소통 및 친밀한 관계를 유지해나가며, 확고한 결혼관을 지닌다는 특징이 있다. 따라서 성교육을 하기 전에 각자의 성에 대한 생각과 태도와 신념 및 가치관을 알아보기 위해 '성에 대한 자가 평가'를 시행하면 좋을 것이다.

1) 성에 대한 올바른 가치관과 성 윤리

성에 대한 올바른 가치관을 정립하기 위해서는 열린 마음과 자세가 필요하다. 성 역할이란 사회 속에서 남자 또는 여자로 특징지어질 수 있는 행동, 태도, 가치, 특성 등에 대하여 기대하는 것을 뜻한다. 성 역할에 대한 교육은 부모, 친구, 학교, 대중매체, 종교, 정치, 법률, 제도 등에 의해 이루어지기에 이를 '성 역할 사회화'라 부른다. 이러한 성역할 사회화는 그 사회가 가지고 있는 성역할 고정관념을 중심으로 이루어지는데, 모든 고정관념을 구시대적 관념이라고 간주하고 무너뜨리려고 하는 것은 현명하지 못하며, 남녀의 차이를 인정하고 배려하는 보편타당한 관념은 유지하는 것이 바람직하다 할 것이다.

먼저, 올바른 성 가치관이 무엇인지를 살펴보자. 성을 통하여 존엄한 인간 생명이 창조되므로 성행위는 숭고한 것으로 볼 수 있어야 한다. 대중매체를 통하여 보여 지는 문화는 배우로 하여금 성의 쾌락적 부분을 강조하도록 연출되고 있다. 이는 성의 숭고한 이미지를 손상시키고 오히려 부정적 인식을 갖게 만들 수 있다. 성이란 진실한 사랑을 가진 두 인격체가 온 마음을 열고 신체적, 정서적, 정신적으로 하나가 되는 사건이므로, 올바른 성에는 반드시 사랑과 진실이 전제되어야 하며, 그럼으로 인하여 서로에게 기쁨과 신뢰를 줄 수 있어야 한다. 특히 상대방을 진심으로 존중하고 배려하는 마음 자세를 가져야 하는데, 서로에게 성적 친밀감sexual intimacy과 애정을 표현함으로써 유대관계가 형성되고 가족의 혈연 공동체가 이루어지며 다음 세대가 안정적으로 자랄 수 있는 보금자리의 터전이 된다.

성 윤리의 두 가지 견해를 분석하면서 바람직한 입장을 정리하면 다음과 같다. 먼저, '보수주의적 성윤리' 입장에서는 성이 도덕적인지를 결정하는 기준으로 결혼과 출산을 고려하며 결혼과 출산에 관련이 있는 성만이 도덕적이라고 본다. 올바른 성을 결혼 내에서 이루어진 것만으로 한정하는 전통적인 입장과도 일치한다. 그러므로 사랑하는 남녀가 결혼(結婚)이라는 사회적 승인을 거친 후에 출산과 관련하여 행하는 성적 활동만을 도덕적으로 정당하다고 본다. 다른 한편 '자유주의적 성윤리' 입장에서는 성적 쾌락 추구 자체가 좋다고 본다. 다른 사람에게 해를 주지 않고 성 관계에서 상대방의 자율성을 존중한다면, 어떠한 행위도 도덕적으로 허용된다고 본다. 혼인 또는 출산과 무관한 성, 사랑이 없는 성 등도 모두 도덕적으로 정당하다고 본다. 따라서 사랑, 혼인, 출산을 도덕적인 성을 판단하는 기준에서 배제한다.

위의 두 극단적인 입장에 반하여 다음과 같은 중도적 입장이 제시되고 있다. 보수주의적 성윤리에서 출산에 관련된 성만을 도덕적이라고 판단하는 것은 현대 사회에서 무리가 있다고 본다. 출산과 관련 없이도 성을 즐길 수 있어야 한다. 하지만 결혼과 사랑을 도덕적 성의 기준으로 삼는 것은 바람직하다고 본다. 결혼이라는 사회적 승인을 거친 후에 서로 사랑하며 성행위를 하는 것이 안정적인 사랑과 성생활을 보장한다. 자유주의적 성윤리에서 말하는 혼인과 무관한 성을 지지하는 것은 바람직하지 않다. 성윤리 자체에서 혼전 성관계가 괜찮다고 하는 것은 혼전 성관계를 정당화하며 미혼 남녀들에게 혼전 성관계를 부추기는 결과를 낳는다. 사랑이 없는 성도 도덕적으로 문제가 없고, 쾌락만을 위해 성행위 하는 것도 괜찮다는 주장은 인간의 성을 동물적 수준으로 하락시키고 인간의 품위를 잃어버리게 만들기에 비윤리적이라 할 수 있다. 성윤리는 비록 지키기 어렵더라도, 이에 관한 올바른 가이드라인은 꼭 제시되어야 할 것이다.

성에 대한 의미 부여 정도는 개인의 종교, 가정, 사회적 통념과 가치관 등에 따라 아주 다양하다. 따라서 자신의 성에 대한 가치관이나 의미를 확인하기 위해서는 다음과 같은 질문을 하면 좋을 것이다.

Q&A

⑥ 나의 성에 대한 가치관은 어디로부터 영향을 받았는가?

⑦ 나는 혼전 성관계하는 것에 대해 어떠한 태도를 가지고 있는가?

2) 성적 합리적 의사결정

이성교제를 하다보면 성적 행동에 대한 의사를 결정해야 하는 선택의 기로에 설 때가 있다. 이러한 선택은 그 후의 삶과 이성교제에 큰 영향 미칠 수 있기에 심사숙고하여 결정해야 한다. 즉흥적인 결정은 나중에 큰 어려움을 겪을 수 있기에 이성교제를 할 때에 발생할 수 있는 문제들에 대해 미리 고민하고 합리적으로 결정할 수 있도록 준비해야 한다. 결정하고 행동을 한 경우에 발생할 결과에 대해 깊이 생각하고 신중하게 진행해야 한다. 이성교제 중에는 감정에 의해 갑자기 진행되는 경우들이 있기에 문제가 생길 수 있는 상황을 미리 피하는 지혜가 필요하다. 지혜로운 행동과 단호하게 거부하여 문제가 생기지 않도록 해야 하며, 미리 다른 선배나 친구에게 조언을 구해서 바른 결정을 해 놓는 것이 좋다.

합리적 의사결정의 단계는 처해진 상황과 문제를 논리적이며 객관적으로 파악하고, 관련된 정보를 수집하고, 문제에 대한 해결책, 즉 대안을 찾고, 각각의 대안의 장단점을 살펴보고, 자신이 가장 적합하다고 판단되는 대안을 선택하고, 그 대안을 실제로 행하고, 행한 후에 그 결과를 평가하게 된다.

성적 합리적 의사결정에는 개인의 책무가 존재한다. 그 이유는 다른 사람이나 사회의 간섭이나 강요를 받지 않고 자신의 의지와 판단에 따라 자율적으로 자신의 성적 행동을 결정하고 선택할 수 있는 권리가 있기 때문이다. 성적 자기결정권[self-determination]에는 자신이 원치 않는 성적 행동에 대해서는 거부하고 저항할 수 있는 권리가 포함된다.

성적 의사결정을 할 때 주의점은 모든 성적 행위는 자신이 진정으로 원하는 경우에만 하며, 상대방이 원하지 않는 경우에는 성행위를 강요하지 않으며, 상대방이 성행위를 강요하거나 설득하거나 유혹할 때에 지혜롭게 판단하고 분명하게 자신의 거절의사를 밝혀야 한다. 나아가 성적 자기결정권에는 세 가지 고려점이 있는데 ① 타인의 성적 자기결정권을 침해하면 안 된다 ② 성적 방종과 구별해야 한다 ③ 성적 행동에 대한 책임을 고려해야 한다.

건전하고 책임지는 성행위의 기준은 다음과 같다.

① 성행위를 하는 두 사람 사이에 충분한 친밀감과 사랑이 있어야 한다.
② 두 사람 사이에 성관계를 하겠다는 충분한 동의가 있어야 한다.
③ 아기가 생기면 키울 수 있는 여건과 마음 자세가 있어야 한다.
④ 성관계가 싫은데도 불구하고 상대방의 요구에 의해 마지못해 해서는 안 된다.
⑤ 부모님, 친구, 주위 사람들에게 부끄럽지 않은 경우여야 한다.

3) 성 문제에 대한 위기관리

(1) 성문제와 예방

어느 시대 어느 사회에나 성 문제 행동으로 인한 피해자와 가해자가 있어 왔고 그 갈등과 상처, 후유증, 해결노력이 있어 왔다. 현재 우리나라는 그 어느 때보다 심각한 성문제가 도처에서 수시로 발생하며 심지어는 군대 안에서도 발생하고 있다. '성 문제 행동'은 성 행동에 대한 본인의 동의나 자발성과 같은 성적 행위결정 능력이 없는 경우에 행해지거나 자신과 타인에게 정신적, 신체적 피해를 줄 수 있는 경우에 행해지는 성 행동을 말하며 위기 상황을 초래할 수 있다. 성 폭력, 성매매 행동, 원치 않는 임신과 낙태, 미혼모 문제,

음란물 중독 등이 이에 해당한다.

'나영이 사건'을 비롯하여 여자 어린이들에 대한 성폭행 사건으로 우리 사회가 몸살을 앓고 있는 와중에 요즘은 남자 어린이들에 대한 성폭력 사건들이 결코 간과할 수 없는 일이 되어 버렸다. 질병관리본부 홈페이지(2017년) 질병정보에 따르면 우리나라는 HIV/AIDS 감염인(2015년)이 10,502명으로, 이중 92.7%가 남성이며, 전체 HIV감염인의 98%가 성관계를 통해 감염된 것으로 나타나 성 접촉이 HIV 확산에 주요원인이 되고 있으며 단지 오염된 주사바늘의 공동사용은 현재 국내에서 2건이 보고되고 있는 형편이다. 2015년 한 해 신규 감염자가 1,152명으로 남성이 15배 높았으며, 20대가 33.3%(383명), 30대가 24.1%(278명), 40대가 18.8%(217명) 순으로 10~20대 청소년 신규 감염비율이 점차 늘어가고 있다. 국내에서는 99%가 성관계를 통해 감염되며 실제로 HIV 감염인과 한 번의 이성간 성관계로 감염될 확률이 0.1~1%정도이다. 이러한 사실을 미루어 볼 때 빈번한 성 생활(항문성교)을 하는 남성 동성애자들의 급증을 유추해볼 수가 있으며 Journal of Sex Research 보고에 따르면 게이 남성 동성애자의 성 파트너는 일생 100~500명이며 게이 매거진 GENRE에 따르면 24%가 일생에 100명이 넘는 파트너와 관계하는 것으로 보고하였다.

한편, 연령에 관계없이 SNS로 무차별 살포된 음란물, 특히 동성애, 소아성애 등의 음란물 동영상을 아직 성윤리나 가치관이 확립되지 않는 어린이나 청소년들이 많이 보게 된다면, 윤리적 민감성이 점점 둔화되고 또 가상현실과 실제의 경계선이 모호해지기에 쉽사리 성폭력 가해자가 될 수 있으리라는 것은 자명하다. 따라서 교육을 통한 예방이 가장 바람직 할 것이다. 이제는 여자 어린이 뿐 아니라 남자 어린이에게도 성폭력의 위험성을 알려주고 그러한 상황에 처하지 않도록 유치원, 학교, 가정에서 교육이 필요로 한다.

동성애자들의 고백을 들어보면, 어릴 때 아는 형이나 주변의 면식 있는 남자 어른에게 성폭행을 당한 적이 있고, 누구에게도 그 사실을 털어놓지 못하는 상황에서 그 이후 수차례 원치 않는 동성 간의 성관계를 강압적으로 가지다가 어느 덧 그러한 관계에 익숙해졌다고 말하는 것을 들을 수 있다. 특히 남자들은 군대라는 폐쇄된 사회에 들어갔을 때 상사나 선배의 강압적 요구를 거절하지 못해 동성에 성폭행을 당하는 경우도 상당수가 있음을 알 수가 있다.

(2) 성 문제에 대한 위기관리 능력 키우기

아무리 좋은 환경, 좋은 부모, 좋은 배우자, 좋은 직장 상사나 동료를 만난다 하더라도 개인 나름대로 상처를 주고받으며 살아간다. 이렇게 받은 외상으로부터 회복하는 힘을 회복력resilience이라고 한다. 일부러 위기를 자초할 필요는 없지만 위기에 닥쳤을 때 당당하고도 지혜롭게 맞서서 마음의 근육을 키운다면 그의 회복력은 더욱 강해지고 인격은 더욱 성숙해져서, 이후 소소한 일상에서 겪는 많은 스트레스와 인간관계에서의 갈등을 이겨낼 수 있도록 도움이 될 것이다. 큰 역경이 닥쳐도 담대하고 긍정적으로 받아들여 오히려 성숙할 수 있는 큰 기회를 만들어 낼 수 있는 역량을 가지게 될 수도 있다. 이를 외상 후 성장posttraumatic growth이라 한다.

회복력을 높이기 위해서는 우선 굳건하고 건강한 자기정체성self-identity이 확립되어 있어야 한다. 그에 더하여 자기 조절 능력과 대인관계 능력을 향상시켜야 한다. 회복력이 높은 사람은 실수에 대해 긍정적 태도를 갖고 자신의 실수에 대해 민감하게 알아차리며 스스로 실수를 모니터하는 습관이 지니고 그 실수를 통해 배우고 발전하려는 자세, 실수할 수도 있는 자신을 용납하는 융통성이 있다. 하지만 회복력이 낮은 사람은 실수를 두려워하며 역경과 실수를 회피하려는 성향이 높다. 이들은 소심하고 완벽주의적인 경향이 있어서 실수하는 자신을 용납하지 못하며 주변사람들도 실수하는 자신을 거부할 것이라고 생각한다.

(3) 성 문제에 대한 위기관리의 실제

청소년이 성희롱이나 성폭력을 당하거나 순결을 잃었거나 임신을 했을 때 피해자는 물론 가해자 청소년에게 인생의 위기로 느껴질 것이다. 이때 이에 대한 사회와 학교와 가족에 의한 위기관리가 요청된다.

① 신뢰할 만한 사람에게 피해사실 알리기

② 피해자의 무력감에 대한 해결방안:

피해자는 자신의 어리석음에 대한 후회와 의사표시를 못했다는 자괴감과 죄의식으로 무력감에 빠져있는 경우가 많다. 이때 피해자를 지지해줄 수 있는 것은 '너는 이 일로 인해 인간의 존귀함이 사라지는 것이 아니며, 너를 무조건 사랑하고 신뢰하는 가족과 친구와 교사가 여전히 여기 있다'는 것을 말해주어야 한다.

③ 세상을 불신하고 회피하는 것에 대한 해결방안:

피해자가 갖는 '세상은 아주 위험하다'는 생각은 모든 삶의 영역에서 후퇴하고 불신감을 가지는데, 이런 태도는 실제 대인관계에 반영되어 피해자 스스로 고립되고 주변사람들도 다가가기 힘든 사람이 되는 악순환의 결과를 초래한다. 안전한 환경에서 신뢰할 만한 사람과 그때의 상황과 감정을 떠올리거나 여러 번 이야기하고 나누면서, 또 지금 이야기할 때의 감정을 표현하도록 격려한다. 그리하여 그 때의 상황은 과거의 어떤 특별한 사건이었고 '지금 여기'의 상황이 아니라는 것을 인식하고 느끼도록 돕는다.

이를 돕기 위한 성 관련 옹호 활동 및 상담소를 소개한다면 다음과 같다.

① 생명사랑 서포터즈 ~ 보건복지부가 펼치는 인공임신중절 예방사업의 일환으로 건강한 성문화 확산과 인공임신중절예방을 위해 거리 캠패인, 온라인 홍보 등을 전개한다.

② 탈동성애 인권포럼 ~ 동성애자들에 대한 진정한 인권은 동성애의 고통으로부터 탈출하도록 돕는 활동으로, 인권포럼을 열어 발제와 토론, 탈동성애자 및 가족들의 사례발표 및 고등학생 대상 세미나 및 온라인 홍보활동을 통해 동성애자 혐오가 아닌 진정한 사랑과 도움을 제공하자는 활동을 전개한다.

청소년 성 문제 등 고민 상담을 받을 수 있는 곳 사이트는 다음이 추천된다.

각 지역 해바라기 아동센터	http://www.child1375.or.kr
여성 · 아동폭력 피해중앙지원단	http://www.womannchild.or.kr
한국마더세이프전문상담센터	www.mothersafe.or.kr 1588-7309
낙태반대운동연합	http://www.prolife.or.kr 070-4012-3090

참고문헌

성교육교재편찬위원회 (2015). 성, 사랑, 가정 : 부모와 교사가 함께하는 청소년 성교육. 한국성과학연구협회.

이웅상 외 (2009). 자연과학과 기원. 생능출판사. www.booksr.co.kr

구인회 (2005). 생명윤리: 무엇이 쟁점인가. 아카넷.

소향숙 (2016). 암환자 간호. 포널스 출판사

이태희 (2016). 세계관 전쟁. 두란노.

백상현 (2016). 동성애 is. 미래사.

소향숙 (전남대학교 간호학과 교수)

생명의 신비 그리고 식물

1. 서론

눈코 뜰 새 없는 바쁜 일상에서 벗어나 적어도 한번쯤은 광활한 대지나 숲속, 그리고 드넓은 수평선을 누구의 제약 없이 마음껏 누리고 싶은 것은 인간이라면 누구나 누리고 싶어 하는 대자연이 주는 선물이며 생각만 해도 즐겁고 행복한 일이다. 그 대자연을 조금씩 자세히 들여다보는 눈이 있다면 우리는 우선 너무도 많은 것이 존재하고 있다는 것에 놀라지 않을 수 없고, 또한 그 많은 존재들이 대부분 생명을 가진 유기체organism라는 것이 또한 경이로운 것이다.

'생명(生命)'이란 무엇일까? 그 사전적 의미는 (1) 유기체가 태어나서 죽을 때까지의 살아 있는 상태 또는 그동안 나타내는 모든 현상들의 전체 (2) 사물이 존재하기 위한 가장 본질적이고 중요한 것을 비유적으로 이르는 말 (3) 사물이 유지되는 기간 (4) 사회적 존재로서의 지속성 (5) 살아 있는 사물 등으로 규정되어 있다. 이 중 본 강의에 적용되는 의미는 첫 번째와 다섯 번째의 경우이다. 즉 '살아 있는 유기체'라 축약할 수 있으나 생명이란 모든 생물에 공통적으로 존재하는 속성 또는 특성으로 어느 누구나 쉽게 느낄 수 있는 것이지만, 정확하게 정의하기는 또한 대단히 어렵다. 너무나 당연한 사실이다. 생명에 대한 명제는 옛날부터 오늘날까지 인류가 사색해 온 가장 근본적인 문제로서 철학적, 종교적 입장에서 논의되어 왔음은 물론이고 오늘날에 와서는 과학science으로 이 문제에 답하려고 하고 있다.

그렇다면 과학이란 무엇인가? 서양의 science는 라틴어 scire에서 나온 말로 '어떤 사물이나 현상을 안다'라는 의미가 있다. 한자로 과학(科學)은 '나누어지는 학문'이라는 뜻이다. 서양이나 동양 모두 학문을 뜻하며, 주로 자연에 대한 연구 방법과 거기에서 얻어진 지식이 축적되어 온 까닭에 단순히 자연과학을 말하기도 한다. 과학은 확고한 경험적 사실을 바탕으로 보편성과 객관성이 인정되는 지식의 체계로 자연과 사회의 규칙적이거나 불규칙적인 조화를 밝혀내고 정립하면서 객관적이고 논리적인 기준을 정화는 과정이다. 과학은 대상과 방법에 따라 다음과 같이 구분된다.

(1) 경험과학 : 경험적 사실을 연구 대상으로 하는 실증적 학문
형식과학 : 이론적 상징과 규칙에 의해 연구하는 학문

(2) 자연과학 : 자연 현상을 연구 대상으로 하는 일반적인 과학
사회과학 : 인간 사회의 여러 현상을 과학적이고 체계적으로 연구하는 과학

(3) 순수과학 : 순수한 지적 호기심에서 나오는 학문의 추구를 목적으로 하는 분야

응용과학 : 자연 과학, 사회 과학, 기술상의 경험적 성과 등을 독자적 방법으로 체계화한 과학

이들 중에서 자연현상을 다루는 자연과학(물리학, 생물학, 화학, 지구과학, 전산학, 지리학 등)과 인간사회의 여러 현상을 다루는 사회과학(인류학, 고고학, 경영학, 경제학, 교육학, 법학, 사회학, 행정학, 심리학, 인문지리학, 정치학 등) 그리고 자연과학과 사회과학을 포괄하며 독자적인 방법으로 확립된 응용과학(의학, 농학, 공학 등)은 과학적 특성상 실험을 통하여 일어나는 현상들 사이에 이론이나 법칙성을 확립할 수 있는데, 이러한 과학적 탐구방법에는 자연현상에서 관찰한 결과를 종합하여 결론을 도출하는 귀납적 방법과 문제를 인식하고 가설을 설정하여 예상되는 결과가 관찰 사실과 일치하는 지를 알아보는 연역적 방법으로 나눌 수 있다. 일반적으로 쓰이는 연역적 방법의 과학적 탐구 과정은 우선 문제 인식, 가설 설정, 탐구 설계 및 수행, 자료 해석, 결론 도출에 이른다.

① 문제 인식

자연 또는 사회 현상을 관찰하다가 기존의 지식으로 설명되지 않을 때, 문제점을 발견하고 의심을 갖는 과정

② 가설 설정

문제 해결에 필요한 정보를 토대로 결론을 예상하여 잠정적인 결론을 내리는 과정이다.

③ 탐구 설계

세워진 가설을 검증하기 위해 객관적인 자료를 수집할 수 있는 방

법과 그 절차를 나타내는 과정으로, 대조군과 실험군, 독립변인, 종속변인, 변인통제 등이 활용됨

④ 탐구 수행

탐구 설계 과정에서 계획하였던 실험 기구나 자료를 조사하여 정확한 관찰, 분류, 세밀한 측정 등을 통해 정보를 획득하는 과정이다.

⑤ 자료 해석

실험이나 관찰로부터 얻은 자료에서 가설을 검증할 수 있는 자료들을 뽑아 처리, 정리, 분석, 추리 및 예측하여 어떤 경향이나 규칙성을 찾아내는 과정이다.

⑥ 결론 도출

탐구 활동의 결과로 얻은 자료들을 종합하고 정리하여 객관적이고 타당한 일반 법칙을 얻어 내는 과정으로 설정된 가설과 다른 내용으로 결론이 도출되었다면 탐구의 전체과정을 다시 살펴보고 가설을 다시 설정하여 다시 시작한다.

다시 생명에 대한 얘기로 돌아와 보자. 이미 언급한 살아있는 유기체는 자연계에 속해 있으면서 다른 유기체와 생태계를 이루고 각 개체는 생리적 현상을 통해 삶을 영위하고, 이를 위해 기관Organ과 조직Tissue이 정확하게 위치하여 역할을 수행해야한다. 더 놀라운

것은 이 유기체가 많게는 수십조개의 세포Cell들로 이루어져 있고, 한 세포 안에도 핵, 미토콘드리아, 소포체, 엽록체 등 수많은 소기관Organelle들이 각자의 역할을 담당하고 있으며, 이들은 분자와 원자들이 집합체를 이루어 형성된 것이다. 즉 유기체를 극히 미세한 수준까지 분해하면 단지 물질, 그리고 그 물질들의 집합체에 지나지 않는다는 점이다. 특히 생명현상의 핵심물질이라고 하는 DNA의 구조가 밝혀지고 유전자를 떼었다 붙였다 하는 유전자 재조합Recombinant DNA 기술이 발달된 오늘날의 첨단 과학기술이라도 생명이 무엇인가에 대해서는 완전한 정의를 내리지 못하고 있다.

유기체가 살아 있기 위해서는 끊임없이 에너지를 생산해야 하며, 이를 위한 재료를 다른 유기체로 부터 공급 받던지 아니면 직접 만들어내야만 한다. 이처럼 지구상에 존재하는 생명체는 생태적으로 생명을 영위하기 위해 크게 (1) 생산자Producer (2) 소비자Consumer (3) 분해자Decomposer인 세 가지로 분류할 수 있다. 대표적으로 식물이 생산자에 속하고, 인간과 동물이 소비자에 속하며, 미생물이 분해자에 속한다. 이 세 부분이 유기적으로 맞물려서 자연계가 순환하게 되어 있다. 이 중 한 부분만이라도 제 역할을 하지 못한다면 인류는 큰 재앙에 휩쓸리게 되어 있다. 어쩌면 현재 우리는 그 재앙의 풍랑 속에서 이미 들어와 있는지 모르겠다.

여기서 다루게 될 식물은 조류나 선태식물과 같은 무관속 식물과 무종자와 종자식물로 분류되는 유관속 식물로 분류되며, 종자식물은 나자/피자식물로 분류되는데 이 중에서 종자식물은 밝혀진 수만 약 20만 종이 지구상에 서식(아직 분류되지 않은 종의 수 제외)하고 있다. 이미 언급했듯이 식물은 생산자에 속하며, 이는 끊임없이 빛에너지, 이산화탄소(CO_2)와 물(H_2O)을 이용하여 광합성을 함으로써 전체

생물체 중에서 유일하게 무기물을 유기물로 전환한다는 것을 말한다. 이렇게 전환된 유기물(좀 더 정확하게 말하면 $Cn(H_2O)m$)을 다른 생물들이 섭취하여 에너지를 만들어 생활을 영위하기 때문에 식물은 인류에 있어서 절대적으로 없어서는 안 되는 유기체이다.

우리는 식물과 생명이라는 강의를 통해 식물이 인류에게 어떠한 존재이며 이들과 공존할 수밖에 없는 이유와 더 나아가 생명의 근원에 대해 고민해 보고 그 신비를 이해하고자 한다.

표 1. 식물의 주요 분류군과 종의 수

분류군	종의 수
조류(藻類)식물	66,500
선태(蘚苔)식물	16,000
유관속식물	
무종자(無種子)식물	
양치(羊齒)식물	13,180
종자식물	
나자식물	870
피자식물	
쌍자엽식물	200,000
단자엽식물	50,000

2. 생명의 발생설

인간의 몸은 성인의 경우 약 100조개의 세포로 구성되어 있다고 한다. 1개의 수정란 세포가 100조개의 세포로 어떻게 분화, 발달, 성장해가고 노화하는지에 대해서 아직까지 우리는 잘 모르고 있다. 차라리 아무 것도 모르고 있다고 하는 것이 솔직한 표현일는지도 모르겠다. 사람의 유전자는 3~5백만 개로 되어 있고 지금 인간 게놈 프

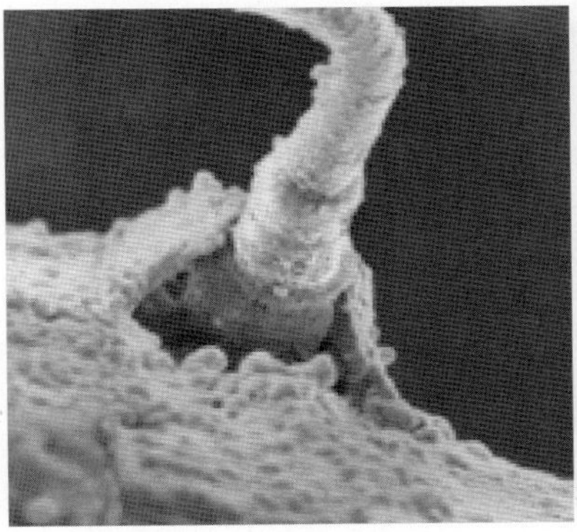

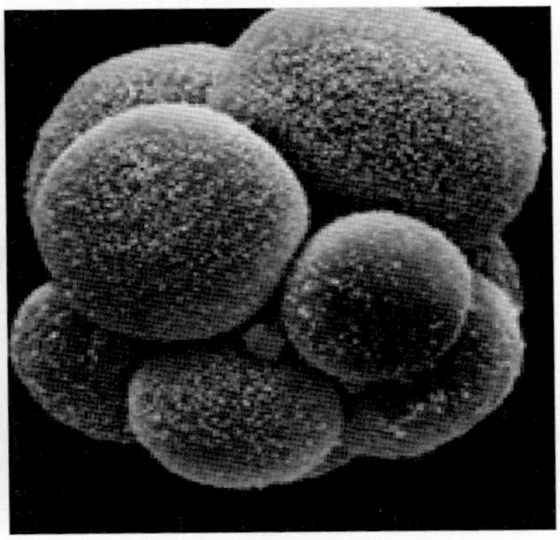

로젝트human genome project가 수행되어 사람 유전자의 해독은 완전히 이루어졌으며, 해독하는 데 더 빠른 방법들이 개발되고 있어 다른 생물들도 유전자의 해독이 이루어지고 있다. 그래서 혹자는 인간의 유전정보가 생명의 비밀이 해명되어 DNA는 새로운 바이블이 될 것이라고 말한다. 그러나 사람의 유전정보가 완전히 해독된 지금도 생명이란 무엇인가에 대한 해답은 오리무중이다. 단지 생명이 너무나 신비스럽다는 것만을 더 가중시킬 뿐이다. 지금 우리들이 알고 있는 것은 유전자에는 단백질을 생합성할 수 있는 정보가 들어 있다는 것뿐이다. 다시 말해 유전정보가 완전히 해독된다 하더라도 어떤 단백질이 어떻게 합성되어지고 그 역할에 대한 이해는 가능하지만 그것들이 모여서 어떻게 생명을 만들어 내는가에 대한 해답은 얻을 수 없다는 말이다. DNA를 생명의 설계도라고 많은

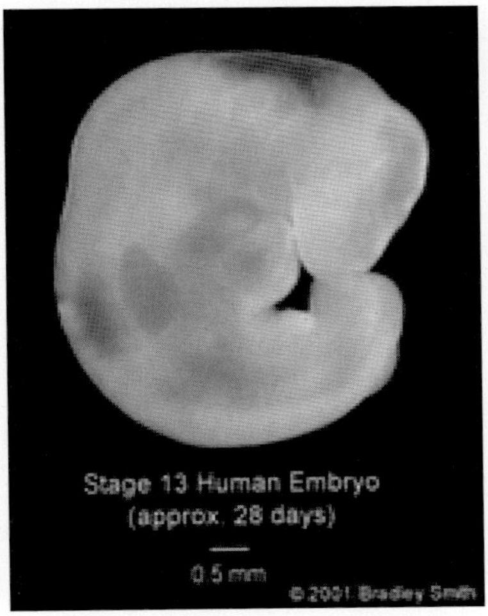

사람들이 말하고 있지만 엄밀하게 말한다면 생명을 만드는 물질의 설계도이지 생명자체의 설계도는 아니다. 이와 같은 사고는 과학이 모든 것을 가능케 할 수 있다고 믿는데서 생기는 결과이다.

대장균과 같은 세균은 일부 과학자자들의 가설에 의하면 20-30억 년 전에 생겼다고 한다. 이렇게 하등한 세균 하나도 현재의 과학기술로는 만들어 내지 못한다. 대장균이라는 것이 어떻게 해서 생겼다는 것을 즉 그 기원에 대해서는 과학적으로는 전혀 해명하지 못하고 있기 때문이다. 생명과학의 기술이 발달해서 대장균이라는 생명체를 구성하고 있는 성분들 이를테면 단백질이 어떻게 해서 만들어지는가 하는 과정에 대해서는 잘 알고 있고 어떤 것은 추출하기도 하고 일부는 만들 수도 있어도, 대장균의 생체를 구성하는 재료를 끌어 모아도 결코 대장균은 되지 않는다. 하물며 100조개의 세포로 구성되어 있는 인간에 대해서라면 차라리 아무 것도 모른다고 하는 편이 진실 되고 꾸밈없는 표현일 것이다. 현대과학의 발달로 생명의 속성에 대해서는 많이 알게 되었지만 <생명이 무엇이냐>고 하는데 이르러서는 첨단과학인 유전공학도 아직까진 속수무책인 실정이다.

맨 처음의 생명은 어떻게 해서 발생하였을까? 여기에 대해서는 다음 세 가지 이론을 생각할 수 있다. 첫째, 지구에 자연발생 했다는 이론과, 둘째, 다른 천체에서 왔다는 이론과 셋째 이론은 초자연적이라 할 수 있다. 둘째 이론은 외계에서 생명이 발생하여 지구까지 왔다는 견해인데 그러면 외계에서는 어떻게 생명이 발생하였느냐에 대해서 다시 첫 번째나 세 번째와 같은 이론이 필요함으로 여기서는 두 번째 이론은 약간의 역사적인 고찰만을 하는데 그치기로 한다.

1) 자연발생설과 생명발생설

지구상에 생명체가 나타난 기작Mechanism에 대해서는 여러 가지 학설이 있다. 그중 하나는 생명의 자연발생설Theory of Spontaneous Generation이다. 자연발생설은 고대 희랍인들에 의해 제안된 것이다. 희랍 이오니아Ionia 파파의 탈레스Thales나 그의 제자 아낙시스만드로서Anaximandros와 같은 자연철학자들은 생물은 열과 공기와 태양에 의하여 진흙에서 우연히 발생하였다고 하였다고 하였다. 아리스토텔레스Aristoteles(BC 384-322)도 건조하면서도 축축하거나 축축하면서도 건조한 것으로부터 생명이 발생한다고 했다. 아리스토텔리스로부터 근 2000년 동안 간단한 생명체의 자연발생을 조금도 의심하지 않았다. 근세에 이르러서 데카르트Rene Descartes(1596-1650)조차도 생물은 축축한 흙에 햇빛을 쬐든지 또는 부패 시킬 때 우연히 발생하다고 주장하였다. 그러나 이러한 자연발생설은 17세기에 이르러 일부 학자들로부터 도전을 받기 시작하였다. 자연발생에 대한 공격을 처음으로 시작한 이탈리아의 의사 레디Francesco Redi(1626-1698)였다. 이탈리아 과학원의 유명한 회원이기도 했던 그는 1668년, 두개의 플라스크에 고기를 넣고 한쪽은 무명천으로 된 망을 씌우고 다른 쪽은 그대로 두었다. 그랬더니 망을 친 플라스크에는 구더기가 안생기고 망을 치지 않은 플라스크에는 구더기 생겼다. 이것을 보고 레디는 생물은 반드시 생물로부터만 발생한다

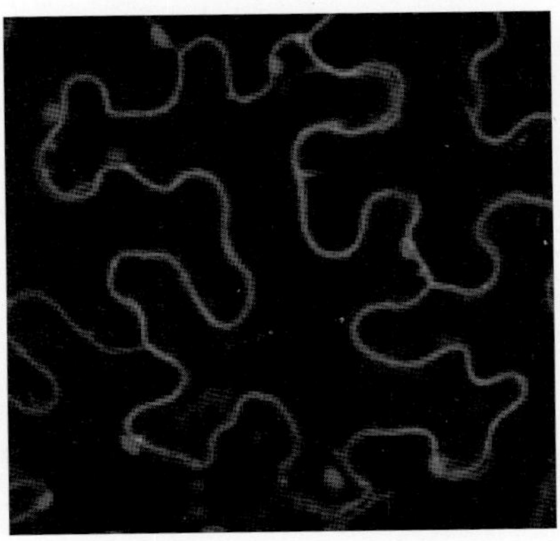

는 생물발생론Theory of Biological Generation을 발표하였다. 그러나 레디의 주장이 구더기의 경우에는 맞을지 모르나 다른 모든 생물들에게까지 그 주장을 확대시킬 수 있을지에 대한 구체적인 근거는 없었다. 그러던 중 네덜란드의 현미경학자 레에벤훅Leeuwenhoek(1632-1723)은 현미경으로 미생물에 대한 자세한 관찰을 하였다. 레에벤훅이 유기 추출물들을 오랫동안 공기와 접촉시켜두었다가 현미경으로 관찰을 하면 거기에는 항상 많은 새로운 미생물들이 존재했다. 그래서 그는 미생물들은 자연발생한다고 믿었다. 그러나 레에벤훅은 자신이 관찰하는 새로운 미생물들이 자연발생한 것이 아니라 공기 중에서 새로 들어온 것인지에 대해 확실한 답을 할 수 없었다. 이것을 확인하기 위해 실험을 한 사람이 바로 불란서의 조불로Louis Joblot였다. 조불로는 1787년, 식물추출물들을 몇 분간 끓임으로 두개의 그릇에 나누어 담았다. 그런 다음 하나의 그릇은 열어 두었고 다른 하나는 양피지로 단단히 덮어 두었다. 얼마 후 이 두 그릇을 현미경으로 조사해 보니 뚜껑을 덮어두지 않은 그릇에는 많은 미생물이 생겼으나 양피지로 덮어둔 그릇에는 전혀 미생물이 생기지 않았음을 확인하였다. 이 실험으로부터 조블로는 미생물일지라도 자연발생하지 않는다는 결론을 내렸다. 그러나 생명의 자연발생론에 대한 논쟁은 쉽사리 해결되지 않았다.

조불로의 실험 후에도 로마 카톨릭 신부였던 니담john de Tubeville Needham(1713-1781)은 다시 일련의 실험을 통해 자연발생설을 주장하였다. 여기에 대해 1756년, 이탈리아의 스빨란짜니Lazzaro Spallanzani(1729-1799)는 니담이 뚜껑을 덮은 그릇의 멸균을 충분히 하지 않았기 때문이라고 비판하면서 좀 더 철저한 실험을 하였다. 그리고는 이 새로운 실험을 통해 그는 다시 자연발생설을 부정하는 실험 결과를 얻었다. 여기에 대해 니담은 스빨란짜니가 플라스크를 너무 세게 가열하여 미생물이 자라지 못했다고 비판하였다. 어쨌든 완전히 멸균된 용액을 얻는 일과 더불어 당시 사람들이 워낙 자연발생설을 깊이 신뢰하고 있었던 터라 스빨란짜니의 탁월한 실험결과에도 불구하고 생물발생론과 자연발생론의 대립은 좀처럼 쉽게 해결되지 않았다. 그러자 프랑스 과학 아카데미는 생명의 기원을 밝히는 가장 신빙성 있는 실험을 한 사람에게 상금을 주겠노라라고 상Prix Alhumbert을 내걸었다. 여기에 대해 불란서 과학자 파스퇴르Louis Pasteur(1822-1895)는 종래의 모든 논쟁들을 일단락 지우는 뛰어난 실험을 함으로 이상을 획득하였다. 1861년 39세의 파스퇴르는 이전 실험들의 문제점들을 분석하고 이를 제거할 수 있도록 실험을 고안하였다. 그는 백조목swan-neck 플라스크 실험을 통하여 미생물의 번식에 있어서 온도, 습도, 공기 및 영양이 적당하더라도 밖으로부터 미생물이 들어가지 않는 한 미생물은 생기지 않음을 증명하였다. 또한 같은 플라스크의 백조목 부분을 자름으로 내용물이 직접 공기와 닿게 되자 곧 미생물이 생기는 것을 관찰하였다. 이 실험으로 인해 자연발생론은 미생물 차원에서조차 완전히 폐기되었으며 생물은 그 생물의 모체에서만 유래한다고 결론짓게 되었다.

2) 오파린의 가설과 밀러의 실험

파스퇴르에 의해 생명의 자연 발생설이 부정되었음에도 불구하고 금세기 들어와 자연발생설은 좀 더 정교한 이론의 형태를 갖추어 나타났다. 소련의 생화학자 오파린Aleksandr Ivanoivitch Oparin(1894-1980)은 1936년에 생명의 기원이라는 책에서 생명체는 지구상에서 자연발생

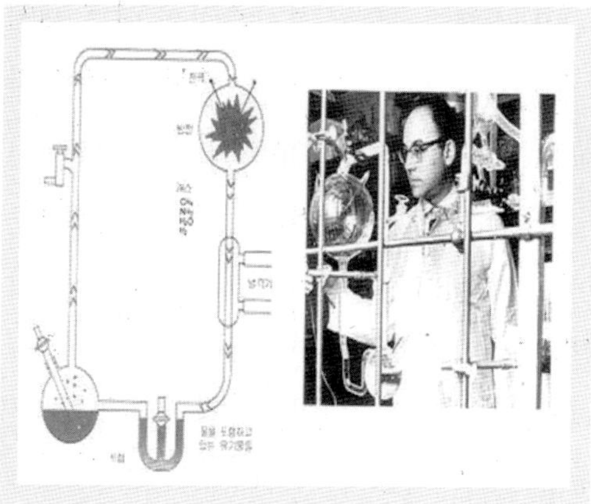

하였다는 생명의 '유기화학물설'을 제시하였다. 그에 의하면 지구상에는 긴 세월이 걸쳐서 무기물로부터 유기물로 진화(화학진화)가 일어났고, 이 유기물이 최초의 생물(원시생물)을 형성했다고 하였다. 그는 원시 지구를 덮고 있던 대기는 오늘날의 대기와는 달리 산소가 없고 메탄(CH_4), 수소(H_2), 수증기(H_2O), 암모니아(NH_3), 네온(Ne), 헬륨(He), 알곤(Ar) 등으로 되어 있었을 것이라고 가정하였다. 이들 기체는 태양으로부터 자외선이나 번개와 같은 공중방전된 에너지를 흡수하므로 서로 반응하여 아미노산을 비롯한 여러 가지 간단한 유기물로 되고 이것이 비에 용해되어 바다로 흘러들어가 교질상태가 되었다가 다른 종류의 교질이 반응하여 반액상의 코아세르베이트 coacervate라는 작은 알맹이 형태로 만들어졌을 것이라고 가정하였다. 코아세르베이트란 단백질 등의 콜로이드 입자가 결합하여 주위의 매질과 명확한 경계가 이루어져 분리 독립된 입상구조를 말한다. 이 코아세르베이트는 내부 교질입자가 서로 정해진 위치에 붙어서 초기구조를 이루며 한편으론 여러 효소계가 형성되어 다른 유기물을 분해하여 그 에너지에 의해 자신을 합성하여 성장하여 간다고 가정했다. 이와 같이 코아세르베이트가 성장한 것이 바로 최초의 생명체로 발전되었다고 본 것이다. 원시 생물이 유기물의 화학진화 과정에서 생겼다면 당연히 그것은 유기물에 의존하고 있는 종속영양적 것이다(종속영양 기원설). 오파린에 따르면 원시지구의 태양에는 유기물만이 녹아 있었고 대기에는 유리된 산소가 존재하지 않았다고 보았다. 그러므로 이와 같은 환경에서 최초로 나타난 생물은 바닷물 속에 있는 유기물을 받아들여 무기호흡을 한 결과 점차로 이산화탄소가 해수나 대기 중에 축적되고 유기물은 소비되어 소멸되었다고 본다. 이때 빛, 물, 이산화탄소를 이용해서 탄수화물을 만들고 산소를 방출하는 독립영양적인 생활을 할 수 있는 일반적인 광합성형 생물로 발전되었다고 가정하고 있다.

원시 대기에서 아미노산이 생겼다는 오파린의 가설은 1953년, 시카고 대학의 화학자인 유레이Harold Uery(1893-)와 밀러Stanley L Miller(1930-)에 의해 실험되었다. 밀러는 5리터들이 플라스크에 물을 넣은 다음 공기를 빼어 진공으로 하고 일정한 비율의 수소, 메탄 및 암모니아의 가스 혼합물을 채웠다. 플라스크에 물을 끓여 수증기가 위의 기체들과 섞이게 하고 이 혼합기체에는 높은 전압을 걸어 방전이 일어나는 전극 사이를 지나가게 하면 이 방전 에너지에 의해 화합물이 생기고 이 화합물은 냉각기를 통하여 골드 트랩cold trap에 모여 농축이 된다. 이 장치로 방전을 수 주일간 계속하여, 방치된 물질을 농축시킨 후 그 농축물을 분석한 결과 글리신, 아스파르트산, 글루탄산 등의 아미노산과 핵산에 쓰이는 염기 등의 유기물이 얻어졌다.

3) 밀러 실험의 비판

밀러의 실험은 방전 에너지를 이용하여 무기물질인 메탄, 암모니아 수소 등으로부터 유기물질을 인공적으로 합성한 매우 훌륭한 실험이었다. 그러나 무기질로부터 유기물질이 생겼다고 해서 원시 지구에서 무기물로부터 최초의 생명이 자연발생을 증명한다고 주장하는 것은 다음 몇 가지 이유로 인해 지나친 논리의 비약이다.

첫째, 밀러 실험에서 사용한 혼합가스의 조성이 원시 지구의 대기 조성과 같다는 것을 증명할 수 없다. 사실 원시대기가 수소를 많이 포함하고 있는 환원성 대기라는 것도 어디까지나 가설이지 증명된 것이 아니다. 만일 대기의 조성이 현재와 같이 질소와 산소를 많이 포함하고 있는 산화성 대기라면 이들은 아무리 오랫동안 방전시킨다 해도 유기물은 절대 합성되지 않는다. 원시 지구상의 대기를 현재와는 전혀 다른 환원성 대기로 가정하는 것은 유기물 합성이 가능하기 위해 가정한 것이다. 이것은 밀러 자신과 오르겔Leslie E Orgel도 이점을 분명히 밝혔다. "생물학적으로 관심 있는 화합물들의 합성은 환원성 조건에서만 가능하기 때문에 우리는 지구의 대기가 환원성이었던 때가 틀림없이 있었을 것으로 믿는다. 약간의 지질학적 및 지구물리학적 증거들이 실제로 그러하였음을 암시하고 있기는 하지만 결정적인 증거는 하나도 없다."

둘째, 밀러의 실험장치에서는 합성된 후 방사전이나 방전 에너지에 의하여 합성된 유기물질이 다시 분해되지 않도록 즉시 냉각시킬 수 있는 냉각장치가 사용되었다. 만일 재빨리 냉각되지 않으면 합성되었던 유기물은 방전 에너지에 의하여 다시 분해, 파괴되어 버리기 때문이다. 그러나 자연계에서 이와 같은 급속한 냉각장치가 어떻게 존재할 수 있는지 설명할 방법이 없다. 일부 과학자들은 번개와 같은 방전으로 대기 중에 생성된 유기물질은 빗물에 씻겨 바다 속에 갇힌다고 하지만 이 속도는 인공적인 순화속도처럼 빠를 수 없다.

셋째, 밀러의 실험에서는 생명체의 구성요소인 단백질 합성의 필요한 L-아미노산short chain left-handed amino acid도 생겼지만 생명합성에 불필요하고 오히려 방해가 되는 d-아미노산long-chain right-handed amino acid도 함께 생성되었다. 생체가 합성하는 아미노산은 100% L-아미노산인데 비해 인공적으로 합성한 아미노산은 L-아미노산과 D-아미노산이 50%정도씩 섞여 있는 소위 라세미 혼합물Rasemi mixture이다. 그러므로 인공적으로 만들어진 아미노산이 생명합성에 사용되려면 누군가가 라세미 혼합물로부터 L-아미노산만을 분리시켜야 한다. 자연계에서 누가 그 일을 할 수 있는가? 실제로 과학자들은 아무도 밀러의 실험으로 생긴 혼합 유기물질을 다음단계의 고분자 합성 원료로 사용하지 못한다.

넷째, 자연계에 밀러의 장치와 같은 것이 존재할 수 있는가 문제이다. 밀러의 실험장치는 매우 정교한 장치로서 이 실험을 했던 밀러는 그 공로로 노벨상을 수상했다. 기껏해야 가상적인 환원성 기체 방전으로 유기물을 만드는 실험이지만 이것이 실험실에서 이루어지기 위해서는 노벨상을 받을 정도의 뛰어난 과학자의 아이디어와 실험장치의 설계, 실험 계획이 있었다. 누가 자연계에서 이러한 화학적 변화의 일부를 일으킬 수 있도록 할 수 있는가라는 문제가 생긴다.

4) 폭스의 실험

밀러 실험 다음 단계의 화학진화 실험은 1959년, 폭스sidney Fox에 의해 이루어졌다. 그는 원시지구 상에서 단백질과 같은 복잡한 유기분자가 생성되는 한 모델을 제시하였다. 폭스는 원시지구 위에서 가장 얻기 쉬운 에너지원은 화산이 폭발할 때 용암에서 오는 열이라고 생각하였다. 그는 여러 가지 다른 L-아미노산들을 혼합하여 150-180℃에서 4-6시간 동안 가열함으로써 단백질 같은 고분자, 프로티노이

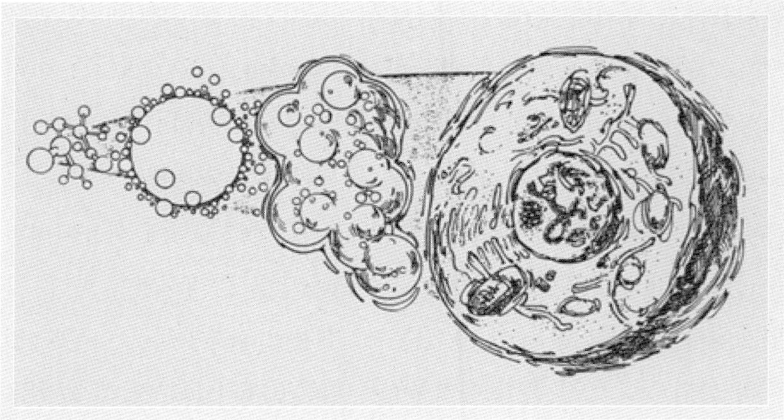

드protenoid를 만들었다. 그리고 프로티노이드를 온수에 녹였다가 용액을 냉각시킴으로 마이크로스피아microsphere라는 2 마이크론 정도의 작은 입자가 만들어졌다. 폭스는 이 실험이 단백질 뿐 아니라 세포와 비슷한 것이 자연적으로 합성되는 모델이라고 제안하였다. 습한 대기 중에서 생성된 아미노산들이 화산 둘레의 뜨겁고 건조한 곳에 정착하여고 분자화 되고, 비에 의해 씻겨 내려가 연못과 같은 곳에 모여 마이크로스피어로 변한 후, 궁극적으로 생명세포로 된다고 가정하였다. 즉, 처음 아미노산이 생성될 때는 물이 있어야 되고, 그 다음 프로테노이드가 합성될 때는 물이 없어야 하며, 마이크로스피어가 합성될 때는 다시 물이 있어야 한다. 이런 연속적인 반응조건은 실험실에서는 가능하다. 원시지구에서 일어날 가능성은 적을 수밖에 없다. 그래서 폭스의 모델은 원시지구에서 일어나는 조건과는 무관하다고 밀러와 유레이도 말하고 있다. 사실, 프로테노이드가 자연적으로 생긴다고 하더라도 그 농도는 매우 낮을 뿐만 아니라 L-아미노산만으로 된 프로테노이드는 저절로 합성되지 않는다. 또한 폭스의 실험조건 중에서 온도가 아주 높아지거나, 반응시간이 길게 되면 아미노산은 중합반응보다 분해되는 역반응이 일어나게 된다.

5) 외계 생명설

생명이 외계에서 왔다는 이론은 19세기 말 스웨던의 물리학자인 아레니오스Svante Arrhenius(1859-1927)가 처음으로 주장하였다. 그는 최초의 생명 이 지구에서 화학적 변화의 과정을 통해 발생하였으리라는 가능성이 희박해지자 최초 생명의 기원을 우주에서 찾으려고 한 것이다. 아레니우스는 최초의 생명은 지구에서 자연적으로 발생한 것이 아니라 우주에서 온 미생물에 의해 시작되었다고 주장하였다. 우주에서 출발한 이 원시 포자들은 우주 복사선의 압력에 의해 진력을 갖게 되었으며 우주공간을 돌아다니다 지구에 도달했다는 것이다. 그는 이 포자들이 우주 공간의 "모든 곳에 존재하는 종자"라고 생각하여 자신의 이론을 범균설Panspermia이라고 불렀다. 그러나 이 견해는 어떻게 살아있는 포자가 우주 방사전에 의해 머나먼 우주공간을 밀려오면서도 해를 받지 않고 살아 있었는지에 대한 설명을 할 수 없었기 때문에 별로 설득력이 없었다. 아레니우스 이론의 단점을 보완하여 제시된 이론이 소위 정향적 범균설Di rected Panspermia 이었다. 이 이론은 왈슨James D. Watson(1928-)과 함께 DNA의 이중나선 구조를 밝힘으로 노벨상을 받은 영국의 크릭Francis Crick (1916-)의 주장으로 그에 의하면 지구상의 생명은 수십억년 전고도로 발달된 우주의 어느 문명사회로부터 모인 우주선에서 의해 실려 보내진 원시 포자에 의해 시작되었다고 한다. 이 포자들이 원시 바다에 떨어져서 번식함으로 지구상에 최초의 생명이 시작되었다고 한다. 그러나 이 이론 역시 구체적인 증거가 부족함으로 단순한 추측의 산물이라고 할 수 있다. 설사 최초의 지구상 생명체가 다른 우주 문명은 어떻게 생겨난 것인가라는 새로운 질문에 봉착하게 됨으로 이야기는 다시 원점으로 돌아가고 만다. 다시 말해 외계 생명설은 외계 생명의 기원에 관한 설명을 할 수 없기 때문에 현재 우리의 논의의 대상이 될 수 없다.

이상에서 우리는 생명은 자연적으로는 발생될 수 없으며 유일한 대안은 생물발생설, 즉 생명은 생명체로부터만 나올 수 있음을 보았다. 생명이 생명으로 부터만 나올 수 있다면 최초의 생명체는 어디에서 왔을까? 우주에서 온 것도 자연에서 저절로 발생된 것도 아니라면 무엇이 생명체를 가능하게 했을까? 논리적으로 볼 때 스스로 존재하게 되지 않았다면 누군가에 의해 창조되었다는 선택밖에 존재하지 않는다.

3. 식물의 신비

자연의 80%를 차지하고 있는 것이 바로 식물이다. 지구상에 존재하는 식물의 종류는 고등식물이라고 불리는 종자식물만도 20만 종이 넘고 이 또한 아직 발견이나 학술적으로 분류되지 않은 것을 감안하면 그 종의 수는 배 이상으로 늘 것이다. 이러한 식물은 생태계에서 광합성phhtosynthesis을 통해 무기물을 유기물로 만드는 생산자producer로 존재하며 인간을 포함한 모든 소비자consumer에게 생명유지를 위한 식량재료를 제공한다. 식량 뿐 아니라 염색, 음

료, 목재, 종이, 의류 그리고 바이오에너지까지 우리 인류는 식물에 의존하고 있다. 비록 하찮아 보이는 식물에게도 막중한 임무가 부여되어 인류가 공존할 수 있는 것이다.

1) 모든 에너지의 공급원인 광합성(光合成)

대부분의 잎이 태양에너지를 이용해 공기 중의 이산화탄소와 뿌리에서 흡수한 물을 재료로 탄수화물을 합성하는 장소다. 이것을 우리는 광합성 혹은 탄소동화작용이라고 부르며 정확하게는 잎을 구성하고 있는 세포 속에 있는 엽록체에서 일어나게 된다. 그러나 광합성은 잎에서 뿐 아니라 우리 눈에 녹색으로 보이는 모든 기관과 조직에서 실제는 광합성은 일어난다. 광합성은 지구상의 생물이 빛을 이용하여 화합물 형태로 에너지를 저장하는 화학 작용으로, 지구상의 생물계에서 볼 수 있는 가장 중요한 화학 작용의 하나이다. 지구상의 모든 생물은 삶을 유지하기 위해 에너지를 필요로 한다. 박테리아의 번식을 비롯하여 콩이 싹을 틔우고 나무가 자라며, 우리가 태어나 숨을 거두는 순간까지의 이 모든 삶의 과정은 에너지에 직접적으로 의존하여 일어난다. 우리가 일상생활에서 자동차를 움직이고

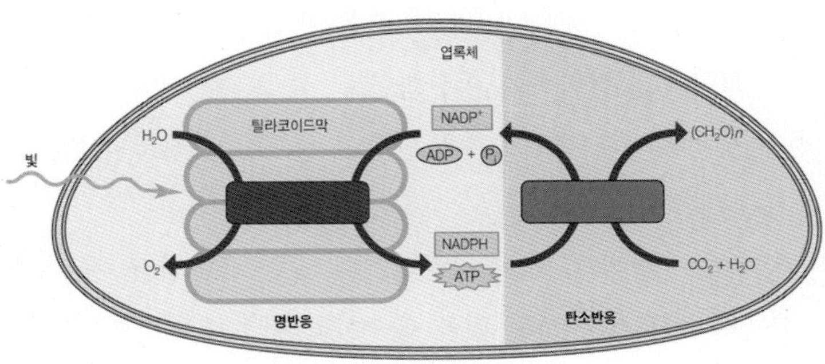

전기 기구를 사용하며 온갖 산업 시설을 가동시키기 위해서 석유, 석탄을 연소시킬 때, 혹은 원자의 분열에서 생겨나는 에너지를 빌려 쓰듯이, 생물이 존속하기 위한 기본 조건은 간략히 말하자면 에너지라 볼 수 있다. 에너지의 전환과 저장은 생물의 최소 단위인 세포에서 일어나며, 에너지는 화합물 형태로 저장된다. 모든 생물은 광합성으로 생성된 산물을 생체 내 연료로 사용하고 있으며 이것을 공급하는 방법이 엽록체에서 일어나는 광합성이다. 광합성의 에너지는 궁극적으로는 흡수된 빛 에너지에서 오는 것이지만 실재로는 환원제(→ 화학 에너지)의 환원력을 이용한다. 빛 에너지는 광의존적반응을 통해 ATP, NADPH같은 화학 에너지 형태로 전환되어 탄소고정carbon fixation에 쓰인다. 포도당을 포함한 6탄당Hexose sugar과 전분starch이 만들어지며 주로 포도당이 생성되기 때문에 광합성을 나타내는 반응식은 흔히 다음과 같이 나타낸다.

$$6CO_2 + 12H_2O + 빛 \longrightarrow C_6H_{12}O_6 + 6H_2O + 6O_2$$

탄수화물은 다른 유기화합물을 만드는 데 쓰인다. 셀룰로스cellulose, 지질lipid, 아미노산의 전구물질로 사용되기도 하고 세포호흡cellular respiration의 연료로도 사용된다. 식물에서 저장된 에너지는 먹이 사슬을 통하여 이동한다. 세포호흡은 광합성과 반대로 포도당이나 다른 화합물을 산화하여 이산화탄소, 물, 화학 에너지를 생성한다. 하지만 광합성과 세포호흡은 반응이 일어나는 장소와 반응과정이 서로 다르다.

식물은 주로 녹색의 색소인 엽록소로 빛을 흡수한다. 우리 눈에 있는 특별한 세포가 반사된 빛을 흡수하고 이것을 신호화하여 두뇌에 전달하여 마침내 우리가 그것을 보게 되는 것인데 사과가 붉게 보이는 것은 사과표면의 세포내에 있는 색소체가 가시광선 중 모든 빛을 흡수하고 단지 붉은 색을 반사하기 때문이다. 잎이 녹색으로 보이는 것은 식물체내에 있는 엽록소라는 색소체가 보라색 푸른색 노란색 그리고 붉은색은 흡수하고 단지 녹색만을 반사하기 때문이다. 카로티노이드carotenoid와 같은 보조색소accessory pigment들은 엽록소가 흡수하지 못하는 파장의 빛을 흡수하여 엽록소의 기능을 보조하거나 과도한 빛으로부터 엽록소를 보호한다.

2) 자극에 반응하는 식물

(1) 음악을 좋아하는 식물

식물도 음악을 감상할 줄 알며, 자기가 좋아하는 음악을 듣고 자란 식물은 더 잘 자라고 더 예쁘게 자란다고 말하면 믿을 사람이 얼마나 될까? 음악을 듣고 자란 식물은 병에 덜 걸리고 해충의 피해도 적어서 농약을 적게 뿌려도 된다고 하면 더더구나 수긍하기 어려울 것이다. 좋아하는 '음악을 듣고 자란 채소와 과실은 맛이 더 좋아지고 더 당도가 높으며 인체에 좋은 생리활성물질이 더 많이 생긴다'고 말하면 누가 믿을까?

식물과 음악의 관계에 대하여 최초로 관심을 기울인 사람은 다아윈으로서, 1860년대에 미모사에게 나팔소리를 들려주고 잎이 움직이는가를 살펴보았으나 실패했다는 기록이 있다. 1950년대에는 인도의 Singh 교수가 소리굽쇠나 바이올린 음악을 들려준 결과 활발한 원형질운동을 관찰하였다. 또한 미모사에게 인도의 전통음악인 Raga를 들려준 결과 기공수, 표피의 두께, 세포의 크기가 현저히 증가했음을 알아냈다. 지속적인 연구를 통하여 벼의 수확량이 25-60%, 땅

콩 수확량이 50% 증가했다는 결과를 얻었다.

미국에서는 1968년에 Retellack은 호박덩굴에게 고전음악을 들려준 결과 덩굴이 스피커를 감싸지만, 록큰롤Rock'n'roll 음악을 들려주면 스피커와 반대 방향으로 도망가는 현상을 관찰하였다. 또한 농촌진흥청의 이완주 박사는 식물에게 좋은 음악을 들려주면 생육이 촉진되고 병해충 발생이 저하되며 오이의 경우 당도가 증가하는 등 재현성 있는 실험결과를 얻었음을 보고하였다. 그리고 식물체내의 화학성분이 변함을 관찰하고, 이러한 좋은 음악을 그린음악green music이라고 하여 국내특허를 얻었다. 이러한 결과를 종합해 볼 때, 헤비메탈Heavy metal이나 록큰롤과 같은 시끄러운 음악보다 고전음악이, 타악기보다는 현악기의 음악을 식물이 더 좋아하며, 2,000Hz 근처의 음파를 좋아한다는 정도가 알려져 있다.

(2) 물리적 자극과 식물의 반응

식물체 내에는 평상시에 10-50mv의 약한 전류가 흐르고 있다. 그러나 물리화학적인 자극을 가하면 전류의 흐름이 변화되고 이렇게 나타내는 반응을 검출기를 통해서 읽을 수 있다. 그런데 자극의 종류에 따라서 반응이 다르게 나타나며, 자극의 세기에 따라서도 다른 반응을 보일 뿐 아니라, 같은 자극이라고 하더라도 식물에 따라서 다른 반응을 나타내게 된다. 사람의 눈이나 귀로는 이러한 식물의 반응을 감지할 수 없지만 식물체에 기계장치를 연결하면 식물이 어떠한 반응을 나타내는지를 알 수 있게 된다. 특히 식물을 유리막대로 건드릴 때와 선풍기 바람을 쏘여줄 때, 처음 식물이 보이는 반응은 큰 차이가 없이 움찔하지만 시간이 지남에 따라 선풍기 바람에는 더 이상 반응을 나타내지 않고 바람을 즐기는 반면, 유리막대로 건드리는 경우 유리막대를 정지시킬 때까지 계속해서 긴장상태에 있음을 알 수 있다. 만약 식물이 바람과 유리막대 자극을 구별하지 못하고 계속해서 긴장상태에 있었다면 지구상에 식물이 남아있지 못했을 것이다. 왜냐하면 자연상태에서 식물은 계속 바람을 맞으면서 살고 있는데, 하루 종일 에너지를 소비하면서 긴장상태에 있다면 결국 생산하는 에너지보다 소비하는 에너지가 많아서 식물은 죽을 수밖에 없었을 것이기 때문이다. 따라서 식물이 없는 지구는 사람이 살 수 없는 환경이 되었을 것이다. 식물이 바람과 다른 자극을 구별할 수 있는 능력이 있다는 사실이 얼마나 신비한 것인지 모른다.

식물이 보여주는 신비함은 음악을 알아듣는 정도에서 더 나아가 자신을 사랑하는 사람에게 이야기를 하고 자신을 죽인 범인의 인상착의를 기억하여 수사관에게 진술을 하는 등 실로 신비한 반응을 나타냄을 알 수 있다. 또한 다양한 자극을 주었을 때 자신의 의사를 분명하고 정확하게 표현함을 알 수 있다. 이처럼 식물이 보여주는 반응은 동물과 인간이 나타내는 반응에 상응할 뿐 아니라, 정확하고 분명하게 보여주고 있다. 꽃 한 송이라도 하찮게 볼 것이 아니라 정성을 다해 사랑하고 따뜻하게 보살펴야 할 책임이 있는 것이다.

3) 꽃은 예술과 수학

이제 얼마 있으면 황량한 겨울이 가고 봄이 온다. 지금 잠깐만 하던 일을 멈추고 고개를 들어 자연을 바라보자. 다양한 식물들이 앞을 다퉈가며 때론 화려하게, 때론 단아하게, 또 때론 아름답게 꽃들을 피우고 있다. 이 꽃들은 보는 사람으로 하여금 심미적인 안정을 주어 스트레스 해소 뿐 아니라 질병을 치유 할 수도 있다. 또 매사추

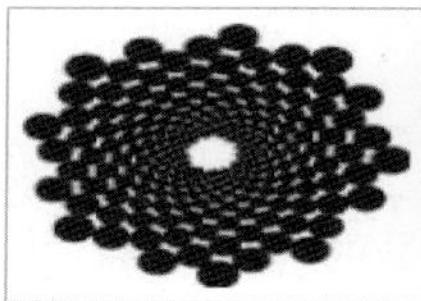  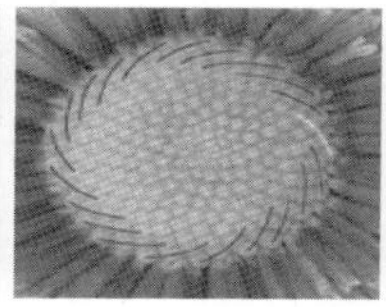 

세츠에 있는 스미스 대학Smith College의 생물학자들과 수학자들은 함께 '일반 꽃들과 식물들에서 발견된 놀랄 만치 복잡한 나선형 패턴'을 전시 하였는데, 침엽수에서부터 엉겅퀴, 해바라기까지 많은 식물들은 피보나치의 수열Fibonacci Sequence, 또는 황금의 각Golden Angle과 같은 수학적 패턴에 따른 나선구조들을 가지고 있다. 사이언스뉴스지는 그 전시를 '식물들의 나선형태 : 당신이 계산해볼 수 있는 아름다움Plant Spirals: Beauty You Can Count On'이라는 제목으로 보도하였다. 이러한 현상을 설명하기 위하여 동력 시스템 모델 개발에 도움을 준 수학자인 Pau Atele는 "식물들이 수학을 알았던지 몰랐던지 간에, 식물들은 분명히 일련의 공통된 규칙을 따라 프로그램되어 있었다. 이것은 이 패턴들이 진화하는데 유리하게 작용되었을 것을 제시하고 있다."라고 말했다. 실제로 이러한 제시에 기인하여 유리하게 작용된 예는 제공되지 않았다. 그러나 수학자들은 이러한 디자인은 아름답고, 프로그램되어 있었다는 것에 동의하고 있다. 식물에 들어있는 프로그램된 수학이 비인격적인 지시되지 않은 힘에 의해서 자연적으로 우연히 만들어졌다는 것을 그저 자연의 법칙이라고 치부하기에는 무언가 찜찜하다.

4) 식물의 자기 복제능력: 전체형성능(Totipotency)

만약 당신의 손가락 하나를 잘라 인큐베이터와 같은 좋은 환경하에서 적절한 영양분을 주었을 때, 스스로 자라기 시작하여 마침내는 당신과 똑같은 인간이 복제된다고 상상해 보라. 이 세상은 어떻게 될까? 언뜻 생각하기에 좋겠다는 생각도 들지만, 곰곰 생각하면 이 것보다 더 끔찍한 일이 세상에 없을 것이다. 더 나아가 이러한 죽음이 없는 세상은 우리가 소망하는 낙원이 아니라 책임과 의무가 없는 바로 지옥일 것이다. 양친의 유전적 조합없이 한 부모로부터 유래된 자손이 번식하는 것을 무성번식이라고 하며, 이러한 결과로 생겨난 것들을 클론Clone(영양계)이라고 부른다. 무성번식에 의해서 유래된 개체들은 모체와 유전적으로 완전히 동일하다. 실제로 이러한 방법으로 동물이나 인간은 복제될 수 없지만 식물에서는 이러한 무성번식이 가능하며 이것을 영양번식이라 말한다(자연계에서 히드라와 불가사리 등에서는 예외적으로 재생능력이 있다). 이러한 재생은 식물체만이 가지는 전형성능의 자연적 증거이다. 우리가 흔히 경험적으로 실내식물에서 많이 사용하는 삽목이나 접목 외에도 최근에 급속한 발전을 이룩한 식물조직배양 혹은 기내배양Plant Tissue Culture도 식물체의 이러한 특성을 이용한 것이다.

5) 식물을 통한 휴식과 치료

오늘날 우리는 지금까지 우리가 자연에 행했던 모든 일에 대한 반대급부로 세계 곳곳에서 이상기후, 오존층 파괴, 지진과 홍수 등 환경파괴의 벌을 혹독히 받고 있다. 더욱이, 우리는 실내에서 생활하는 시간이 길어짐에 따라 'sick building syndrome'으로 몸살을 앓고 있는 실정이다. 그러나 실내에 식물을 둔다면 얼마나 많은 유익이 있는지를 아는 사람은 별로 없다. 실내볼륨의 약 5-10% 정도의 식물만 두면, 겨울철에는 습도를 20-30%까지 높일 수 있으며, 여름철과 겨울철 각각 실내온도를 약 3도 정도 떨어뜨리거나 올릴 수 있다. 또한 식물체는 광합성을 할 때 공해물질을 동시에 흡수하여 어떤 공기 청정기보다 효과적이다. 더욱이 최근의 연구결과에 의하면, 컴퓨터나 TV에서 발생되는 유해 전자파를 제거하는데 다른 어떤 기기보다도 효과적인 것으로 밝혀졌다. 한편, 식물이나 원예활동은 단지 육체적인 면뿐만 아니라 정신적인 면에도 많은 영향을 미쳐, 이것을 통한 치료, 재활, 회복, 그리고 삶의 질을 높이는 원예치료horticultural therapy라는 학문이 국내외적으로 관심을 모으고 있다. 예를 들어 창밖으로 식물을 볼 수 있는 입원실과 그렇지 않고 단순히 건물만을 볼 수 있는 입원실에서 수술한 환자가 회복되는 것을 비교해 보면 두통, 아픔, 불평, 회복기간 등 모든 면에서 식물을 본 환자가 나은 것으로 나타났다. 더욱이 최근의 연구에 의하면 식물을 볼 때, 뇌파의 델파파가 감소되고 알파파가 증가되어져 단순히 식물을 보는 것만으로도 치료적인 효과를 볼 수 있다고 한다.

결론적으로, 식물은 과거 우리가 생각했던 것처럼 단순히 덜 진화된 하찮은 생명체에 불과한 것이 아니라, 우리 인간에게 준 최고의 선물인 것이다. 오늘날 많은 현대인들이 심신의 불균형과 질병으로 고통 받고 있다. 만약 당신이 지금 식물의 소중함을 알고 원예생활의 즐거움을 맛본다면?

안성주 (농업생명과학대학 바이오에너지 공학과)

우주를 통해 살펴본 과학과 신앙

그림 1. 밤하늘의 별. 가장 이상적인 날씨에는 대략 1000개 정도의 별을 볼 수 있다고 알려져 있다.

이 글은 우주와 물리를 다루고 있지만 사실 우주에 대해 관측하여 얻은 많은 지식과 성경에서 말하는 창조를 통해 얻은 지식 사이에 놓인 거리 때문에 고민하는 기독교인들을 위해 쓰여졌다. 어쩌면 제목을 우주와 신앙으로 고쳐야 할지도 모르겠다. 이 글에서는 보편적으로 받아들여지고 있는 우주에 관한 과학적 지식과 그 정보를 얻기까지의 인류의 노력에 대해 짧게 정리할 것이며 다양한 문화와 기독교에서는 어떻게 우주를 이해해 왔는지 나열해보고 마지막에 우리는 어떻게 받아들일 것인지 함께 고민해 보고자 한다.

먼저 과학에 대한 설명부터 시작하고 출발하는 것이 좋을 것 같다. 과학이란 자연을 관측하여 얻은 지식을 토대로 자연에 숨겨진 질서들을 찾아내는 것을 의미한다. 과학적인 방법으로 인류가 알아낸 우주가 어떠한지 먼저 살펴보고자 한다.

1. 우주의 크기

날씨 좋은 어느 날 눈을 들어 밤하늘을 보면 무수히 많은 별들이 반짝이는 것을 보게 된다. 날씨 상태에 따라 눈으로 확인 가능한 별의 개수는 달라지지만 일반적으로 이상적인 상태의 밤하늘에서 눈으로 확인 가능한 별의 수는 약 1,000개 정도 된다고 알려져 있다. 밤의 길이가 길수록 더 잘 보이는데 일 년 중 밤의 길이가 가장 긴 동짓날 볼 수 있는 별의 개수가 약 6,000개까지 눈으로 확인이 가능하다고 한다. 일반적으로 1,000억 개의 별이 모여 은하를 이루고 이런 은하들이 1,000억 개가 모여 우주를 형성한다고 알려져 있다. 우주의 크기는 이런 1,000억 × 1,000억 개의 별들이 존재 할 수 있는 어마어마한 크기인 것을 알 수 있다.

$$\text{우주를 구성하는 별의 총 개수 : } 10^{11} \times 10^{11} = 10^{22} \text{ 개}$$

우주에서 사용되는 거리의 단위는 보통 광년[light-year]인데 이는 빛이 1년 동안 가는 거리를 말한다. 일반적으로 모든 물질은 움직이기 시작하면 시간과 공간이 얽혀 있게 되어 시간과 공간에 따라 물리량들이 달라지게 된다. 이것을 우리는 상대성 원리라고 하는데 유일하게 이런 시공간의 얽힘에서 자유로운 물질이 빛이다. 빛은 어떤 계에서도 자신의 속도를 일정하게 유지하고 우주의 어떤 물질보다도 빠르게 움직인다. 빛의 빠르기는 1초에 30만 km를 진행하는 속도로 나타낼 수 있다. 빛의 빠르기를 사람이 느낄 수 있는 가장 빠른 속도 중의 하나인 소리가 진행하는 속도, 즉 음속을 통해 생각해보자. 음속은 공기 중에서 대략 300 m/s로 이는 1초에 300 m 정도를 간다는 의미이다. 이 정도 속도로 소리가 전파되기 때문에 즉각적인 대화가 가능한 것이다. 이렇게 빠른 음속도 빛의 속도에 비하면 1,000,000분의 1 정도 밖에 되지 않는다. 빛의 속도는 어떤 상황에서도 일정하기 때문에 우리는 빛의 속도를 종종 다른 물리량을 측정할 때의 기준으로 삼는다. 빛의 속도로 날아가는 우주선이 있다면 지구에서 달까지 가는데 대략 1초가 걸린다. 이 우주선이 태양계를 빠져 나가는데 걸리는 시간은 대략 12시간 정도 걸린다고 한다. 만약 우리가 보통 여행하는 비행기를 타고 간다(약 300 km/h ~ 500 km/h)고 가정하면 대략 만년이 걸리는 거리이다. 우리가 숨을 쉬고 살아가는 터전인 지구가 속해 있는 태양계조차도 인간의 능력으로 빠져나가는데 약 만년의 세월이 필요할 정도로 우주는 우리가 상상 할 수 없을 정도로 광대하고 넓다.

그림 2. 우주의 크기가 얼마나 큰지 알아보기 위해 전체 우주에서 지구까지 크기 비교.

2. 우주의 나이

우주에 대한 이해를 좀 더 객관화하기 시작한 것은 18세기에 들어서이다. 그전까지는 형이상학적으로 머릿속에서 그려지는 우주를 묘사했었다. 코페르니쿠스, 갈릴레이, 케플러, 뉴턴 등등의 과학자들이 우주의 별을 관측하고 객관적인 데이터를 오랜 기간에 걸쳐 습득함으로써 머릿속의 상상에 의한 묘사가 아닌 객관적 관측에 의한 묘사를 시도하였다. 21세기에 들어서면서 우주에 관한 아주 중요한 정보를 하나 더 얻게 되었는데 그것은 우주가 팽창한다는 것이었다. 우리가 살아가기 위해 밟는 땅을 살펴보면 언제나 그 자리에 고정되어 있는 것처럼 보인다. 결국 지구는 아주 잘 고정되고 움직이지 않는 것처럼 보이지만 실제로는 하루에 한번 자전을 하고 1년에 한번 태양을 중심으로 회전한다는 것을 우리는 지금 알고 있다. 이와 마찬가지로 인간이 생각한 우주는 늘 그 자리에 고정되어 움직이지 않을 것으로 생각하기 쉽다. 어쩌면 이런 생각은 매우 자연스러운 것인지도 모른다.

하지만 1929년 미국의 천문학자 에드윈 허블Edwin Powell Hubble은 우주가 팽창하고 있다는 것을 세상에 발표하였다. 은하들의 도플러 편이 (도플러 효과에 의한 빛의 파장이 달라지는 현상으로 관측자로부터 멀어지고 있는지 가까워지고 있는지를 알 수 있다.)를 관측해 보니 적색편이가 관측되었다. 이는 은하들 간의 거리가 점점 멀어지고 있음을 암시하였다. 그런데 지구로부터 멀리 있는 은하들끼리 그 멀어지는 정도가 더 빠름을 관측할 수 있었고 이를 통해 우주가 팽창하고 있음을 알게 된 것이다.

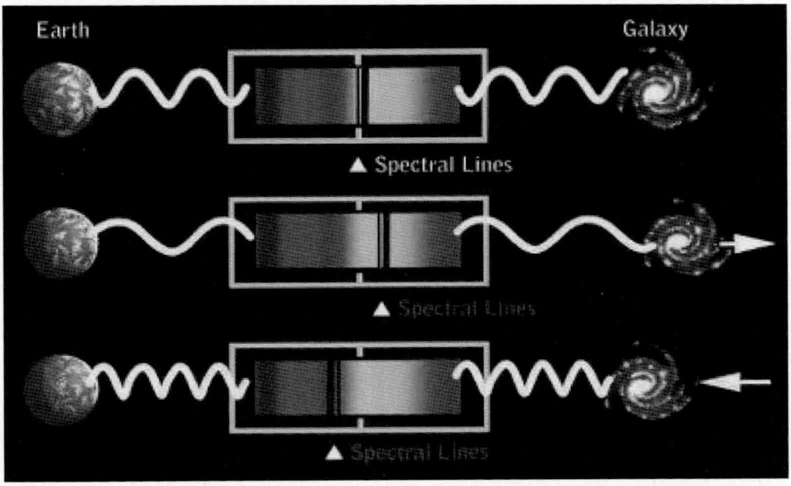

그림 3. 별이 지구로부터 멀어지기 때문에 별에서 나오는 빛의 파장이 길어지는 적색편이 현상이 일어났음을 관측하였다. 이를 통해 우주가 팽창하고 있음을 알게 되었다. [출저 : http://m.blog.daum.net/windada11/8766854]

그림 4. 에드윈 허블(Edwin Powell Hubble, 1889-1953, 미국), 우주가 팽창한다는 것을 발견한 미국의 천문학자.

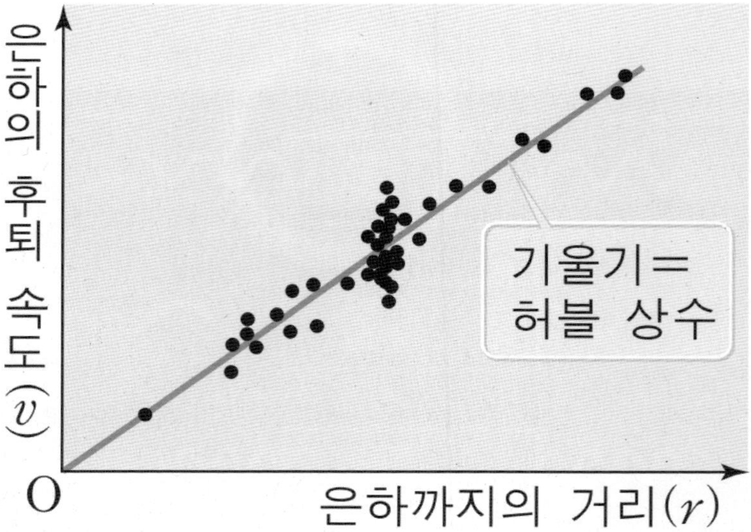

그림 5. 허블 법칙 – 은하의 후퇴 속도는 은하까지의 거리가 길수록 커진다. 즉 지구로부터 멀리 떨어진 별일수록 더 빨리 멀어진다. 이 그림의 기울기를 허블 상수라고 한다. [출저: http://study.zum.com/book/12676]

우주의 팽창은 21세기 가장 위대한 발견 중의 하나이다. 그전까지는 인간이 경험적으로 느껴온 우주는 더 이상 고정되어 있는 정상상태라고 생각했었는데 이 발견을 통해 우주는 더 이상 정지해 있는 상태가 아니라는 것을 의미한다. 만약 우주가 여전히 팽창하고 있다면 예전에는 더 작은 우주였을 것이고 이는 우주가 아주 작은 상태에서부터 시작되었음을 밝혀 주고 있다. 다시 말해서 우주는 원래 처음부터 지금의 상태로 존재해 온 것이 아니라 아주 작은 지점에서 출발하여 지금에 이른다는 것이다. 즉 이는 우주의 시작이 있다는 것을 의미한다. 우주의 크기는 우주의 나이와 밀접한 관계가 있다. 앞서 광대한 우주를 살펴보았는데 이런 광대한 우주는 광대한 역사를 가질 수밖에 없음을 암시하고 있다. 이렇게 우주 팽창 이론을 통해 알게 된 우주의 나이는 대략 136억년 정도로 추정된다.

밤하늘에 떠있는 별들의 아름다운 광경을 저장하기 위해 사진을 찍어보자. 사진 속에 찍힌 별들은 빛을 내고 있는데 그 빛이 카메라에 도달하여 사진에 담긴다. 한 장의 사진 속에 여러 개의 별이 한 번에 찍혀 있어 동시에 빛을 내는 것처럼 보이지만 별의 거리에 따

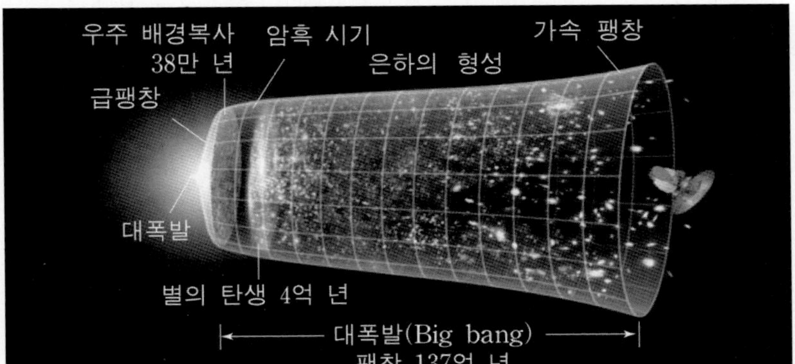

그림 6. 빅뱅 이론에 따른 우주 나이 표 [출저: http://study.zum.com/book/14396]

라 카메라에 도달하는 빛은 다양한 나이를 갖고 있다. 멀리서 온 빛은 더 긴 시간을 날아온 빛일 것이다. 지구로부터 먼 거리의 별일수록 그 빛은 과거일 확률이 높다. 사진을 찍고 나면 다양한 시간의 역사를 지닌 별들의 모습을 보는 것이다. 이렇게 정밀하게 우주 밖에서 사진을 찍어 보면 아주 멀리서 오는 별들도 관측할 수 있는데 현재의 기술로 측정할 수 있는 가장 멀리에서 온 빛은 약 130억 년 전에 반짝 거린 빛임을 알게 되었다. 이것이 우주 배경 복사CMB(Cosmic Microwave Background)이다. 이것을 정밀하게 관측하기 위해 COBE를 이용하였다. COBE란 Cosmic Background Explore의 약자로써 우주 초기 상태의 별에서 나오는 흑체복사를 측정하는 기구이다. 이를 통해 살펴보아 우주의 나이가 130억 년 정도 된다는 것을 알게 되었는데 이는 우주 팽창 이론을 이용하여 우주의 나이를 추정한 것과 가까운 결과를 얻게 되었다. 우주가 처음 생성되었을 때는 온도가 매우 높아 (약 수만K, 1K(켈빈)은 섭씨 약 -273도에 대응된다) 전자가 원자에 속박되지 못했는데 우주를 가득 채운 전자들이 광자의 흡수와 방출을 반복하면서 이동하기 때문에 빛의 직진은 불가능 했던 시절이 있었던 것으로 추정한다. 이때의 우주는 매우 불투명한 상태가 되는데 우주가 팽창을 시작하고 점차 우주의 온도가 낮아지면서 우주는 투명해지기 시작한다. 우주가 생성된 지 38만년 만에 3000K 까지 떨어지고 전자가 원자에 속박되면서 우주가 투명해져 3000K의 흑체복사 스펙트럼을 처음 내보내게 된다. COBE의 관측 결과는 일반적인 흑체 복사 스펙트럼과 아주 잘 일치하기 때문에 이를 통해 초기 우주의 온도를 알 수 있게 되었다. 우주가 점점 더 팽창하여 결국 2.725K의 흑체복사에서 방출하는 파장의 빛으로 지구에 도달하게 된 것을 관측하게 된 것이다. 이는 대폭발 이론Big Bang Theory으로 예

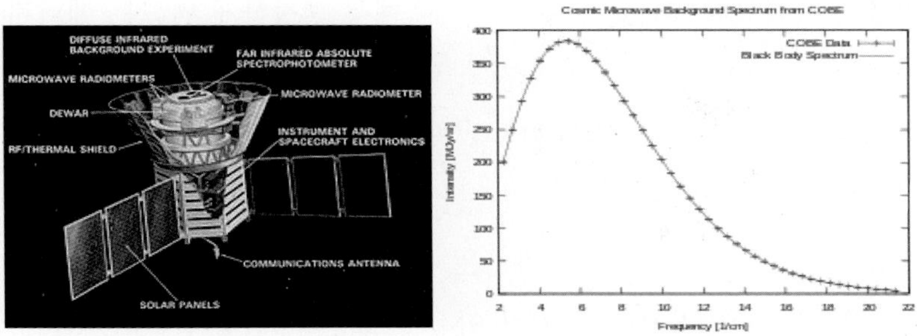

그림 7. Cosmic Background Explore (COBE, 왼쪽), COBE를 통해 측정한 Cosmic Microwaves Background (CMB) 스펙트럼 (오른쪽)
[출저: https://en.wikipedia.org/wiki/Cosmic_Background_Explorer]

견된 것과 잘 일치하는 관측 결과이다.

3. 우주를 구성하는 물질

은하의 회전 속도를 여러 천문학자들이 측정하였는데 우리가 예상했던 속도보다 빠르다는 것을 알게 되었다. 이는 은하의 중심에는 우리가 관측할 수 없는 더 무거운 물질이 있어서 회전 속도를 높이고 있다는 것을 의미하는데 빛으로는 관측이 되지 않기 때문에 암흑물질Dark Matter이라고 부른다. 이에 반해 관측 가능한 물질을 일반 물질Normal Matter라고도 하는데 이 둘의 비율이 1:5 정도 되는 것으로 알려져 있다. 즉 일반 물질보다 5배나 많은 암흑물질이 우주 공간에 퍼져 있다는 것이다.

우주에는 거대한 질량의 여러 은하가 모여 있는데 이는 거대한 중력으로 서로를 잡아당기고 있다는 것을 의미한다. 간단하게 생각해 보면 이렇게 무거운 물질들로 가득 찬 은하는 서로를 계속 잡아 당겨 끝내는 수축이 되어야 하는데 오히려 팽창하고 있다는 반대의 결과를 관측하였다. 이는 이 우주를 계속해서 팽창하게 만드는 에너지가 있음을 암시하는데 아직까지도 어떤 에너지인지 알아내지 못하고 있어 우리는 이를 암흑에너지[Dark Energy]라고 부른다. 이 내용을 표로 정리해 보면 그림 8과 같음을 알 수 있다.

결국 우리가 관측 가능한 것들은 우주의 겨우 5% 정도 밖에 되지 않음을 알 수 있다. 95%는 아직 아무도 모른다. 엄청나게 거대한 우주가 우리 앞에 존재하는데 이중 우리가 알 수 있는 정보는 겨우 5%라니 참으로 사람을 겸손하게 만든다.

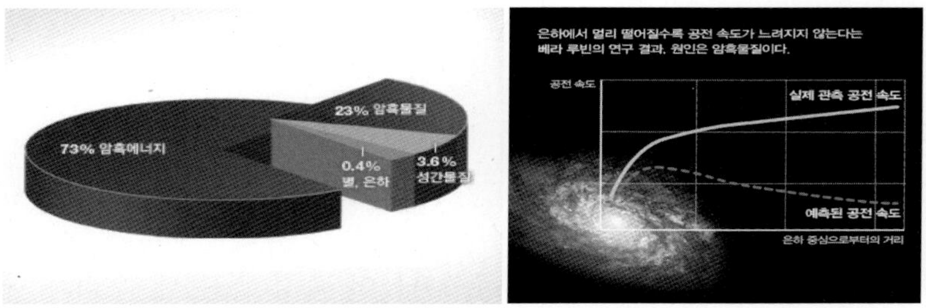

그림 8. 우주 물질 도표 (왼쪽), 암흑물질의 존재를 알게된 경위 (오른쪽)

4. 우주론

대폭발 또는 빅뱅이론은 우주의 시작을 설명하는 천문학 또는 물리학의 우주론 모형이다. 이 이론에 따르면 약 136억 년 전에 거대한 폭발을 통해 매우 높은 에너지를 가진 작은 물질과 공간이 커져 지금의 우주가 되었다고 설명하고 있다. 현재의 우주에 존재하는 물질과 에너지는 아주 작은 점과 같은 공간에 갇혀 있었다. 무엇 때문인지는 알 수 없으나 우주 시간 0초의 폭발 순간에 그 작은 점으로부터 물질과 에너지가 폭발하면서 서로에게서 멀어지기 시작했다. 이 초기 물질과 에너지를 통해 전체의 은하계와 은하계 내부의 천체들을 형성하게 된 것이다. 에드윈 허블의 우주 팽창 현상은 빅뱅 우주론을 뒷받침하고 있다.

빅뱅Big Bang이라는 단어는 1949년 어느 라디오 방송에서 프레드 호일Fred Hoyle에 의해 제기 되었다. 사실 호일은 정상 우주론을 선호한 과학자였는데 자신의 주장이 별로 중요하지 않게 받아들여지고 있어서 라디오 방송에서 정상 우주론과 팽창 우주론의 차이를 명확하게 표현하기 위한 방식으로 팽창 우주론을 다소 빅뱅이라는 단어로 우스꽝스럽게 표현한 것이었지만 대중은 매우 이 표현을 선호하게 되어 이 단어는 이후 팽창 우주론을 설명하는 중요한 단어로 쓰여졌다.

1964년 우주 마이크로파 배경을 발견하고, 그것의 스펙트럼(각 파장으로부터 계산된 복사량)으로부터 흑체 곡선을 그려낸 후, 분석해낸 사실들로부터 대부분의 과학자들은 과거 대폭발 시나리오가 발생한 것이 확실하다고 믿게 되었다. 그림 9는 빅뱅이론에 따른 우주의 형성과정을 잘 보여주고 있다.

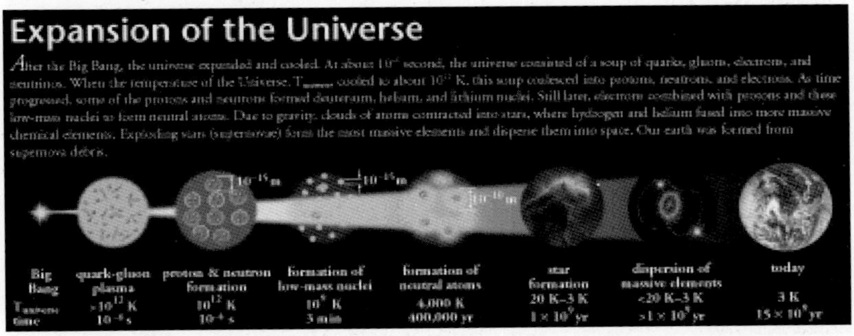

그림 9. 빅뱅 이론 도식도, 우주의 생성 과정을 잘 보여 주고 있으며 우주 생성에 관련한 가장 유력한 이론이다.

5. 우주를 이해하기 위한 인간들의 노력들

1) 허블 우주 망원경

허블 우주 망원경의 역사는, 천문학자 라이만 스피처Lyman Spitzer가 최초로 우주 망원경의 개념을 제안했던 1946년까지 거슬러 올라간다. 스피처는, 지구 대기권 밖에 존재함으로써 지구 대기 요동에 의한 화질 저하를 피할 수 있고, 지구 대기로 인한 관측 파장의 제한을 받지 않는 망원경을 만들 것을 제안했었다. 스피처는 '우주 망원경'의 아버지와 같은 인물로서, 2003년에 발사된 적외선 우주 망원경인 스피처 우주 망원경은 그의 이름을 따서 명명되었다.

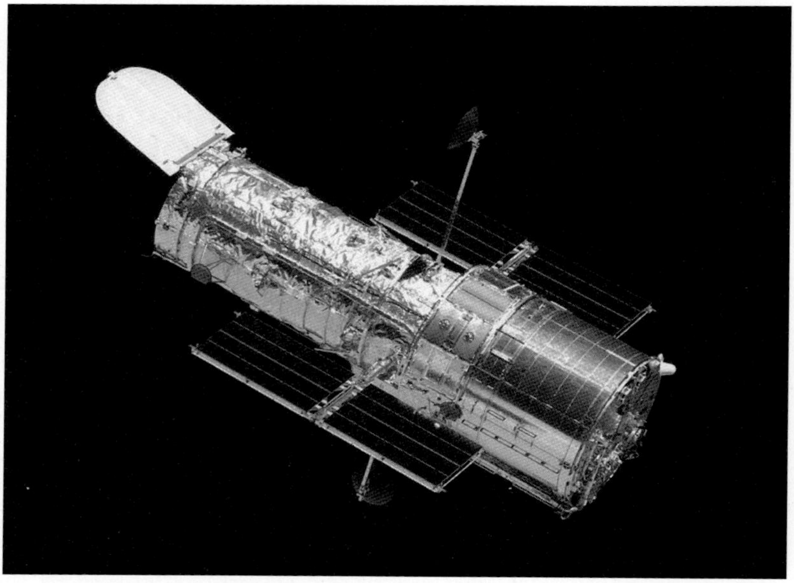

그림 10. 허블 우주 망원경 (2009), 미국 NASA에서 쏘아 올린 천체 우주 망원경으로 대기권 밖에서 지구를 돌며 우주의 정보를 지구로 보내오는 천문 관측용 망원경이다. [출저: https://ko.wikipedia.org/wiki/허블우주망원경]

스피처의 제안은 그 후 계속 논의되어 오다가, 1969년에 미국에서 3 m의 우주 망원경을 구체적으로 제안하여, 미국 항공우주국NASA에서 추진이 되기 시작했다. 하지만, 예산 문제로 최초 제안됐던 3 m 크기는 2.4 m로 조정되었으며, 유럽 우주국ESA도 유럽 천문학자들이 관측 시간의 일정 지분을 얻는 조건으로 참여하여, 예산 일부를 부담하고 허블 우주 망원경에 실릴 관측 기기 제작에도 참여하게 되었다. 허블 망원경의 역사 중에는 이러한 크기 변경이 정찰위성과 설계를 공유함으로써 비용을 절감하기 위함이라는 내용이 있다. 허블과 설계를 공유한 정찰위성이 어떤 것인지는 정확히 알려져 있지 않으나, 알려진 조건에서 추측해 보았을 때 KH-11 인공위성으로 여겨진다. 허블 우주 망원경의 주 거울의 제작은 퍼킨-엘머Perkin-Elmer사에서 담당하였으며, 본체는 록히드 마틴사에서 제작하였다. 마침내 1990년 4월 24일 우주왕복선 디스커버리호에 실려서 발사되어 예정된 궤도에 진입했다. [출저: 위키피디아(허블우주망원경)]

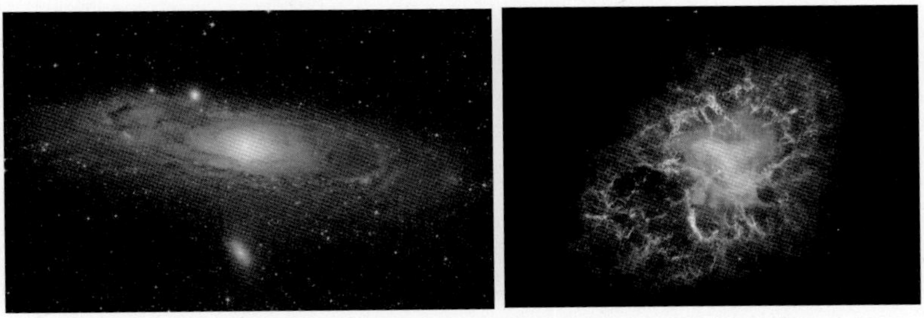

그림 11. 허블 우주 망원경으로 찍은 아름다운 우주 사진들

2) X-ray 망원경 : CHANDRA

찬드라 엑스선 관측선은 1999년 7월 23일 미국 항공우주국이 STS-93으로 쏘아 올린 인공위성이다. 백색왜성이 중성자별이 되기

그림 12. NASA에서 쏘아 올린 X-Ray 우주 망원경

위한 조건인 찬드라세카르 한계를 발견한 인도계 미국 물리학자인 수브라마니안 찬드라세카르의 이름을 따서 명명되었다. 찬드라라는 말은 산스크리트어로 달을 의미하기도 한다. 찬드라 관측선은 NASA의 4개 대형 궤도 관측선 계획의 세 번째이다. 첫 번째는 1990년 발사된 허블 우주 망원경이고, 두 번째는 1991년의 콤프턴 감마선 관측선이며, 마지막은 2003년의 스피처 우주 망원경Spitzer Space Telescope이다.

지구 대기권은 우주에서 오는 엑스선을 대부분 흡수해버리므로, 지상의 망원경으로는 관측하기 어렵다. 따라서, 궤도권에서 직접 엑스선을 관측하기 위해 찬드라 관측선이 설계되었다.

3) WMAP (Wilkinson Microwave Anisotropy Probe)

윌킨슨 마이크로파 비등방성 탐색기은 2001년 6월 30일 우주 마이크로파 배경의 온도의 미세한 차이를 측정하기 위해 발사한 위성이다. 이 위성은 RELIKT-1, COBE에 이은 세 번째 우주 마이크로파 배경 관측 위성이다. [출저 : 위키피디아 : 윌슨마이크로파비등방성탐색기]

그림 13. WMAP 위성 사진(왼쪽), WMAP에서 관측한 우주배경 복사 사진(오른쪽)

6. 과학으로 알게 된 우주에 대한 정보 요약

1) 우주는 거대하다.
2) 우주는 오래되었다.
3) 우리는 우주의 5% 정도 밖에 이해하지 못하고 있다.

7. 우주를 이해하기 위한 다른 노력들

아직도 모르는 우주에 관한 정보들이 많지만 그래도 인류는 쉽지 않은 방법으로 우주에 대해 알기 위해 노력해 왔다. 앞서 살펴본 내용들은 우주를 이해하기 위한 인류의 노력과 그 결과들인데 부단한 노력에 의해 비교적 많은 양의 정보들을 얻게 되었다. 이런 많은 양의 정보를 갖도록 도와주는 과학을 통해서도 한 가지 절대 얻을 수 없는 정보가 있는데 그것은 우주의 시작에 관한 것이다. 왜 시작하였으며 어떻게 시작 되었는지 전혀 알 수가 없다 다만 현재의 과학적인 정보로 지금으로부터 약 136억 년 전에 생성되었다는 것만을 알 수 있으며 어떻게 변화되어 현재의 우주가 되었는가 하는 정도이다. 우주의 시작은 과학이 아닌 다른 곳에서 찾아야 할지도 모른다. 문화와 종교에서 우주의 시작에 대한 사람들의 생각을 엿볼 수도 있을 것 같아 살펴보면 흥미로울 것이다. 이 장에서는 여러 민족과 종교에서 생각하는 우주의 나이에 대해 알아보고자 한다. 인류 역사에서 나타난 우주 나이에 대한 여러 생각이 한 블로그에 잘 정리되어 있어서 그 글을 토대로 다시 정리해 보았다.

[출저: http://blog.naver.com/PostView.nhn?blogId=ysyu38&logNo=70173009917]

1) 그리스, 로마인들의 우주 나이

그리스, 로마인들은 역사를 암흑시대, 신화시대 그리고 역사시대로 세 가지로 구분하여 이해하였는데 역사시대의 시작을 첫 올림픽이 열린 BC 776년으로 보기도 하고 다른 학자들은 BC 1184년의 트로이 전쟁으로 보기도 한다. 그리고 신화시대는 여러 학자들의 견해에 따라 BC 2137년, BC 2376년의 트로이 전쟁부터 보기도 한다. 하지만 암흑시대를 구체적으로 제시한 학자들은 거의 없었다. 그래서 어떤 학자들은 우주가 시작이 없이 처음부터 있었다고 생각하기도 하였고 플루타크는 우주가 25868년 마다 재창조된다고 생각하였다.

2) 이집트인들의 우주 나이

이집트인들은 그들의 신화에 등장하는 신들 또는 왕들의 통치 기간을 통해서 우주의 역사를 계사하였는데 구체적인 숫자는 학자마다 달랐다. 대략 BC 39000년, BC 28000년, BC 17000 년 정도로 보았다.

3) 고대 그리스인들의 우주 나이

디오게네스는 그리스의 신화 속의 통치자들의 시간들을 계산해서 우주의 나이를 대략 BC 50000년으로 계산했으며 이밖에 헤로도투스는 대략 17000년의 신화 통치 시대가 있었다고 보기도하였다.

4) 수메르 인들과 바빌로니아 인들의 우주 나이

수메르인들에게는 하늘에서 자신들을 다스릴 왕들이 내려와 홍수로 온 세상을 휩쓸었다고 믿었는데 그 때를 태초에서 대략 240000년 정도 되었을 때라고 생각하였다. 현대 고고학에 따르면 이라크 지역에서 광범위한 홍수가 있었던 것으로 나타났는데 방사성 연대 측정 방법으로 측정한 결과 그 시기가 대략 BC 2900년 정도로 추정하고 있어 두 역사를 합치면 수메르인들의 우주 탄생 시기는 대략 243000년 경이 된다.

5) 조로아스터교의 우주 나이

조로아스터교에서는 조로아스터의 탄생을 우주의 시작으로 보고 있는데 이때를 BC 9500년 정도로 이해하고 있으며 이를 토대로 우주의 나이를 12000년으로 추정하고 있다.

6) 힌두교의 우주 나이

힌두인들은 우주 창조의 신 브라흐마의 하루를 43억2천만년으로 보았다. 브라흐마의 한달은 2592억년인데, 이들은 우주의 수명을 브라흐마 100년으로 믿고 있다. 이에 따르면 우주 나이는 대략 158조년 정도가 된다고 한다.

7) 중국인들의 우주 나이

중국의 전설과 삼황오제 역사를 종합해서 거슬러 추산을 해보면 중국인들이 생각한 우주 창조는 BC 39000년이라고 한다.

8) 이슬람 코란에서의 우주 나이

이슬람 코란에 나오는 서술에서 하루와 한 달, 1년 등의 서술을 현재 인간의 몇 년 정도로 가정한다면 우주의 나이는 130억년에서 180억년이 된다고 한다.

(http://www.quran-islam.org/main_topics/creation_of_universe_(P1212).html)

하지만 이는 현대 과학을 토대로 코란의 내용을 거꾸로 추적했다는 비판을 받고 있기도 하다.

민족 신화와 다양한 종교에서 대략적으로 생각한 우주의 나이는 수만 년 정도로 보고 있음을 알 수 있다 (힌두교를 제외하고). 이런 추정들은 관측을 토대로 하는 과학적인 사고로 이루어 진 것이 아니고 자신들의 문화 안에서 우주를 바라보는 관점을 통해 추상적으로 도출해 낸 시도들이다. 대부분이 자신이 속해 있는 문화의 역사를 토대로 하고 있다. 기독교에서도 우주의 시작을 이해하는 것은 중요한 이슈였다. 성경은 우주의 시작을 다루는 것으로 시작하고 있다. 기독교에서는 우주를 어떻게 이해하고 있는지 다음 장에서 살펴보고자 한다.

8. 성경을 통해 우주를 바라본 시각들

1) 젊은 우주론

1581년 아일랜드에서 탄생한 어셔 주교에 의해 처음으로 성경 속의 인물들의 나이를 토대로 연대를 계산하였다. 아담부터 아브라함 75세가 될 때까지 2083년이 걸렸다고 계산하였다.

창세기	사건	지구연대(년)
1:1-31	창조	0
5:3	아담 130세, 셋 출생	130
5:6	셋 105세, 에노스 출생	235
5:9	에노스 90세, 게난 출생	325
5:12	게난 70세, 마할랄렐 출생	395
5:15	마할랄렐 65세, 야렛 출생	460
5:18	야렛 162세, 에녹 출생	622
5:21	에녹 65세, 므두셀라 출생	687
5:25	무두셀라 187세, 라멕 출생	874
5:28	라멕 182세, 노아 출생	1056
11:10	노아 502세, 대홍수	1558
7:6	노아 600세, 대홍수	1656
11:10	셈 100세, 아르박삿 출생	1658
11:12	아르박삿 35세, 셀라 출생	1693
11:14	셀라 30세, 에벨 출생	1723
11:16	에벨 34세, 벨렉 출생	1757
11:18	벨렉 30세, 르우 출생	1787
11:20	르우 32세, 스룩 출생	1819
11:22	스룩 30세, 나홀 출생	1849
11:24	나홀 29세, 데라 출생	1878
11:26	데라 130세, 아브라함 출생	2008
12:4	아브라함 75세, 가나안 이주	2083

그림 14. 아담부터 아브라함 75세가 되기까지 2083년이 걸린 것으로 계산된다.
[출저: http://www.creation.or.kr/library/itemview.asp?no=3898]

몇 가지 더 연대를 추정할 수 있는 정보들을 이용하였다. 하란을 떠나 출애굽할 때까지 그리고 예루살렘 함락 BC 584년 등등.

하란을 떠난 아브라함이 출애굽 할 때까지의 기간은 정확히 430년 (창 12:10, 출 12:40, 갈 3:17)	2513
출애굽 이후 성전건축의 시작까지 479년 (왕상 6:1, 480년째, 즉 479년 후)	2992
성전건축 시작에서 왕국의 분열까지 37년 (왕상 11:42에 의하면, 솔로몬의 통치는 40년, 성전 건축은 솔로몬 통치 4년째에 시작)	3029
왕국의 분열에서 예루살렘 멸망 후 4년 정도가 걸린 마지막 추방까지, 전체 390년에 대한 1년 길이에 대한 보정이 필요(겔 4:4-6) 마지막 추방은 BC 584년.	3421

그림 15. 몇 가지 더 얻은 연대 추정 정보들.
[출처: http://www.creation.or.kr/library/itemview.asp?no=3898]

이렇게 계산하면 584 + 3421 = BC 4004년이 된다. 즉 지금으로부터 약 6000년 전에 우주는 창조된 것이고 곧 이것이 우주의 나이가 된다. 비슷한 방법으로 케플러는 BC 3992년을, 뉴턴은 BC 4000으로 추정하였다. 어셔의 계산과 거의 일치한다. 이를 토대로 오차를 고려하면 대략 10000년 정도 전에 우주가 탄생했다는 이론인데 이를 젊은 우주론이라 한다. 이 우주론이 우주를 설명하는 하나의 이론으로 자리를 잡게 된 것은 20세기 초였고 성경을 문자 그대로 해석하기를 선호하는 제7일 안식교에 뿌리를 두고 있다. 성경을 문자 그대로 해석하는 점에서 대부분의 한국 교회에서 지지하고 있으나 현대과학을 정면으로 부정하고 있다는 점에서 비판을 받고 있기도 하다. 젊은 우주론을 주장하는 사람들은 현대 과학에서 이해하는 빅뱅우주론과 탄소연대측정법을 부정한다.

2) 오랜 우주론

창세기를 다시 살펴보면 우리가 살고 있는 지금의 하루에 해당하는 해의 뜨고 짐의 과정은 4일 이후에나 가능하다. 왜냐하면 그전에는 해와 달이 없었기 때문이다. 그래서 그 전의 "하루" 개념은 지금의 하루와 다를 수 있어 실제의 연대를 추정하기 어렵다는 것이다. 오랜 우주론을 받아들이는 사람들은 우주 팽창과 빅뱅 우주론을 함께 받아들인다. 우주의 시작이 있을 수밖에 없다는 빅뱅 우주론이 성경 창조 기사와 매우 유사하다고 생각한다. 하지만 다윈이 주장한 생물 진화에 대해서는 인정하지 않는 입장을 보인다. 날-시대-이론 day-age-theory으로 불리는 성경의 하루는 실제로는 긴 시간을 지닌 하나의 시대로 해석하는 이론과 성경의 하루와 하루 사이에는 실제로는 매우 오랜 시간이 흘렀을 것이라는 격 이론gap theory 등이 있다. 역사적으로는 20세기 전의 복음주의 기독교에서는 오랜 우주론을 받아 들여왔다.

3) 진화론적 유신론

다윈이 발표한 진화론은 그 당시 매우 충격적이었다. 오랜 시간동안 신에 의해 창조되었다고 믿는 기독교의 세계관이 중심이었던 시대에 다윈의 진화론은 세계관적으로 정면으로 충돌하는 양상을 갖게 되었다. 신에 의해 우주와 생명이 의도적으로 창조되었다는 것에 반해 다윈의 진화론은 오랜 시간에 걸쳐 우연하게 자연의 선택에 의해 생명이 만들어졌다는 것이다. 물론 초기 다윈의 진화론과 현대 진화론과는 다소 거리가 있다는 것이 중론이나 생명의 현재의 모습을 갖게 되기까지의 과정을 잘 설명한다는 점에서 진화 과정은 과학적으로, 보편적으로 받아들여지고 있다. 다수의 진화론을 접한 사람들의 결론은 신의 존재를 부정하는 무신론적 세계관을 받아들이는 것이었기에 유신론을 기반으로 하는 기독교에는 적대적일 수밖에 없었다. 그래서 기독교에서는 "진화"라는 단어는 곧 신앙 부정으로 연결되는 것으로 여겼기에 매우 민감한 단어가 되어 버렸다. 이런 탓에 진화에 대한 올바른 이해가 이뤄지기 전에 적대감부터 갖고 보는 것이 보편화 되었는데 정말 진화는 그렇게 신을 부정하는 강력한 도구였을까 생각해 보지 않을 수 없다.

최근에는 기독교에서도 진화에 대한 제대로 이해하고자 하는 시도들이 많이 있었다. 그 중 하나가 "진화론적 유신론"이다. 진화론적 유신론을 좀 더 잘 이해하기 위해 진화라는 것에 대한 세세한 개념 정리가 필요해 보인다.

가) 진화에 대한 개념 정리

- 진화 : 오랜 시간에 따른 변화
- 진화 이론 : 진화라는 관측된 사실을 이해하는 방법 (빅뱅 우주론, 자연선택과 유전자 변이로 종이 변화되었다는 생물학적 진화이론)
- 진화 주의 : 진화라는 자연 현상을 통해 신이 없다고 결론을 내는 진화론적 무신론적 세계관

진화란 어떤 대상이 오랜 시간에 걸쳐 변화되는 과정을 관측한 내용이다. 대표적인 관측 사실은 우주 팽창 현상과 우주 배경 복사 그리고 지구 내에서 발견된 화석과 긴 시간동안의 생명 변화의 정보를 담고 있는 유전자가 그러하다. 그 진화된 대상을 어떻게 긴 시간에 걸쳐 현재의 모습을 갖게 되었는지를 설명하는 것을 진화이론이라

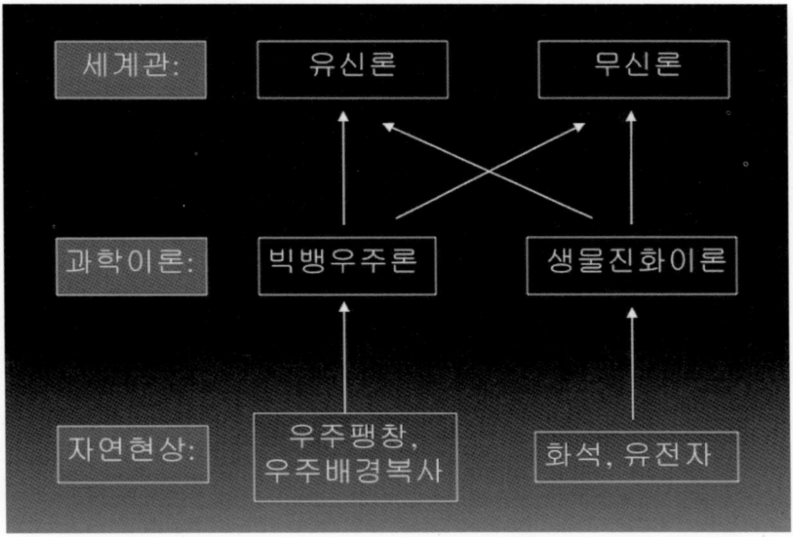

그림 16. 진화현상, 진화이론, 진화주의를 구분하여 이해할 필요가 있다. 진화현상은 과학적 관측이고 진화이론은 이를 설명하는 방법이며 진화주의는 이 결과를 해석하는 방식이다. [출저: http://solarcosmos.tistory.com/493]

고 하는데 빅뱅우주론과 생물 진화 이론이 이에 해당한다고 볼 수 있다. 이를 토대로 어떤 사람들은 신의 존재를 부인하는 무신론을 택하기도 하고 어떤 사람들은 이 또한 신의 섭리로 받아들여 오히려 신의 존재에 대해 더 강한 확신을 갖기도 하는 유신론자가 되기도 한다. 유신론적 진화론자들이 이에 해당한다.

진화란 자연현상이고 이를 설명하는 진화 이론이 있으며 이는 관측 현상을 설명하는 방법으로 과학이라는 도구에 의해 검증된다. 따라서 여기까지는 유신론자이건 무신론자이건 함께 인정하는 사실이라는 것이다. 그 다음은 세계관의 문제로 넘어간다. 리차드 도킨즈는 "만들어진 신"이란 책을 통해 이런 진화이론을 통해 신의 영역이 없다고 선언하고 신을 정면으로 부인하였다. 이에 반해 프린시스 콜

린스는 초기 유전자 해석HGP(Human Genome Project) 프로젝트의 책임자로써 "진화는 다양한 종을 창조한 하나님의 방힉이고 진화이론은 그 방식을 밝힌 것이다"라고 하였다.

나) 진화론적 유신론에 대한 3가지 견해

진화를 신의 창조과정으로 보는 이 견해는 우주진화와 생물진화 모두를 수용한다. 다만 신이 진화를 사용하시는 방법에 대해서는 차이가 있다. 신이 자연세계에 어떻게 개입하는가에 따라 크게 3 가지로 정리할 수 있다.

ㄱ) 계획되지 않은 진화 : 창조의 첫 시점이후 신은 자연세계에 관여하지 않는다. 더 이상 진화가 어떻게 흘러갈지 미리 계획하거나 간섭하지 않는다. 종종 이신론으로 비판 받기도 한다.

ㄴ) 계획된 진화 : 진화 이론을 하나님의 창조방법으로 보고 진화과정이 바로 신의 창조 과정으로 받아드리고 있다. 다만 신은 특별한 방법으로 종을 창조하지 않는다는 견해인데, 신이 불가능하지는 않지만 그럴 필요는 없다는 것이다. 이미 창조 과정 속에 신의 계획이 심기어져 있다는 입장이다. 그래서 우주진화는 무작위적으로 일어나는 것 같지만 사실은 창조주의 계획아래 그 역사가 진행되고 있다는 견해다.

ㄷ) 인도된 진화 : 계획된 진화와 유사하지만 진화가 철저하게 신에 의해 감독되고 인도되고 있다는 입장이다. 진화를 직접 이끌지만 기적과 같은 방법으로 새로운 종을 만들어내는 것이 아니라 자연적인 설명이 가능한 범위에서 낮은 확률로 일어날 수 없는 일들을 의도적으로 일어나게 하여 원하는 방향으로 직접 인도해 간다는 견해다.

생물기관들 중에 진화되기 거의 불가능한 것들이 존재하는데 이는 창조주가 직접 개입하여 가능하게 했다는 입장이다.

9. 과학과 신앙

먼저 진화론적 유신론이 기독교인들에게 유일한 선택지라고 서둘러 말하고 싶지 않다. 어떠한 결론에 도달하기 전에 다양한 생각들을 차분하게 고려해 보기를 바라는 마음이다. "진화"라는 말에 먼저 마음을 확 닫아버리기 전에 한 번 더 현대 과학이 내린 결론을 살펴보고 제대로 성경을 이해하려고 노력한 다음에 결론을 내려도 늦지 않을 것이라 확신한다.

결론을 내리기 전에 몇 가지 하고 싶은 이야기가 있다. 개인적인 견해이기에 동의하지 않는 사람들도 많이 있을 수 있음을 먼저 밝힌다.

가) 과학은 모든 것을 해결 할 수 있는 만능 키가 아니다. 앞서 본 것처럼 우수해 보이고 공신력을 갖춘 도구로 모든 것을 해결해 줄 것 같지만 이 모든 것을 동원해서도 이해하는 우주는 겨우 5%에 불가하다. 여전히 95%는 존재 여부 조차도 모른다. 5%도 아직까지 충분히 이해한 것도 아니다. 그렇기 때문에 과학을 토대로 어떤 것을 주장할 때 좀 더 겸손한 태도를 가져야 한다. 과학이란 우리가 알고 있는 지식을 토대로 그 정보의 범위 안에서 어떠한 결론을 내는 것이다. 우리가 관측을 토대로 얻은 지식을 넘어서지 않는 범위 내에서 이뤄지는 것이다. 정보가 부족하면 때때로 잘못된 결론에 도달하기도 한다. 대표적인 예가 천동설이다. 성경에서 지구가 그대로 있다는 표현들[시편 104 등등]이 있기 때문에 지구가 움직이지 않고 하늘 즉 태양이 지구를 중심으로 돈다고 생각했던 것은 사실이나 천동

설은 그 당시에 얻은 많은 천체 현상을 잘 설명해 주었다. 갈릴레이 갈릴레오의 서적 "천문의 대화"에서도 천동설은 만만치 않은 학설로 등장한다. 지동설을 주장하는 사람과 꽤나 논리적으로 잘 맞서고 있다. 즉 그 당시에 알고 얻은 정보를 토대로도 천동설은 제법 훌륭한 과학이었던 것이다. 갈릴레오의 망원경이 등장하면서 목성에도 달처럼 위성이 존재한다는 사실을 알아내면서 지구중심설인 천동설은 쇠퇴의 길을 걷기 시작하지만 더 나은 관측 없이는 누구도 반박하기 어려운 학설이었던 것이다. 후에 케플러의 정밀하고 엄청난 성실성으로 관측한 사실들과 뉴턴에 등장에 의해 완전히 지동설로 넘어가게 되었다.

이는 과학적 관측의 발전이 준 정보의 풍요를 통해 새로운 학설이 인정받는 패러다임의 변화를 잘 보여주고 있다. 현대 과학에서 얻은 결론들도 마찬가지다. 물론 전자기학과 중력 법칙, 양자역학등 전혀 흔들림이 없는 이론들도 많이 있지만 여전히 오차 범위 얼마 내에서 얻은 정보를 토대로 이론들을 세우고 있다. 정보의 양이 늘어나서 암흑물질을 찾게 되어 우주의 25%를 이해하게 되면 또 어떤 결론이 기다릴지 모르는 것이다.

나) 반대로 성경이 말하니 그 문자 그대로 전부 다 과학적으로 사실이라고 말하는 것도 조심해야 한다. 왜냐하면 성경은 과학을 다루는 책이 아니기 때문이다. 성경은 구원에 이르는 방법을 알려주기 위한 책이다. 성경은 66권의 분책, 1189장과 31173절로 된 아주 많은 양의 내용을 담고 있는데 이중 창조는 창세기 1,2장에 걸쳐서만 다루고 있다. 성경의 1%도 안되는 양이다. 2장에 나눠 설명한 창조의 내용으로 거대한 우주와 생명의 창조에 대한 모든 정보가 있다고 생각하는 것은 무리라고 여겨진다. 하나님께서는 창세기를 통해 창

조의 모든 것을 알려주시려고 했다기보다는 왜 창조했으며 그 주체자가 누구인지 어떻게 죄가 들어오게 되었고 어떻게 구원하실 것인지 설명하기 위해 쓰여졌을 것으로 여겨진다. 그럼에도 창조 기사와 현대 과학의 설명이 달라 보이는 것은 성경을 서술하는 사람이 갖는 지식적 정보의 한계 때문일 것으로 생각된다. 창세기의 저자는 하나님께서 설명해 주시든 환상으로 창조 세계를 목격하였든 자신이 알고 있는 간접적 정보 아래서 써내려 갔을 가능성이 높다 (인간은 창세기에 따르면 가장 나중에 창조되므로 직접 보고 쓰지는 못했을 것이다. 어쨌든 간접적으로 얻게 된 내용을 글로 서술했을 것이다). 같은 이유로 성경 속의 지구는 현재 사람들이 이해하고 있는 지구의 모습과 달랐다. 이사야 11장 12절에는 "이스라엘의 쫓긴 자들을 모으시며 땅 사방에서"라는 구절이 있는데 여기 "땅 사방"은 영어로 "four corners of the earth"라고 기록되어 있다. 이 문장을 그대로 받아들이면 지구는 네 개의 귀퉁이가 있는 땅이 된다. 즉 지구는 사각형이라는 뜻이 된다. 이런 표현은 요한계시록 7장 1절에서 사용된 네 땅의 기둥에서도 잘 나타난다. 네 개의 땅 끝에 있는 네 개의 기둥이 놓여져 있다는 것은 지구가 사각형이라는 이사야의 세계관과 일치하고 있음을 보여 준다. 천동설을 뒷 받침 해준 말씀인 해가 뜨고 진다는 표현은 창세기 15장 17절과 23절에 말씀이 나온다. 하지만 지금 그 누구도 현재 과학적으로 천동설을 믿지 않으며 지구가 사각형이라고 받아들이지 않는다. 왜 6일 창조는 문자적으로 해석하면서 지구가 사각형이라는 말과 해가 뜨고 진다는 천동설을 현재의 기독교 인들은 문자 그대로 받아들이지 않는 것일까? 이는 사도 시대의 땅끝이 서바나(스페인과 포르투갈)로 인식되는 세계관으로 성경에 나타나는 것에 대해 문제 삼지 않는 이유와 같다. 그 당시 알려진 사실로만 보면 신대륙인 아메리카 대륙이 포함되지 않았기 때문에 서바나는 실제로는 땅끝이 아니지만 사도 시대의 지식으로는 유럽의 가장 끝인 서바나가 땅끝으로 여기는 것에 대해 아무도 반대할 수 없었기 때문이다. 성경 저자가 살았던 시대의 정보를 토대로 목격하고 느낀 "사실"을 적었을 것이라 생각된다. 다시 말해서 그 누가 그 당시 지구가 평평하다고 말하는 것이 현재에 거짓말을 하고 있다고 할 수 있는 사람이 얼마나 될까? 사실 지금 내 눈 앞에 있는 땅(지구)은 꽤나 평평하지 않은가? 창세기 저자가 목격했을 때 지구는 평평할 수밖에 없었을 것이다. 하나님께서 보여주신 에덴 동산은 아주 평평한 땅에 지어졌을 것이다. 하나님께서는 과연 과학적 관측의 한계를 넘는 지식을 알려주시려 했을까? 그 시대에 자신이 목격한 하나님의 창조를 자신의 지식 범위 안에서 가장 사실적으로 묘사했을 것이라 확신한다. 그렇기 때문에 창조 기사가 잘못된 지식이라고 섣불리 말하는 것도 문제요 이 문자가 말하는 내용만이 그대로 사실이라고 섣불리 말하는 것도 문제라 할 수 있다. 성경이 말하지 않는 부분을 성경에서 찾으려고 한다면 (어쩌면 하나님이 의도하셔서 기록하지 않으셨을 수도 있는 것들까지도) 이것 또한 매우 위험한 태도라고 할 수 있겠다.

다) 과학은 우주 시작의 이유를 말할 수 없다. 과학의 입장에서는 우주는 왜인지 모르지만 그렇게 시작되었고 그 시작 이후, 시공간이 만들어진 이후부터 지금까지의 과정만 설명할 수 있다. 그렇기 때문에 과학을 통해 신이 있다 없다고 하는 논쟁은 사실 의미가 없는 일이다. 다만 그 결론을 토대로 사람들은 자신의 신을 받아들일 수도 혹은 오히려 없다는 쪽으로 무신론으로 자유롭게 선택할 수 있다.

이는 과학과 무관한 것이다. 다만 과학의 결론 중에 우주의 시작이 있다는 것은 매우 흥미로우며 우주에서 유일한 절대성을 갖는 빛이 성경에서 말하는 창조의 시작이었다는 점 또한 흥미롭다. 어쩌면 신에게 빛은 우주를 재단하는데 사용한 아주 훌륭한 자가 아니었을까?

라) 그렇다면 현대 과학과 복음주의 기독교를 포괄하는 방법에는 어떤 것들이 있을까? 앞서 설명한 우주론들 가운데 현대과학과 양립하지 않는 기독교적 우주론으로는 오랜 지구론, 계획된 진화와 인도된 진화 등으로 복음주의 입장에서 수용할 수 있는 진화에 대한 입장이라 할 수 있겠다.

마) 과학과 신앙이 서로 갈등 관계에 있는 것처럼 자꾸 몰아가는 경향이 있는데 이는 서로 서로의 분야를 잘 모르고 한쪽의 입장에서만 볼 때 일어나는 것 같다. 다시는 갈릴레오의 종교 재판과 같은 흑역사가 반복되지 않기를 바란다. 그러기 위해서는 서로를 존중할 여유가 필요하다. 내가 속해 있는 쪽이 무조건 옳기만 하다고 믿기 시작하면서 문제는 발생한다. 우리가 알고 있는 지식의 부족함을 항상 염두해 두고 겸손한 마음으로 서로를 바라봐야 할 것이다. 학문적 배려가 뒷받침된 다음 다시 논의 할 수 있기를 바라고 있다.

10. 나가면서

점점 발전하고 있는 현대 과학은 모든 것을 설명하고 해석하고 있는 것처럼 여겨진다. 그러나 우리는 여전히 우주의 5% 정도를 이해했을 뿐이다. 그렇기 때문에 과학이 신이 없다는 것을 증명한다고 주장하는 일부의 견해는 너무 섣부른 결론으로 보인다. 과학은 단지 자연의 질서만을 탐구하기 때문이다. 그리고 창세기를 문자적으로 해석하는 일부 기독교인들은 그 내용이 현대 과학과 일치하지 않는다는 이유로 엄정하게 검증된 모든 과학이 틀렸다고 주장하는 것은 옳지 않다고 생각한다. 우리가 좀 더 서로의 목소리에 귀를 기울이며 깊은 학문적 견해와 겸손한 지성을 갖추도록 노력하며 성장할 수 있기를 소망하면서 이글을 마치고자 한다. 뒷부분에 있는 과학과 기독교 신앙에 관한 글들은 상당부분 서울대 천문학과 우종학 교수님의 자료들을 대거 이용하였다. 이 주제를 놓고 미리 고민하신 분으로써 그분의 블로그, 서적, 강의 내용을 토대로 서술하였는데 정말 큰 도움을 받았다. 감사하는 마음을 표현하고 싶다.

문동호 (자연대 물리학과)

하나님과 수

하나님을 믿는 수학자들이 남긴 말

가우스(1777~1855, 독일) : “하나님은 수학을 통해 일하신다.”

갈릴레이(1564~1642, 이탈리아) : “하나님은 그가 만든 창조물의 본질과 계시된 말씀 속에 나타나는 교훈으로 알 수 있다.”

뉴튼(1642~1727, 영국) : “어떤 세속의 역사에서 보다 성경에 훨씬 더 확실한 믿을 수 있는 것에 대한 흔적이 있다.”

케플러(1571~1630, 독일): “오직 하나님 아버지의 이름이 그래서 높임을 받는다면 내 이름은 사라져도 좋다.”

파스칼(1623~1662, 프랑스): “기독교인이 되고자 한 사람이라면 그 누구라도 어찌 패배자가 될 수 있겠는가? 만약 죽을 때에 하나님이 없고 그의 믿음이 헛된 것이었다고 밝혀진다 해도 그는 아무것도 잃은 것이 없다- 사실 그는 생전에 그의 안 믿는 친구들보다 더 행복하게 살았기에. 그러나 만약에 하나님과 천국과 지옥이 존재한다면 그는 천국을 소유하게 된 것이고 그의 의심 많은 친구들은 지옥에서 모든 것을 잃게 될 것이다.”

1. 실수에 담긴 하나님의 속성과 섭리

자연의 사전적 정의는 “사람의 힘이 더해지지 아니하고 세상에 스스로 존재하거나 우주에 저절로 이뤄지는 모든 존재나 상태”라고 되어 있다. 다시 말해서 자연은 사람이 만들지 않고 스스로 존재하는 모든 것이라고 할 수 있다. 하나님은 자신을 가리켜 스스로 존재한다고 하셨다. 스스로 존재한다고 하는 것으로만 봐서는 자연과 하나님은 같은 존재가 된다. 동물도 식물도 하늘의 태양과 별과 달도 모두 자연이므로 스스로 존재한다. 그러므로 물고기도 고목도 태양도 신이 될 수가 있다. 사람도 자연이므로 신이 될 수가 있다.

자연을 섬기는 것을 미신이라고 한다. 스스로 존재한다는 것은 인간의 사고 영역을 초월하므로 인간의 영역이 아니다. 인간의 영역이 아닌 영역을 신의 영역이라고 한다. 창조를 믿느냐 진화를 믿느냐 하는 문제는 신의 영역이 있다는 것을 믿느냐 믿지 않느냐 하는 문제이다. 수천 년을 타고도 꺼지지 않고 온도를 그대로 유지하고 있는 태양과, 그 태양 빛을 골고루 받으며 1년 에 한 바퀴씩 돌고 있는 지구, 그리고 지구위에 풍부한 물이 있어서 수없이 많은 동물과 식물이 번식하는 것이 스스로 된 것이라고 보는 것은 무리임에도 불구하고 진화론자들은 나름대로의 과학적 논리를 바탕으로 하여 이러한 현상들이 저절로 된 것이라고 믿기를 강요한다. 자연이 저절로 된 것이라고 하지 않으면 누군가 만들었다고 말해야 하고, 만들었다고 한다면 창조를 받아들여야 하며, 창조를 받아들인다고 하면 특정 종교가 되기 때문에 자연계가 스스로 존재한다고 할 수 밖에 없다. 이러한 의미에서 볼 때 창조는 종교의 범주에서 떨어져 나올 필요가 있다. 그리고 창조를 믿느냐 진화를 믿느냐 하는 것은 개인의 선택에 맡기는 것이 타당할 것이다.

진화를 믿는 사람들은 생로병사를 자연의 순리에 맡기고, 생이 다하면 자연의 다른 모습으로 돌아간다는 자연스런 생각을 갖고 자연에 순응하면서 살아간다. 창조를 믿는 사람들은 창조주인 하나님을 믿게 되고, 하나님을 믿게 되면 하나님의 창조의 목적을 알고 싶어하게 되며, 창조의 목적을 알게 되면 그 목적에 합당한 삶을 살고자 하게 된다. 진화를 믿느냐, 창조를 믿느냐 하는 문제는 시작은 단순하지만 결과의 차이는 가히 표현할 수도 없을 것이다.

수의 기본은 자연수이다. 자연수이니 만큼 스스로 존재하는 수라고 해야 옳을 것이다. 그런데 수가 저절로 존재한다고 하는데 동의할 사람은 아무도 없을 것이다. 자연을 창조로 받아들이면 이에 대해서도 별 문제가 없다. 자연계를 하나님이 창조한 것과 마찬가지로 자연수도 하나님이 만든 수가 되기 때문이다. 실제로 수학자 크로네커Leopold Kronecker(1823~1891, 독일)는 “자연수는 신이 만들었고 그 밖의 모든 수는 인간이 만들었다”라고 하였다. 물건의 개수 또는 금액을 나타내는 데 있어서는 자연수로 충분하다. 그러나 빌린 돈의 액수라든가 반대 방향으로 이동한 거리 등을 수로 나타내기 위해서는 음수의 개념이 필요하게 된다. 양수와 음수에 하나도 없다는 개념인 0을 합하여 자연수는 정수로 확장된다. 정수는 개수 또는 금액 등을 나타내는 수인 것에 비해 유리수는 길이를 재기 위해 필요한 수임을 알 수가 있다. 자로 길이를 잰다고 할 때 그 길이가 자연수로 나타날 가능성은 수학적으로 말해서 거의 없다. 자연수 길이로 나타내고 남은 부분의 길이를 나타내는 방법으로 쉽게 생각할 수 있는 것이 남은 길이가 자를 몇 등분 하여서 등분한 조각 중 몇 개의 길이의 합과 같을 것이라는 것이다. 자를 몇 개로 나누어서 그 중 몇 개의 길이 라는 의미로 나타낸 수가 자연수의 분수 형태로서 유리수이다.

직선 위에 기준점(원점)을 정하고 그 점을 0이라고 쓰며 영의 오른쪽에 점 1을 찍는다.

0에서 1까지의 길이를 단위 길이로 하여 양의 유리수 a는 0에서의 거리가 a이고 0에서 1의 방향에 있는 직선상의 점을 나타낸다. 음의 유리수 $-a$는 0에서의 거리가 a이고 0에서 1의 반대 방향에 있는 직선상의 점을 나타낸다. 이와 같이 하여 모든 유리수는 수직선 상에 나타낼 수가 있다. 그렇다면 역으로 생각하여 수직선상의 모든 점을 유리수로 나타낼 수 있을 것인가? 즉 수직선상에 임의의 점을 찍으면 원점에서 그 점까지의 거리가 모두 유리수로 나타날 것인가 하는 것이다. 그러나 유리수가 아닌 길이가 존재함을 알게 되는데 예컨대 $x^2=2$인 x는 유리수가 아닌 것이 밝혀졌기 때문이다. 따라서 수직선상에는 유리수로 나타낼 수 없는 점이 있음을 알 수가 있다. 그러므로 수직선상의 모든 점을 나타낼 수 있는 새로운 수가 필요하게 되는데, 이 새로운 수가 실수이다. 실수를 정의하는 것은 유리수의 경우처럼 쉬운 일이 아니다. 실수는 모든 길이를 나타낼 수 있는 수, 즉 수직선을 완성하는 수로 정의되어야 하기 때문이다. 예를 들어서 실수 x는 $x^2=2$를 만족하는 수이어야 하므로

$$1^2=1<x^2=2<2^2=4$$

을 만족해야 하고 이와 같이 계속하여 생각하면

$x=1.a_1a_2\cdots$ $(a_i\in\{0,1,\cdots 9\}, i$는 자연수$)$ 형태이어야 한다. 여기서 0이 아닌 a_i가 유한개이면 x가 유리수가 됨으로 0이 아닌 a_i의 수가 무한개이어야 한다. 이러한 사실에 착안하여 실수를 무한소

수로 정의한다. 즉 양의 실수 α는 $\alpha = a.a_1a_2\cdots$ 로 정의한다. 여기서 a는 0을 포함한 자연수이고 유한개를 제외한 a_i가 모두 0이어서는 안 된다. 그렇다면 유리수는 무한소수가 아니므로 실수가 아닌 것이 아닌가 하는 의문을 갖게 될 것이다. 실수는 수직선을 완성하기 위한 수이어야 하기 때문에 반드시 유리수를 포함해야 한다. 그런데 무한소수에는 두 가지 종류가 있음을 알 수가 있다. 순환 마디가 있어서 일정한 수의 마디가 무한히 반복되는 무한소수와 그렇지 않은 무한소수가 그것이다. 전자의 수를 순환무한소수라고 하며 후자의 수를 비순환 무한소수라고 한다.

예건대 $\frac{6}{7} = 0.\overline{857142}$ 에서는 857142이 무한히 반복되는 순환 무한소수이다. 또한 $2 = 1.\dot{9}$와 같이 순환 무한 소수로 나타낼 수 있어서 모든 자연수는 순환무한소수로 볼 수가 있다. 즉 모든 유리수는 순환 무한소수로 나타낼 수가 있고 모든 순환 무한 소수는 무한등비급수의 합에 의하여 유리수임을 알 수가 있다. 다시 말해서 양의 실수는 무한소수이고 순환 무한소수를 유리수라고 할 때 비 순환 무한소수를 무리수라고 한다. 양의실수와 음의 실수에 0을 합하여 실수라고 정의하고 이와 같이 정의한 실수는 수직선을 완성 한다는 것이 증명되어 있다. 이러한 실수의 성질을 실수의 완비성 또는 연속성이라고 한다.

수학에는 위상수학이라는 분야가 있다. 집합에 위상이 정의됨으로 하여 위상공간이 되고 두 위상공간 사이의 함수가 1대 1 대응이고 연속이며 역함수 또한 연속일 때 이 함수를 위상동형사상이라고 하며, 두 위상공간 사이에 위상동형 사상이 존재할 때 두 공간을 위상동형이라고 한다. 위상수학은 위상기하학이라고도 하는데 기하학과 다른 점은 대상을 눈에 보이는 그대로 보는 것이 아니고 위상동형인 두 공간은 같은 것으로 보는 것이다. 위상동형을 쉽게 말하면 연속적인 과정에 의해 얻어진 공간은 모양은 변했다 할지라고 위상적으로는 전혀 변하지 않은 공간이라는 것이다. 늘이거나 줄이는 작업을 연속적인 것이라고 한다면 붙이거나 잇는 작업을 불연속적인 작업이라고 할 수 있다. 예를 들어서 고무줄과 같이 신축성이 있거나 가는 철사줄과 같이 구부릴 수 있는 줄이 있다고 할 때 이것을 늘이거나 구부려 놓은 모양이나 펴 놓은 모양은 분명히 다른 모양이다. 철사줄로 ㄱ,ㄴ,ㄷ,ㄹ 자 등의 모양을 만들어 놓았을 때 이들은 각각 기하적으로 보면 다른 도형이지만 위상적으로 보면 변화된 것이 아니고 같은 위상공간 즉 위상동형인 위상공간인 것이다.

또 다른 예로 도우넛(도나스 빵을 생각하라) 모양의 진흙을 주물러서 가능한 한 많이 한 쪽으로 모은 후 모은 부분을 누르고 곱게 다듬어서 용기가 되도록 하면 나머지 부분을 손잡이로 한 머그잔 모양을 만들 수 있는데, 이 또한 위상 동형인 위상공간이지 서로 다른 위상공간이 아니다. 그러나 고무줄을 끊거나 고무줄의 양 끝을 붙이면 다른 위상공간이고 도우넛 모양의 진흙을 끊어서 절구 모양을 만들면 다른 위상공간이 된다. 안경테 모양의 진흙을 떼어내지 말고 주무르고 다듬어서 도우넛 모양을 만들 수 없기 때문에 안경테와 도우넛은 서로 다른 위상공간임을 알 수 있다. 원의 모양을 연속적인 변화에 의해 삼각형 사각형 오각형 육각형 등 얼마든지 만들 수 있으나 이들은 모두 위상적으로 같은 공간이다. 즉 위상적으로 변화되지 않은 도형인 것이다. 위상적으로 볼 때 직선과 곡선은 같은 것이고 곡선과 원은 다른 것이다.

$$(a,b) = \{x|a < x < b, a, b\text{는 실수}, x\text{는 실수}\}$$

형태의 실수의 부분집합을 열린구간이라고 한다. 열린구간 (a,b)를 길이가 $b-a$인 무한히 늘어지는 고무줄이라고 가정할 때 (a,b)는 실수 공간과 위상동형임을 알 수가 있다. 또한 다른 열린구간 (c,d)역시 길이가 $d-c$인 무한히 늘어지는 고무줄이라고 할 때 (a,b)나 (c,d)중 하나를 늘여서 포갤 수 있기 때문에 두 공간은 위상동형이 된다. 즉 모든 열린구간은 서로 위상동형이고 열린구간은 실수 공간과 위상동형이다. 실수 가운데서 우리는 무소 부재하시는 하나님을 이해할 수 있는 논리적 근거를 확보할 수가 있게 된다. 피조물은 모두 자연수에 대응시킬 수가 있게 된다. 동물도 식물도 달도 해도 하늘의 무수한 별들과 사람들도 자연수에 대응시킬 수가 있다. 모든 자연수에는 열린 구간을 대응시킬 수가 있다. 예를 들어서 1은 $(-\frac{1}{2},\frac{1}{2})$에 그리고 1,000은 $(999\frac{1}{2},1000\frac{1}{2})$에 대응할 수 있는 것과 같다. 즉 모든 자연수 n은 구간$(n-\frac{1}{2},n+\frac{1}{2})$에 대응할 수가 있다. 실수 공간을 하나님이라고 볼 때 모든 열린구간은 실수와 위상동형이므로 하나님과 같게 되고 하나님께서는 모든 피조물을 동시에 상대하실 수가 있게 된다. 이와 같이 생각하면 창조의 원리 까지도 논리적으로 받아들일 수가 있게 된다. 하나님께서는 여섯째 날에 육축과 땅에 기는 모든 것과 짐승을 창조하셨다. 하나님은 한분이시면서 무수 많은 하나님이신 것이다. 무수히 많은 동일하신 하나님께서 전지전능하신 능력으로 동시에 수없이 많은 종류의 육축과 짐승들을 창조하셨음을 실수 안에 실수와 같은(위상동형인) 무수히 많은 열린구간이 있음을 통해서 이해할 수가 있을 것이다.

2. 생명과 수

1) 세포

플라톤은 "신은 세상을 만들 때 수학을 이용하였다"라고 하였다. 우리는 정교함이나 정확성을 필요로 할 때 수를 사용한다. 그러므로 어떤 건축물이나 제품의 설계도에는 수없이 많은 숫자가 적혀 있음을 보게 된다. 실제로 피조물은 수의 조합이라는 것을 알 수가 있을 것이다.

컴퓨터의 기본원리는 불의 꺼짐과 켜짐 즉 0과 1의 조합으로 숫자와 문자 기호 등을 나타내는 것인데 이러한 원리에 의하여 만들어진 컴퓨터는 고도의 계산능력과 기억능력에 더하여 판단능력까지 겸비하게 되었다. 최근에는 3-D 프린터에 의해 간단한 생필품까지도 만들어 쓸 수 있게 되었으며, 알파고의 출현으로 인해 사람의 역할이 거의 필요가 없는 시대가 도래하고 있음을 예측할 수가 있게 된다.

생명의 기본 단위는 세포이다. 세포에는 세포핵이 있고 세포핵에는 염색체가 있으며 염색체에는 유전 정보를 담고 있는 이중 나선 모양의 DNA가 있다. DNA를 이루는 이중 원통나선은 지름 $2nm$ 크기의 원통의 표면을 두 가닥의 용수철 모양으로 감고 있는 형태이다. 참고로 $1nm$의 크기는 $10^{-6}mm$이다. DNA에는 A(아데닌), T(티민), G(구아닌), C(시토신)등 4종류의 염기들이 배열되어 있다. 한쪽 나선 상에 있는 염기와 다른 한 쪽 나선 상에 있는 염기는 수소결합에 의해 결합되는데 결합은 A와 T, G와 C사이에서만 이루어진다.

즉 한쪽이 AGTAC…로 배열되어 있다면 다른 한쪽은 TCATG…로 배열된다. 원통을 한번 휘감을 때 마다 10개의 염기가 배열되어 있다. 원통을 한 번 휘감을 때의 원기둥의 높이에 따른 거리의 변화는 3.4nm이고 DNA의 길이는 7.144nm로 계산된다. 왜냐하면 원둘레인 $2\pi nm(6.28nm)$와 3.4nm를 직각인 두 변으로 하는 직각 삼각형의 빗변의 길이가 7.144nm이기 때문이다. 생명체는 세포내의 염색체의 수와 염색체를 구성하고 있는 DNA의 염기 배열에 의해 결정되는데, 사람의 경우에는 23쌍의 염색체에 30억 개의 염기가 배열되어 있다. 여기서 우리는 DNA의 길이를 계산할 수가 있다. 즉 세포내의 DNA의 총 길이는

$$\begin{aligned} 30\text{억} \div 10 \times 7.144 &= 2.1432 \times 10^9 (nm) \\ &= 2.1432 (m) \end{aligned}$$

임을 알 수가 있다. 이것이 세포 하나에 들어있는 DNA의 총 길이이며 사람은 60조~100조개의 세포 덩어리라는 것이다. 사람의 세포의 수를 60조라고 했을 때 사람의 DNA의 총 길이는

$$2.1432 \times 6 \times 10^{13} m = 1.2858 \times 10^{14} m = 1.2858 \times 10^{11} km$$

가 된다.

이제 DNA가 가지고 있는 정보량에 대해 알아보도록 한다. 사람의 경우 30억 개의 염기가 23개의 염색체에 나누어 배열되어 있으므로 1개의 염색체에는 약 1억 3천만 개의 염기가 배열되어 있다고 가정할 때 사람의 DNA가 가질 수 있는 정보량은

$$4^{1\text{억 }3\text{천}} \times 23 = 2^{2\text{억 }6\text{천}} \times 23$$

이 되는 것이다. 이것이 얼마나 큰 수인지는 상상할 수도 없겠으나 예를 들어서

$$4^{1,000} \fallingdotseq 10^{602}$$

이고, 1테라 바이트의 용량이

$$2^8 \times 2^{10} \times 2^{10} \times 2^{10} \times 2^{10} = 2^{48} \fallingdotseq 2.82 \times 10^{14} = 282\text{兆}$$

라는 것과 비교하여 생각해 볼 때, 무한이라고 표현할 수밖에 없을 것이다.

DNA가 감고 올라가는 원통형 끈은 또아리 쳐져 있고 빈 공간은 히스톤 단백질이라고 하는 물질로 채워져 있다. DNA는 좁은 공간에 최대한의 정보량을 넣을 수 있도록 나선형으로 되어 있으며 원통형 끈도 최소한의 공간을 차지하도록 감겨져 있다. 세포내의 염색체 수와 염색체내의 DNA에 내재된 놀라운 정보량에 의해서 동물과 식물이 구별 되고 수없이 많은 종류의 식물과 동물이 창조된 것임을 알 수가 있다. 세포내에 감추어진 신비로움을 들여다 볼 때, 세포는 전지전능하신 하나님이 아니고서는 상상도 할 수 없는 지적 설계에 의해 창조되었음을 믿지 않을 수 없게 된다.

생명의 기본 단위인 세포는 진화론자들이 주장하는 것과 같이 햇빛과 물과 공기만 주어져 있으면 충분한 시간이 흘러갔을 때 자연적으로 만들어 지는 것이 아니고, 영적인 물(성자)과 공기(성령)와 불(성부)이신 하나님의 전지전능하신 능력과 지혜에 의해 설계되어서 창조되었음을 알 수가 있다.

2) 피보나치 수열

이탈리아의 유명한 수학자 피보나치Leonardo Fibonacci(1170-1250)는 그의 저서 산반서Liber abaci에서 다음과 같은 문제를 제시했다. 생후 한 달이 지난 암수 한 쌍의 토끼를 기른다. 이들은 처음에는 어리지만 두 달이 지나면 번식할 수 있게 성숙해진다. 이 두 마리의 토끼가 두 번째 달부터 시작하여 매달 새로운 한 쌍을 낳는다고 할 때 번식하는 토끼의 수는 얼마나 될까?

맨 처음, 시장에서 한 쌍의 새끼 토끼를 사다 기르기 시작하면 일정한 생장 기간(한 세대)이 지난 후에 한 쌍의 새끼는 어미가 될 것이다. 이 다 자란 한 쌍의 토끼는 한 쌍의 새끼를 낳게 될 것이고, 또 일정 기간(생장기간)이 지나면 다시 한 쌍의 새끼를 낳을 것이며, 계속해서 일정 기간 후에는 또 한 쌍의 토끼는 한 쌍의 새끼를 낳게 될 것이다, 한편 처음에 낳은 한 쌍의 새끼도 마찬가지로 일정 기간이 지나면 어미로 자라 한 쌍의 새끼를 낳게 될 것이다. 이 한 쌍의 새끼도 다시 일정 기간이 지나면 어미가 되어 한 쌍의 새끼를 낳을 수 있게 된다. 이렇게 일정 기간이 지나며 생식이 끊이지 않고 불어나는 세대수를 세어 나간 것이 바로 피보나치수열이다. 즉 피보나치수열은 다음과 같이 표현된다.

첫 번째 새끼(F_1) 1쌍

일정기간(한 세대) 자란 후에 어미가 됨(F_2) 1쌍

다시 일정기간 후에 새끼 1쌍을 낳음(F_3) 1쌍(어미)+1쌍(새끼)=2쌍

$$F_3 = F_2 + F_1$$

일정기간 후에 새끼는 어미로 성장하고 어미는 새끼를 낳음(F_4)

1쌍(어미)+1쌍(새로 낳은 새끼)+1쌍(어미로 자란 새끼)=3쌍

$$F_4 = F_3 + F_2$$

다시 한세대 후(F_5=5쌍) $F_5 = F_4 + F_3$

다시 한 세대 후(F_6=8쌍) $F_6 = F_5 + F_4$

⋮

이와 같이 계속하여 우리는 다음과 같은 점화식을 얻게 된다.

$F_0 = 0, F_1 = 1, F_n = F_{n-1} + F_{n-2}(n \geq 2)$

즉, $F_2 = 1, F_3 = 2, F_4 = 3, F_5 = 5, F_6 = 8, F_7 = 13$
$F_8 = 21, F_9 = 34, F_{10} = 55, F_{11} = 89, F_{12} = 144 \cdots .$

α와 β를 $x^2 - x - 1 = 0$의 두 근이라고 할 때 $F_n = \dfrac{\alpha^n - \beta^n}{\alpha - \beta}$와 같이 표현할 수 있음을 알 수가 있다. 다시 말해서

$$F_n = \frac{1}{\sqrt{5}}\left[\left(\frac{1+\sqrt{5}}{2}\right)^n - \left(\frac{1-\sqrt{5}}{2}\right)^n\right](n \geq 2).$$

이것은 다음과 같이 증명할 수 있다.

$\alpha + \beta = 1, \alpha\beta = -1$이므로, $n \geq 2$에 대하여

$$F_n = F_{n-1} + F_{n-2} = (\alpha + \beta)F_{n-1} - \alpha\beta F_{n-2}$$

에서

$$\begin{aligned} F_n - \alpha F_{n-1} &= \beta(F_{n-1} - \alpha F_{n-2}) \\ &= \beta^2(F_{n-2} - \alpha F_{n-3}) \\ &\ \ \vdots \\ &= \beta^{n-1}(F_1 - \alpha F_0) \\ &= \beta^{n-1}. \end{aligned}$$

$F_n - \alpha F_{n-1} = \beta^{n-1}$에서 $F_{n-1} - \alpha F_{n-2} = \beta^{n-2}$를 얻고 양변에 α를 곱하여

$\alpha F_{n-1} - \alpha^2 F_{n-2} = \alpha\beta^{n-2}$를 얻는다. 이 식에서 $n-1$을 $n-2$로 하면

$\alpha F_{n-2} - \alpha^2 F_{n-3} = \alpha\beta^{n-3}$을 얻고 이 식의 양변에 α를 곱하면

$\alpha^2 F_{n-2} - \alpha^3 F_{n-3} = \alpha^2\beta^{n-3}$을 얻는다. 이와 같은 과정에 의하여 우리는 다음 식을 얻는다.

$$F_n - \alpha F_{n-1} = \beta^{n-1}$$

$$\alpha F_{n-1} - \alpha^2 F_{n-2} = \alpha \beta^{n-2}$$

$$\alpha^2 F_{n-2} - \alpha^3 F_{n-3} = \alpha^2 \beta^{n-3}$$

$$\vdots$$

$$\alpha^{n-2} F_2 - \alpha^{n-1} F_1 = \alpha^{n-2}\beta$$

이 등식의 각 항들을 모두 더하면

$$\begin{aligned} F_n &= \beta^{n-1} + \alpha\beta^{n-2} + \alpha^2\beta^{n-3} + \cdots \alpha^{n-2}\beta + \alpha^{n-1} \\ &= \frac{\alpha^n - \beta^n}{\alpha - \beta} \end{aligned}$$

를 얻는다. 또한 $F_{n+1} = \dfrac{\alpha^{n+1} - \beta^{n+1}}{\alpha - \beta}$ 이므로

$$\lim_{n\to\infty} \frac{F_{n+1}}{F_n} = \lim_{n\to\infty} \frac{\alpha^{n+1} - \beta^{n+1}}{\alpha^n - \beta^n}$$

$$= \lim_{n\to\infty} \frac{F_{n+1}}{F_n} = \lim_{n\to\infty} \frac{\alpha - \left(\dfrac{\beta}{\alpha}\right)^n \beta}{1 - \left(\dfrac{\beta}{\alpha}\right)^n} = \alpha = \frac{1+\sqrt{5}}{2}.$$

여기서 우리는 피보나치수열의 다음 항과 전 항의 비의 극한이 황금비가 된다는 놀라운 사실을 발견하게 된다.

선분 $\overline{AB}$ 상의 점 C가 $\dfrac{AB}{AC} = \dfrac{AC}{CB} = r$ 일 때, r을 황금비라 한다. 황금비 r은

$$r = \frac{AB}{AC} = \frac{AC + CB}{AC} = 1 + \frac{CB}{AC} = 1 + \frac{1}{\dfrac{AC}{CB}} = 1 + \frac{1}{r}$$

이므로 $r^2 - r - 1 = 0$을 만족하고 $r > 0$이므로 $r = \dfrac{1+\sqrt{5}}{2}$ 이다.

동물의 번식형태에 의해 만들어진 피보나치 수열은 식물 창조의 법칙에도 적용되어짐을 알 수 있는데, 92%에 달하는 꽃잎의 수가 3장, 5장, 8장, 13장, 21장 34장 등과 같이 피보나치 수열의 수라는 것이다. 백합이나 붓꽃 등의 꽃잎 수는 3이고 채송화, 무궁화 등의 꽃잎 수는 5이다. 또한 코스모스 등은 5장, 금잔화 등은 13장, 치커리는 21장, 데이지는 34장의 꽃잎으로 이루어져 있다. 피보나치 수는 식물의 엽서(잎차례)에서 발견할 수 있게 된다.

잎차례란 식물의 줄기에 잎이 나와 배열되는 방식을 말한다. 줄기의 한 곳에 여러 개의 잎이 돌려나는 경우도 있지만, 대부분 식물의 잎차례의 특성은 줄기의 특정한 자리의 잎에서부터 몇 바퀴 줄기를 돌아서 다시 처음 지정한 잎과 줄기 상위의 동일한 직렬 선에 처음으로 놓이는 경우, 그 잎이 x번째 있었다면 x는 피보나치 수가 된다. 다시 말해서 땅 위 k번째 잎에 대해 $k+x$번째 위치에 있는 잎이 k번째 잎의 직렬선과 처음으로 만나게 됨을 말한다. 예를 들어서 조팝나무의 잎차례의 $x=5$이고 잣나무의 잎차례의 $x=13$이다.

나무의 디자인에 있어서도 피보나치수열에 따르고 있음을 발견할 수가 있게 된다. 우선 싹이 터서 처음 가지가 나오면 일정 기간 자라야 하고 일정 기간 동안 자란 후에는 곁에서 가지가 나온다. 그러면 나무는 두 갈래로 갈라져서 자라게 된다. 먼저부터 자라던 큰 가지는 머지않아 다시 곁에 가지를 낼 것이고 그보다 먼저 처음 나왔던 곁가지는 보다 굵은 가지로 자란다. 이런 방식으로 모든 나무는 계속 가지를 뻗고 또 뻗어간다. 성장과정에 따른 가지의 수를 나열하면 $1, 1, 2, 3, 5, 8, \cdots$ 등과 같이 피보나치수열이 됨을 알 수가 있다. 이와 같이 식물의 성장과정에는 피보나치수열에 의한 하나님의 창조의 섭리가 나타나 있음을 발견할 수가 있다.

3. 성경에서 숫자의 의미

하나님께서는 숫자에 의미를 두시고, 수를 통해 계획하시고 행사하심을 알 수가 있을 것이다. 그러므로 각 숫자에는 영적인 의미가 있으며, 하나님께서는 그 영적인 의미에 합당한 수를 사용하시어 일하심이 드러나게 된다. 여기서는 성경에서 사용된 숫자 중 으뜸이 되는 몇 가지 수에 담긴 영적 의미에 대해 알아본다.

• 1의 의미

1은 나눌 수도 없고 다른 수로 이루어질 수도 없어서 모든 것으로부터 독립되고 모든 것의 근원이 된다. 그러므로 1은 전지전능하신 하나님을 나타낸다.

하나는 처음 곧 시작을 나타낸다. 성경 말씀의 시작은 창세기 1장 1절 "태초에 하나님이 천지를 창조하셨다"이다. 예수께서 하신 말씀 중에 첫 번째 말씀은 "내가 아버지 집에 있어야 될 줄을 알지 못하셨나이까"이다. 첫 마디 말씀은 곧 자신이 메시야이심을 선포하신 말씀이었음을 알 수가 있다.

예수님께서는 요한복음 6장 39절에서 "… 나를 보내신 이의 뜻은 내게 주신 자 중에 하나도 잃어버리지 아니하고 마지막 날에 다시 살리는 이것 이니라"라고 말씀하셨다. 즉 창세전에 예정하신 하나님의 백성들을 예수의 피로 구속하여 죄 사함을 받게 하고 예수 안에서 하나 되게 하는 것이 하나님의 뜻이고 그 뜻을 예수께서 이루시었음을 의미한다. 그러므로 1의 영적인 의미는 예수의 재림과 함께 완성된 하나님 나라를 의미한다는 것을 알 수가 있다. 즉 1은 3위일체로 하나 된 하나님 자신이자 구원 받을 자들이 모두 구원을 받아 예수로 연합된 완전한 천국을 의미한다.

• 2의 의미

창세기 2장에서 하나님께서는 아담의 갈비뼈를 빼내어 여자인 하와를 만드심으로 하나를 둘로 만드셨다. 남자인 아담과 여자인 하와는 선악과를 먹고 죄를 범하여 하나님에게서 멀어지게 되었다. 하나님을 닮아서 하나님으로 하나 되게 창조된 사람이 죄로 인해 하나님과 사람 둘로 나누어지게 되었고, 하나님께만 속해 있던 선악간의 판단을 인간 스스로 하면서 하나님처럼 살아가게 되었다. 하나가 둘이 되는 것은 분리를 의미하고, 둘은 상반된 두 가지 특성을 나눌 때 사용되어진다. 예컨대 땅과 바다, 낮과 밤, 밝음과 어두움, 남과 북, 양과 음, 믿음과 행위 등이 그것이다. 또한 성경에서 아브라함과 롯, 이삭과 이스마엘, 야곱과 에서, 다윗과 사울 등 택함을 받은 백성과 그렇지 못한 백성을 대비해서 보여 주심으로 하여 둘은 분리를 말씀하실 때 사용 하신다.

• 3의 의미

도형에서 정 삼각형은 가장 안정적인 도형이다. 또한 지주의 발이 세 개인 것에 주목할 필요가 있다. 지주가 강한 힘을 발휘하여 지주로서의 역할을 할 수 있는 것은 지주의 발이 두 개여서는 안 되며 4개일 필요도 없이 세 개이면 충분하게 되어 있다. 3이 완전함을 대표하는 수라는 의미를 설명하고자 함이다. 3하면 성 삼위일체 하나님이 떠오르게 될 것이다. 3위 하나님께서는 정 삼각형의 각 변과 같이 동일한 능력과 지혜로 함께 하신다. 하나님의 속성 또한 전지, 전능, 무소부재로서 3이다. 좌, 우, 중앙이 있어야 좌로나 우로나 치우

치지 않고 평형이 유지된다. 서론, 본론, 결론이 있어야 논문이 완성된다. 동물계, 식물계, 광물계가 사물의 개념을 포괄한다. 시간은 과거, 현재, 미래 셋으로 나뉜다. 공간도 길이, 너비, 깊이 셋으로 구분된다. 사람의 속성 또한 몸, 혼, 영으로서 3이다. 성경은 구약(성육신하지 않으신 말씀), 신약(성육신 하신말씀)으로 되어 있다. 성령으로 우리에게 임하신 예수 그리스도의 영인 성령 하나님의 조명하에 성경을 읽어야 3으로써 말씀이 완성되는 것이다. 성령의 감동 없이 성경을 읽으면 구약도 율법이요, 신약도 율법이 되어 십자가의 은혜를 알기 어렵기 때문이다. 거듭나지 않은 사람은 살아 있는 몸, 죽은 영, 살아 있는 혼으로 되어 있으며, 거듭난 사람은 죽었던 영이 살아남으로 하여 온전한 삼중적 존재가 된다. 태양계 안에 있는 모든 빛과 열은 궁극적으로 태양으로부터 나온다. 이 지구로 들어오는 모든 광선들은 알파선 감마선, 베타선인데 이들은 각각 세 가지 유형을 나타내는 광선들로서 빛선(성자), 열선(성령), 화학선(성부)이다. 예수께서는 30세에 공생애를 시작하시고 3년간 공생애를 거쳐서 33세의 제3시에 십자가에 못 박히시고 3일 만에 부활하셨다. 이것은 우연의 일치가 아니고 십자가 사건은 하나님께서 계획하신 바대로 이루어진 것이며 하나님의 완전수인 3에 맞추어 일하셨음을 알게 하기 위함일 것이다. 하나님과 사람간의 막힌 담을 허시어 화해하도록 하신 예수님께서는 부활하심으로 하여 3으로 완성하셨다.

• 4의 의미

4는 성 삼위일체 하나님인 3과 피조물 1을 합한 수라 할 수 있다. 주지한 바와 같이 생물은 G,C,A,T 4종류의 염기의 조합으로 창조되었다. 생명을 유지하기 위해 필수적인 요소는 흙, 물, 불, 공기로서

4가지이다. 생물이 살아가기 위해서는 고난과 역경을 견디어 내야 한다. 그러므로 하나님께서 주시는 고난의 기간에는 4가 들어있음을 알 수가 있다. 첫 번째 큰 고난의 기간은 노아의 홍수 때 비를 내리는 날의 수가 40이었다고 기록 되어 있다(창 7:4). 또한 창세기 15장 13절에서 "… 네 자손이 이방에서 객이 되어 그들을 섬기겠고 그들은 사백년 동안 네 자손을 괴롭게 하리니"라고 말씀하셨으며 실제로 이스라엘 백성은 야곱 이후 출애굽까지 430년간을 에굽을 섬기는 노예로 살았다. 출 에굽 이후 가나안 입성 이전까지 40년간의 광야 생활 기간도 4와 무관치 않다. 예수님께서도 40일간의 금식 기간 후에 마귀의 시험을 받으셨다. 이와 같이 하나님께서 고난을 주실 때 숫자 4를 사용하셨다. 동, 서, 남, 북 4방위가 있고, 봄, 여름, 가을, 겨울 4계절이 있다. 종합해 보건대 4는 피조물의 수이며, 유한한 생명의 수이자 고난의 수임과 동시에 세상의 수임을 알 수가 있을 것이다.

- 6의 의미

6은 인간의 세상(4)과 하나님에 대한 인간의 적의(2)의 합으로 볼 수 있다. 그러므로 6은 불완전의 수, 인간의 수, 그리스도가 없는 사람의 수이다. 사람은 여섯째 날에 창조되었고, 6일이 노동을 위해 그에게 정해졌으며 1일은 그의 안식으로써 통치에 연관되어 있다. 육은 인간의 노동에 관련된 모든 것에 나타나 있는 수이다. 하루는 24시간(4×6)이고, 한 시간은 60분(6×10)이며, 1분은 60초이다. 1년은 6개월 단위로 반으로 나뉘고 하루는 여섯 시를 기점으로 반이 나뉜다.

하나님께서는 사무엘하 21장 20절을 통해 여섯 손가락과 여섯 발가락을 가진 블레셋의 장수를 요나단이 죽였다고 특별히 말씀하심으로 하여 6이 하나님의 백성 이스라엘의 적과 관련된 수임을 암시하고 있다. 열왕기 상 10장 13절에서 솔로몬의 세입금 중수가 육백 육십 육 금 달란트라고 말씀하셨으며, 열왕기상 10장 19-20절에 솔로몬 왕의 보좌에 여섯 층계가 있고 여섯 층계 좌우에 여섯 사자가 섰다고 기록하심으로 하여 말씀에 순종하지 않은 솔로몬 왕과 숫자 666이 깊이 관련되어 있음을 말씀하고 계신다. 요한계시록 13장 18(3×6)절 말씀에 "지혜가 여기 있으니 총명 있는 자는 그 짐승의 수를 세어 보라 그 수는 사람의 수니 육백 육십 륙이라"에서 666이 적그리스도를 나타내는 수임이 드러나게 된다.

요한 계시록 11장에 나오는 적그리스도의 통치 기간 또한 3년 반(7×6개월)도 6과 관련되어 있음을 주목해 볼 필요가 있다. 6은 사람의 수이자 적그리스도의 수이다.

• 7의 의미

히브리어로 7(seven)은 쉐바로서 그 어원은 사바(충만하다, 충분하다)이다. 솨바트(안식일) 또한 같은 어원 사바이다. 하나님께서는 6일간에 걸쳐서 이 세상을 창조하시고 7일째 안식하셨다. 안식한다고 하는 것은 계획한 모든 일을 마치고 편히 쉰다는 뜻이다. 다니엘서 9장 24절에 기록된 바와 같이 하나님께서는 예루살렘 중건일 부터 왕이 일어날 때(예수님의 재림시)까지를 70이레로 정하셨다. 그러므로 7은 단지 천지 창조 기간이라는 의미를 넘어서 하나님 나라의 완성의 의미를 지니고 있고, 하나님께서 7로 기한을 정하여 일하심을 알 수가 있다. 놀랍게도 하나님께서는 아브라함의 탄생부터 예수의 재림 시까지를 490(70×7)년 씩 넷으로 나누어 통치하심을 확인할 수가 있다 [3]). 또한 일곱 번째 날은 안식일 일곱 번째 해는 토지의 안식년으로 정하셨다. 또한 7×7년마다 한 번씩 희년을 두어서 노예를 풀어주거나 저당 잡힌 재산을 돌려주는 등 은혜를 베풀도록 하였다. 7은 하나님의 영원한 언약을 말씀하실 때 사용하기도 하는데 다시는 홍수로 멸망하지 않겠다는 무지개 언약(7색)이 그것이다. 언약의 의미로서의 7은 요한계시록에서 빈번히 사용되어지고 있는데, 일곱 교회, 일곱 인, 일곱 별, 일곱 천사, 일곱 나팔, 일곱 촛대, 일곱 대접 등이 그것이다. 생명 창조에도 7이 사용되어지고 있음을 알 수가 있다. 동물과 식물은 계, 아계, 강, 목, 과, 속, 종의 7단계로 분류한다. 동물을 볼 때 그 형성시기가 소름이 돋을 만큼 7의 배수로 되어 있음을 발견할 수가 있다. 예컨대 쥐가 21(3×7)일, 토끼가 28(4×7)일, 고양이가 56(8×7)일, 개가 63(9×7)일, 사자가 98(14×7)일, 양이 147(21×7)일, 암탉이 21(3×7)일, 오리가 42(6×7)일 그리고 사람이 280(40×7)일 등이다.

- 8의 의미

하나님께서는 천지 만물을 창조하시고 일곱째 날에 안식하셨다. 그런데 아담과 하와가 범죄 함으로 죄악이 관영하여 노아의 8가족 이외에는 홍수로 쓸어 버리셨다. 8로 다시 시작하시겠다는 뜻이 담겨 있는 것이다. 그러므로 7을 시간의 기본단위로 볼 때 8은 1과 같은 것이다. 할례는 태어난 지 8일 만에 행해진다. 할례는 새로운 피조물의 예표이다. 새로운 피조물은 예수의 몸으로 다시 태어나는 것이다. 예수께서는 8일 째 되는 날 부활하셨다. 다윗은 그리스도의 예표로서 이새의 여덟 번째 아들이다. 이와 같이 8은 부활이요 영원한 생명의 수라는 것을 알 수가 있다.

- 10의 의미

10은 하나님의 질서의 완전함을 나타내는 수이다. 계명은 10계명으로 충분하며, 주기도문은 10절로 되어 있다. 또한 10가지 재앙은 이스라엘 백성을 에굽에서 끌어내기에 충분하였다. $12\times12\times10^3=$ 144,000은 창세전에 예정된 천국 백성 전체를 예표한다.

- 12의 의미

12는 하늘의 완전수 3과 세상의 수 4의 곱이다. 따라서 12는 통치의 완전 혹은 통치적 완전을 상징하는 완전수이다. 하나님께서는 천국 백성의 상징인 이스라엘 백성을 12지파로 나누어서 다스리셨으며, 예수님께서도 12제자를 택하셔서 교육하셨다. 새 예루살렘의 크기는 12,000 세제곱 스타디온이며 벽의 두께는 144(12×12) 규빗이다. 인친 자들의 수는 144,000명이며, 대 제사장의 가슴받이에 있는 보석의 수(출 39:10-13) 와 요단에서 가져온 돌의 수(여호수아 4장) 정탐꾼의 수(민수기 13장)는 모두 열둘로서 이스라엘 각 지파의 수와 같도록 하셨다. 이렇듯 12는 통치의 수 또는 하나님의 백성의 수이다.

이와 같이 숫자에 담긴 영적인 의미를 알고 성경을 읽는다면 보다 은혜로운 가운데 말씀을 묵상할 수가 있을 것이다.

참고문헌

김인수, 변창호, 안승호, 미분 적분학, 경문사, 2016.

피터 S. 럭크만, 성경의 숫자들, 말씀보존학회, 2015.

E.W. 벌링거/저(장상선/번역), 성경에 나타난 숫자해설, Grand Rapids Kregel Press 1967 (나단 출판사, 1992).

이정자, 생명의 수학적 디자인, 북스힐, 2005.

안승호 (자연대 수학과)

성경과 현대물리학

1. 현대물리학?

"무릇 주는 위대하사 기이한 일들을 행하시오니 주만이 하나님이시니이다 〈시 86:10〉"

20세기가 시작되면서 물리학의 판도를 바꾸어 놓은 새로운 개념은 바로 '상대성이론'과 '양자역학'이다. 만유인력 법칙이나 관성의 법칙과 같은 뉴턴의 고전역학이 현실적이고 경험적인 문제를 다루고 있다면, 이 두 이론은 빛의 속도와 비교될 만큼 빠르고 원자보다 작은 물질의 세계를 지배하는 물리법칙을 다룬다. 곧 인간이 지금까지 직접적으로 경험해 보지 못한 세계에 접근하게 해주는 학문이기 때문에 그 개념을 쉽고 명확하고 이해하는 것이 매우 어렵다. 그래서 상대성이론이나 양자역학은 물리학을 전공하는 사람들에게나 필요한 전유물처럼 여겨진다. 그렇다면 굳이 현실세계와 동떨어진 이 어려운 이론들을 일반인들도 알아야 할 필요가 있을까?

현대 문명의 근간이 되고 있는 전기·전자 기술은 상대성 이론과 양자물리학 덕택이다. 우리의 삶의 일부분이 되어버린 스마트폰은 양자물리학 덕분에 탄생된 것이다. 모든 운전자들의 필수품인 네비게이션도 상대성이론이 적용되지 않는다면 오차가 너무 심해서 쓸 수 없다. 새로운 물리이론이 탄생한지 겨우 100년이 지나는 시점에서 세상의 문명이 완전히 탈바꿈된 것이다. 이제 곧 양자역학을 이용한 양자컴퓨터가 상용화되면 인류는 또 다른 문명의 시대를 맞이하게 될 것이다.

현대물리학이 단순히 인류의 물질문명에 만 영향을 준 것은 아니다. 역사적으로 인류의 사상에 크게 영향을 미쳤던 피타고라스, 아리스토텔레스, 플라톤과 같은 인물들은 모두 과학자이자 철학자였다. 그들이 펼쳤던 철학적 사고는 상당부분 과학이 뒷받침하고 있다. 생물학적 과학이론인 다윈의 진화론이 유물론에 지대한 영향을 끼치고, 그것이 인류에게 얼마나 불행을 가져다주었는지 역사가 잘 이야기 해주고 있다. 마찬가지로 현대물리학도 필연적으로 인간의 철학적 사상에 영향을 큰 영향을 줄 것이다. 최근 양자역학이 갖는 특이성과 모호성을 이용하여 인간의 본질을 해석하고자 하는 다양한 시도들이 이루어지고 있다. 이러한 새로운 과학적 이론들이 누구의 손에 의하여 새롭게 해석이 되느냐에 따라 인류는 또 다른 엄청난 변화를 일으킬 선택의 기로에 설지 모른다. 물론 궁극적으로 인류의 역사는 하나님의 계획 속에 흘러가겠지만, 잘못된 선택으로 말미암아 인류는 또 다른 불행의 시행착오를 겪을 수도 있을 것이다.

앞서 언급한 것처럼 현대물리학이 다루는 영역은 인간이 직접 경험하기 어려운 극한의 영역들이다. 그런데 우리가 보고 경험하는 세계에서의 물리법칙은 우리가 직접 볼 수 없는 극한 세계의 물리적 법칙을 기반으로 나타나는 제한적인 현상이라고 볼 수 있다. 즉 우리가 보고 있는 거시적인 세계의 움직임은 미시적인 세계의 움직임들의 합으로 결정된다고 생각할 수 있기 때문이다. 인간이 체험하기 어려운 극한의 세계 속에는 분명 창조주 하나님의 창조 사역이 녹아져 있을 것이다. 그 속에는 분명 물질이 탄생된 기원과 우주를 유지해 가고 있는 물리적 구조가 숨겨져 있을 것이다. 따라서 현대 과학이 극한의 세계에 접근해 갈수록 그것들을 설계하신 창조주 하나님의 위대성을 발견하게 될 것이라고 확신한다. 그러나 인류가 현대물리학을 통하여 인간의 지혜를 과신하고 하나님의 권위에 도전하는 방식으로 진행해 나간다면 아담과 하와가 범했던 에덴동산의 비극은 되풀이 될 수밖에 없을 것이다. 따라서 비록 과학이 전공이 아니더라도 다양한 분야의 기독인들이 오늘날 문명의 기초가 되었을 뿐 아니라 장차 인류 사회에 새로운 세계를 열어줄 현대물리학에 대한 바른 해석과 이해를 가질 필요가 있다고 생각한다.

본 글을 통하여 필자가 기독인으로서 처음 현대물리학을 접하면서 가졌던 흥미로운 사실들을 함께 나누어 보고자 한다. 특히 하나님께서 이 세상을 창조함으로서 생겨난 시간, 공간 그리고 물질에 대하여 현대물리학이 이야기 하고 있는 이론들을 신앙적 관점으로 생각된 내용들을 적어 보았다. 비록 현대물리학을 배우지 않은 사람들에게 특히 과학에 흥미가 없는 사람들에게는 조금 어렵게 느껴질 수 있겠지만, 필자가 가지고 있는 작은 지식을 함께 공유함으로서 누구나 창조주 하나님 앞에 한 발짝 더 다가가는 기쁨을 누리길 소망해 본다.

2. 성경과 빛

"태초에 하나님이 천지를 창조하시니라 땅이 혼돈하고 공허하며 흑암이 깊음 위에 있고 하나님의 영은 수면 위에 운행하시니라 하나님이 이르시되 빛이 있으라 하시니 빛이 있었고"〈창1:1-3〉

필자는 대학 1학년 때 처음으로 성경을 배우기 시작했다. 당시에 성경이 '태초에 하나님이 천지를 창조하시니라'＜창1:1＞ 라는 대전제로부터 시작한다는 사실이 벅찬 감격으로 다가왔다. 이 말씀은 개인적으로 절대자 하나님에 대한 자각과 우연이 아닌 목적을 갖는 세상(우주)을 볼 수 있는 눈을 뜨게 해 주었다. 제 인생에서 혁명과 같은 일이었다.

권능의 하나님(엘로힘)께서 무(無)인 상태에서 시간과 공간과 물질을 창조하셨다. 하나님께서 창조 사역을 처음 시작하신 그곳은 혼돈과 공허와 흑암으로 표현되는 무형태, 무질서, 무의미한 그 '무엇'이었으며, 이곳에 처음으로 빛을 창조하시고 낮과 밤이라는 질서를 부여하신다. 이 빛은 지금 우리가 태양(4일째 창조된)으로부터 받는 빛이 아닌 우주의 시작과 함께 나타난 더 근원적인 빛이다.

1978년 펜지아와 윌슨이라는 두 과학자가 우주배경복사를 발견한 공로로 노벨물리학상을 받았다. 어떤 과학자는 마치 공룡이 죽어 화석(化石)으로 남아 있는 것처럼 이 우주배경복사는 '창세기의 빛'이 화광(化光)으로 남아 있는 것이라고 표현한다. 과학계에서 말하고 있는 현대 우주론(빅뱅이론)에 따르면 우주 탄생의 순간에는 물질의 기원이 되는 모든 것들이 상상할 수 없이 뜨거운 용광로와 같은 곳에 녹아져 있었다고 한다. 그곳은 빛으로 가득 차있지만 또한 빽빽하게 차있는 전자와 같은 입자들에 부딪혀서 직진 할 수 없기 때문에 어둡고 칙칙한 곳이었다. 이 용광로가 점점 팽창하면서 수소와 헬륨과 같은 원자들이 탄생하는데 그 순간 우주는 맑게 갠 하늘처럼 찬란한 빛으로 가득 차게 되었다고 한다. 우주 탄생 시 나타났던 이 빛들은 우주가 팽창하고 온도가 하강하면서 파장이 길어지고 나중에 우주 전체에 그 흔적을 남겼는데 그것이 바로 우주배경복사라는 것이다. 시간적 차이가 있지만 우주탄생을 설명하는 빅뱅 이론의 초기 모습은 성경의 천지 창조와 매우 흡사하다는 것을 알 수 있다.

성경에서 빛은 유독 하나님과 밀접한 관계가 있으며 특별한 영적 의미를 갖기도 한다. 출애굽기에 보면 하나님은 맹렬한 불같은 영광(빛) 가운데 계셨고(출24), 하나님과 대면한 모세는 그 얼굴에서 광채(빛)가 남으로 백성들이 두려워하여 수건으로 얼굴을 가렸다(출34). 시편 기자는 '주의 얼굴 빛'을 우리에게 비추어 주시도록 간구하며(시36:9,43:3,67:1,80:3,89:15), 주께서 옷을 입음 같이 빛을 입으셨다(시104:2)고 표현하고 있다. 또한 다니엘도 기도에서 빛이 하나님과 함께 있다고 했다(단2:22). 사도 요한은 '예수님은 세상에 온 참 빛(요1:9)이시며, 하나님은 빛(요일1:5)이시다'라고 말하고 있다. 변화산에서 예수님의 세 제자들은 얼굴이 해 같이 빛나며 옷이 빛과 같이 희게 변하신 예수님을 보게 된다(마17장). 예수님을 믿는 사람들을 잡아들이기 위해 다메섹으로 향하던 사울은 그를 둘러싼 강력한 빛 속에서 예수님을 만나 극적인 회심을 하게 된다(행9). 물론 하나님을 빛으로 표현한 것은 문자적인 빛이 아닌 어둠을 이기는 권세와 같이 비유적 표현일 수도 있다. 그러나 계시록에 보면 새 하늘과 새 땅에서는 태양과 같은 빛은 필요 없고 오직 보좌에 앉으신 하나님의 빛만이 비추일 것이라고 한다(계22:5). 이와 같이 여러 말씀들을 살펴볼 때 하나님과 관련된 빛은 비유적 표현일 수도 있겠지만 실제적인 빛과도 분명 연관성이 있으며 우리가 아직은 다 알 수 없는 특별한 능력이 있는 것으로 생각된다.

오늘날 빛의 기능은 너무나 광범위하고 그 실체가 오묘해서 빛의 모든 것에 대하여 여전히 자신 있게 말하기는 어렵다. 우리가 일반적으로 빛이라 말할 때는 가시광선(인간의 눈으로 감지할 수 있는 빛)을 말한다. 그러나 물리학적으로 이 가시광선은 전자기파 중의 일부이다. 우리 눈에 보이지는 않지만 숯가마에서 나오는 따뜻한 원적외선, 살균에 사용되고 있는 자외선, 병원에서 쓰고 있는 X-선, 라디오와 TV 통신에 사용되고 있는 전자파들도 모두 넓은 의미의 빛이라고 할 수 있다. 이들은 파장의 길이 또는 주파수(1초 동안에 진동하는 횟수)의 크기가 다를 뿐이지 그 특성은 모두 동일한 전자기파이다. 오늘날 X-선, 적외선, 감마선과 같은 빛들은 모두 의료 분야에서 중요하게 사용되고 있다. 빛의 용도를 살펴보면 성경에서 말하고 있는 치료하는 광선(말4:2)을 생각나게 한다.

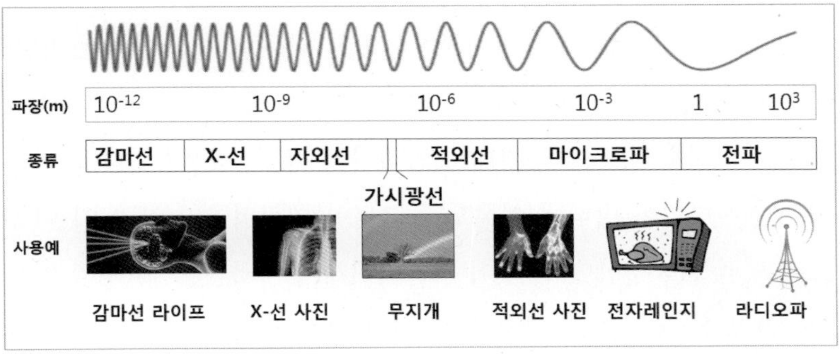

그림 1. 전자기파(빛)의 종류와 사용되는 용도. 인간은 아주 좁은 영역의 전자기파(가시광선)만을 볼 수 있다.

빛은 가장 빠른 정보 전달자이다. 만약 빛이 도달할 수 없는 영역이나 블랙홀처럼 빛을 내보내지 않는 영역이 있다면 우리는 그곳에서 아무런 정보를 알아낼 수 없다. 그곳은 우리가 사는 세상과는 별개의 세상이다.

우리의 눈은 전자기파 중에서 아주 좁은 범위의 가시광선 영역만을 볼 수 있는 아주 제한적인 광센서(광감지기)이다. 하나님께서 우리에게 단지 세 개의 센서(적색, 녹색, 청색)만으로 수백만 가지의 색을 구분할 수 있도록 눈을 만드셨다는 것이 정말 경이롭다. 인간 눈이 오직 가시광선만을 감지한다는 것은 그것이 우리 인간이 이 땅에서 살아가기에 가장 적합하기 때문이다. 진화론자들은 그것을 자연선택이라고 하지만 우리는 하나님께서 예초부터 그렇게 디자인하셨다는 것을 믿음으로 알 수 있다.

어둠이 빛을 이길 수 없는 것은 빛의 파동wave적 특성 때문이다. 파동이란 돌멩이를 호수에 던지면 물결(진동)이 일정한 파고를 이루며 사방으로 퍼져나가는 것과 같은 것을 말하며, 매질을 통하여 에너지를 전달할 수 있다. 아무리 어두운 방이더라도 틈새를 비집고 들어오는 한줄기의 빛만으로도 방 전체를 밝힐 수 있다. 이것은 빛의 파동 특성인 회절현상 때문이다. 또한 빛은 야구공과 같은 입자particle이기도 하다. 빛의 알갱이(포톤photon)들은 금속 안에 있는 전자들과 부딪혀서 밖으로 튕겨내기도 하다. 이것을 광전효과라고 하는데 아인슈타인이 밝혀낸 이론으로 그는 상대성이론이 아닌 이 이론으로 노벨상을 수상했다. 빛이 파동이면서 입자라는 것을 빛의 이중성이라고 한다. 공간을 퍼져가는 파동과 위치의 확인이 가능한 입자는 서로 전혀 다른 별개의 특성을 갖는다. 그런데 빛은 파동으로 관측하면 완전한 파동적 특성을 갖고 입자로 관측하면 완전한 입자적 특성을 보여준다. 이것은 우리가 일반적인 상식으로는 도저히 이해될 수 없는 특성이다. 이런 점에서 빛은 완전한 신성과 완전한 인성을 가지신 예수님과 많이 닮았다는 것을 알 수 있다.

이 빛에 대한 연구는 이제부터 기술하게 될 현대 물리학이 출발하는 계기가 된다.

3. 상대성 이론

"그의 광명이 햇빛 같고 광선이 그의 손에서 나오니 그의 권능이 그 속에 감추어졌도다 〈하박국3:3〉"

19세기말 물리학자들에게 빛에 관하여 큰 이슈가 있었는데 그것은 '빛을 전달하는 매질은 무엇이냐?' 하는 것이었다. 우리가 가장 쉽게 이해할 수 있는 파동인 음파(소리)는 목의 성대와 스피커와 같은 음원의 떨림(진동)이 공기나 물과 같은 매질을 통하여 주변으로 전달된다. 소리의 속도는 매질에 대한 상대속도이며 매질의 종류에 따라 달라진다. 소리는 공기가 없는 진공을 만나면 매질이 없기 때문에 전달되지 못한다.

빛도 파동의 특성을 가지고 때문에 역시 빛을 전달하는 매질이 필요할 것이다. 그런데 빛은 진공 속에서도 아무런 문제없이 잘 통과한다. 따라서 과학자들은 아직 발견되지 않았지만 '에테르'라고 하는 빛을 전달하는 매질이 우주의 모든 공간을 가득 채우고 있을 것이라고 가정했다. 빛은 이 에테르를 통하여 진행하며 빛의 속도는 이 에테르에 대한 상대속도일 것이라고 예측하였다. 빛의 속도는 초속 30만 km로 엄청나게 빠르기 때문에 에테르를 증명하는 실험이

쉽지 않았지만, 1887년 마이켈슨과 몰리라는 두 과학자가 이 에테르의 존재를 증명할 수 있는 정밀한 실험 방법을 고안하였다. 그런데 수없이 반복된 실험의 결론은 '빛을 전달하는 에테르는 없다'라는 것이었다. 에테르의 부재와 빛의 속도에 대한 예상치 않은 결과 때문에 당시 과학자들에게는 요즘 언어로 거의 멘탈붕괴에 가까운 상태였다.

그러던 1905년 스위스 특허사무국에 근무하던 약관 26세의 아인슈타인이 특수상대성이론을 발표하였다. 이 이론은 '모든 관성계에서 물리법칙은 동등하며, 진공 속에서의 빛의 속력은 어떤 관성계에서나 동일하다'라는 가정에서 출발한다. 간략하게 설명하면 지상에서 멈추어 있는 사람이 빛의 속도를 측정하면 초속 30만 km가 되는데, 이 빛을 초속 10만 km로 달리는 우주선이 좇아가면서 측정한다고 가정해 보자. 상식적으로 우주선에서 본 빛의 속도는 (30－10=20) 즉 초속 20만 km여야 하지만 빛의 속도는 여전히 초속 30만 km로 측정된다는 것이다. 빛을 따라 잡기 위하여 아무리 빨리 달려도 관측자에게 빛의 속도는 여전히 변하지 않는다고 한다.

어떻게 그럴 수 있을까? 이것이 성립하기 위해서는 시간과 공간에 대한 기존의 물리적 개념을 파괴해야만 했다. 상대성이론이 발표되기 전까지 '시간'과 '공간'은 뉴턴의 이론에 따라 완전히 별개의 물리량으로 취급하여 왔는데 이것을 절대시간 절대공간이라고 한다. 절대공간은 어떤 상황에서도 모두에게 동일한 척도의 공간이 제공된다. 예를 들어 1 m라는 막대자의 길이는 지상에 있는 사람이 가진 것이나, 비행기를 타고 가는 사람이 가지고 있는 것이나 그것을 관찰하는 누구에게나 동일한 길이를 갖는다고 생각한다. 그런데 아인슈타인의 상대성이론에 따르면 변하지 않는 것은 빛의 속도이며 시간과 공간은 상황에 따라 달라질 수 있는 가변적인 것이라고 한다. 즉 관찰자의 상황에 따라 막대자의 길이가 달라진다는 것이다. 이것은 아주 급진적인 이론으로 '시공간'이라는 개념이 새로 생겨난다. 시간과 공간은 독립적이지 않고 서로 연결되어 있는데, 우리의 일상이 빛의 속도에 비하여 너무 느리기 때문에 그것을 인지하지 못하고 있을 뿐이라는 것이다.

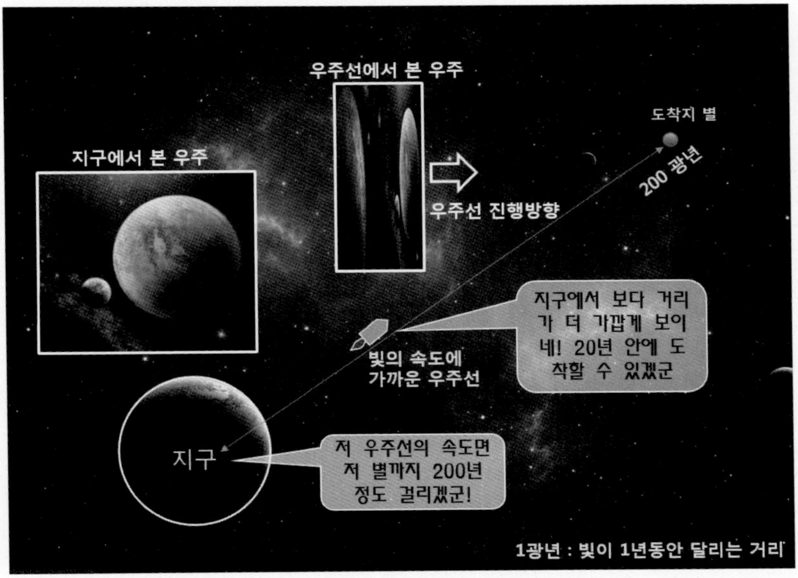

그림 2. 아인슈타인의 특수상대성 이론에 따르면 지구에서와 빠르게 움직이는 우주선 안에서의 시공간은 서로 다르다. 우주선 안에서 우주를 보면 진행방향에 따라 우주가 수축되어 보인다.

특수상대성이론으로부터 '동시성의 상대성', '시간 팽창', '길이 수축', '에너지-질량 등가 공식($E=mc^2$)'과 같은 중요한 개념들이 파생된다. A라는 사람에게는 동시에 발생했다고 관찰되는 사건 1과 사건

2가 관찰조건이 다른 B라는 사람에게는 동시가 아니라 시간을 두고 순차적으로 일어났다고 측정 될 수 있다. 초고속으로 움직이고 있는 사람의 시간은 지상에 정지해 있는 사람보다 시계가 더 느리게 가고 진행 방향으로 길이가 더 수축되어 보인다. 시공간의 가변성은 인공위성과 입자 가속기와 같은 전문적인 분야에서는 이미 실제적으로 적용되고 있다.

아인슈타인은 다시 10년 후에 일반상대성이론을 발표하였는데 뉴턴이 발견했던 중력의 법칙을 전혀 새로운 개념으로 해석한 이론이었다. 이 이론도 일반인에게는 그 개념을 직관적으로 그려보기 힘든 휜 공간에 대한 이야기이다. 중력이나 가속도계나 모두 같은 개념으로 중력이나 가속도에 의하여 3차원 공간이 휘게 되고 그 휜 공간을 따라 빛이 진행한다는 것이다. 이해를 돕기 위해 한 차원을 낮추어 예를 들어 보면 비행기를 이용하여 장거리 여행을 하는 경우를 생각해 보자. 승객들은 비행기가 분명 2차원 평면을 직선으로 날고 있다고 생각하지만, 실제로 지구는 3차원의 구형이기 때문에 휘어진 지구 표면을 따라 원운동을 하고 있다. 즉 비행기는 분명 3차원적으로 움직이지만 지구가 워낙 커서 승객들은 2차원 평면을 날고 있다고 생각하는 것이다. 그러면 3차원공간이 휘어져 있다는 것은 어떻게 설명할 수 있을까? 이를 확인하기 위해서는 3차원 보다 더 높은 4차원 이상의 공간에서 3차원을 조사해 보아야 하지만, 인간 자체가 3차원적 존재이기 때문에 공간이 휘어져 있다는 것을 직접 눈으로 관찰하는 것은 불가능하다.

그래서 아인슈타인은 트렘폴린[1]이라는 놀이기구를 이용하여 휜

1 신축성 있는 고무판 위에서 점핑하며 놀 수 있도록 고안된 놀이기구

공간에 대하여 설명한다. 아무것도 놓여있지 않은 평평한 고무판 위에 가벼운 탁구공을 하나 놓아두면 외부에서 힘을 주지 않는 이상 탁구공은 정지 상태에 있을 것이다. 이것은 마치 탁구공이 무중력 우주 공간에 놓여 있는 것과 마찬가지이다. 이제 이 고무판 위에 무거운 볼링공을 놓아두면 그 무게로 인하여서 주변이 움푹 들어갈 것이고, 탁구공은 그 경사면을 따라 볼링공 쪽으로 굴러갈 것이다. 이것이 마치 중력에 의하여 가벼운 물체가 무거운 물체 쪽으로 빨려 들어가는 것과 같다. 탁구공이 볼링공과 부딪히지 않기 위해서는 볼링공이 만들어 놓은 주변의 경사면을 빠른 속도로 원운동 해야 만 하는데, 이것이 태양을 중심으로 돌고 있는 지구를 비롯한 행성들의 움직임과 유사하다. 즉 태양으로 인하여 생긴 움푹한 경사면(휜 공간)을 수성, 금성, 지구, 화성... 들이 끊임없이 돌고 있는 것과 마찬가지인 것이다.

뉴턴은 태양과 행성 간의 질량으로 인하여 생긴 서로 끌어당기는 힘 즉 만유인력에 의하여 태양계가 유지된다고 했지만, 아인슈타인은 질량 자체가 끌어당기는 힘을 발생하는 것이 아니고 주변의 공간을 휘게 만들어서 그 공간을 따라 행성이 움직인다고 설명했다. 우리가 지구에 발을 듣고 서있는 것이나 물건을 던지면 포물선을 그리며 땅으로 떨어지는 것은 지구의 중력이 만든 공간이 휘어있기 때문이다.

아인슈타인은 중력에 의하여 공간이 휘어져 있기 때문에 이 휘어진 공간을 따라 빛이 진행하므로 중력이 강한 곳에서는 빛이 휘어져서 진행하는 것을 관찰할 수 있을 것이라고 예측 하였다. 1919년 영국의 천체물리학자 에딩턴은 개기일식이 일어나는 아프리카에 가서 태양주변의 별을 관찰하였다. 낮에는 태양이 너무 밝아 우리는 별을 관찰할 수 없지만 개기일식 때는 달에 의하여 태양이 완전히 가려지기 때문에 태양 주변의 별을 관찰할 수가 있다. 그 결과 분명 태양 뒤에 숨어서 보이지 않아야할 별을 실제로 관찰하게 되었다. 이것은 무거운 태양에 의하여 태양 주변의 공간이 휘어져 있고, 그 휜 공간을 따라 빛이 진행하면서 태양 뒤편의 별빛이 관찰된 것이다. 이로서 아인슈타인의 일반상대성이론은 확실한 힘을 얻게 된다. 중력이 너무 강하여 빛도 탈출할 수 없어 검게 보이는 블랙홀도 아인슈타인의 일반상대성이론으로부터 도출된 것이다.

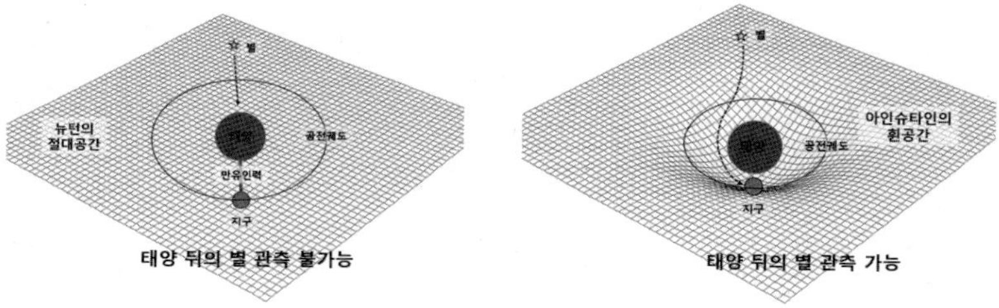

그림 3. 뉴턴의 만유인력 법칙과 아인슈타인의 일반상대성이론. 개기일식 때 태양 뒤쪽의 별을 관찰함으로서 아인슈타인의 일반상대성이론이 옳다는 것이 증명되었다.

성경에서 히스기야 왕이 병들어 죽게 되었을 때 하나님으로부터 자신의 회복에 대한 기도응답을 확인하고자 해시계 위의 그림자가 거꾸로 10도를 되돌리는 기적을 선택한다[2]. 상식적으로 그림자가 거꾸로 움직이기 위해서는 돌아가고 있는 지구를 잠깐 멈춘 후에 다시 반대로 돌려야 한다. 물론 전능하신 하나님께서 하시는 일인데 의문의 여지가 없긴 하겠지만, 전 지구적으로 대재앙을 초래할 지구를

2 선지자 이사야가 여호와께 간구하매 아하스의 해시계 위에 나아갔던 해 그림자를 십도 뒤로 물러가게 하셨더라 <왕하20:11>

멈추는 대신에 만약 하나님께서 해시계를 지나는 공간을 휘게 만들어 빛이 거꾸로 진행할 수 있도록 했다고 상상해 보면 어떨까요? 마치 이차원의 플라스틱 책받침을 휘어서 3차원의 곡면을 만드는 것처럼 말이다. 고차원에 계시는 하나님께 시공간의 변화란 그리 어려운 일은 아닐 것 같다. 우리에게 있어서 기적이란 것이 하나님께는 아주 자연스러운 법칙 중에 하나일 수 있을 것이다.

아인슈타인의 상대성이론은 3차원적 시간과 공간속에 갇혀있던 인간에게 보다 높은 4차원의 세계가 존재한다는 시각을 열어주게 되었다. 동시에 인간의 한계도 명확하게 해주었다. 인간이 아무리 기술을 발전시킨다고 하여도 질량을 갖는 물체는 결코 빛의 속도를 따라잡을 수는 없다. 빛을 따라 잡기 위해 우주선이 속도를 내게 되면 우주선의 질량이 급격하게 증가하기 때문에 궁극적으로 무한한 에너지를 필요로 한다. 또한 빛의 속도가 줄어드는 것이 아니라 우주선의 시간이 지연되고 공간이 수축되는 우주선 자체의 척도가 변하는 것이다. 바로 빛 앞에서의 인간의 한계상황이며, 빛을 창조하신 하나님 앞에서 우리가 겸손해야할 이유라고 생각된다.

빛이 가장 빠른 절대속도를 갖는 것은 질량을 갖지 않는 에너지이기 때문이다. 빛의 속도로 달리고 있는 포톤의 입장에서 본다면 상대성이론에 의하여 시간은 정지되어 있고, 길이는 수축에 의하여 0이 되기 때문에 빛에게 있어서 3차원의 시공간이란 의미가 없어진다. 성경은 왜 하나님을 빛으로 묘사했는지 꼭 영적인 의미가 아니더라도 물리적인 의미에서도 신비하다는 것이 느껴진다. 질량을 갖는 우리의 육신을 벗는 날 나의 영이 바로 이런 세계를 체험하게 되지 않을까?

상대성이론이 탄생시킨 또 한 가지 중요한 법칙은 원자폭탄과 원자력발전소의 탄생을 가져다준 에너지-질량 등가공식($E=mc^2$)이다. 질량을 가진 모든 물체는 에너지로 환산이 가능하며 그 역도 가능하다. 이 공식에 따르면 사람 한사람의 질량이면 한 대도시가 100년 이상 사용할 수 있는 에너지(전력)을 생산할 수 있다. 그렇다면 우리가 살고 있는 우주의 크기와 질량을 생각할 때 이 우주를 탄생시키기 위해서 얼마나 많은 에너지가 투입이 되었을까? 그만큼 창조주 하나님의 스케일은 상상이 안 되며, 그런 하나님 앞에서 우리 인간이 얼마 미약한 존재인가를 돌아보지 않을 수 없다. 또한 그 하나님께서 나에게 관심을 두셨다는 자체가 바로 기적이라는 사실을 깨닫게 된다.!

4. 영원한 시간

사랑하는 자들아 주께는 하루가 천 년 같고 천 년이 하루 같다는 이 한 가지를 잊지 말라 〈벧후3:8〉

짚신을 꾸려 한양천리를 떠났던 우리 조상을 생각하면 우리는 지금 얼마나 빠른 세상에 살고 있는가를 실감하게 된다. 세계적으로는 뉴욕과 런던을 두시간만에 주파할 수 있는 초음속 여객기와 시속 1200km가 넘는 속도를 갖는 초고속 진공열차와 같은 미래형 수송수단들이 계획되고 있다. 지구 위에 떠돌고 있는 수많은 인공위성들과 지상 구석구석에 깔려 있는 광통신망들은 위성 방송과 인터넷을 통하여 우리가 주체할 수 없을 만큼의 실시간 정보들을 쏟아내고 있다. 과거 우리 조상들이 평생을 통해 경험해야 했던 일들을 오늘날 우리들은 단 며칠 동안에 간접경험을 하고 있는 것이다. 다니엘서 12

장 4절에 "다니엘아 마지막 때까지 이 말을 간수하고 이 글을 봉함하라 많은 사람이 빨리 왕래하며 지식이 더하리라"라는 말씀을 생각해볼 때 인류는 갈수록 빠른 수단을 갈구하고 그만큼 빨리 마지막 때도 가까이 다가오는 것 같다.

인류가 이렇게 빠른 교통과 통신수단을 간구하는 것은 시간을 절약하기 위함이다. 우리는 감각적으로 시간은 흐른다고 느낀다. 흘러가고 있는 시간을 잡거나 되돌릴 수 없고 또한 각 개인에게 주어진 시간이란 자원은 한정되어 있다. 시간의 흐름과 한정된 시간이란 인간이 결코 극복할 수 없는 한계상황이다. 그래서 인간에게 흐르는 시간은 더욱 절박하게 느껴질 것이다.

그런데 왜 우리는 시간이 앞으로 즉 한 방향으로만 (미래로) 흐른다고 인식할까? 그 답은 열역학 제2법칙 때문이라고 과학자들은 말한다. 열역학 제2법칙이란 고립계(외부와 소통이 없는 즉 에너지의 교환이 없는 상태)에서 무질서도(엔트로피)는 항상 같거나 증가한다는 것이다. 에너지의 흐름은 자발적으로 항상 높은 곳에서 낮은 곳으로 흐르는 방향성을 갖는다. 물에 떨어진 잉크 방울은 반드시 물 전체로 퍼진다. 잉크 입자들의 무질서도가 증가하는 것이다. 물에 퍼진 잉크가 절대로 자발적으로 다시 한 곳에 모이는 법은 없다. 그런데 만약 내가 방안에 무질서하게 흐트러져 있는 물건들을 원래대로 가지런히 정돈해 놓았다면 시간이 흐름에 따라 무질서도는 감소했다고 생각할 수 있지 않을까? 그러나 나는 그 정리를 위하여 뇌를 사용하고 근육을 사용하여 또 다른 에너지를 소모했기 때문에 결국 전체적으로 볼 때 무질서도는 여전히 증가한 것이 된다. 모든 건축물은 인간이 노력하여 관리하지 않는 한 시간이 흐르면 반드시 노화되고 결국은 무너지게 되어 있다. 이와 같이 우리는 자연에서 일어나는 무질서도 증가에 의하여 자연스럽게 한 방향으로 흐르는 시간의 흐름을 감지하고 있는 것이다.

인간의 육체도 마찬가지이다. 우리가 아무리 영양을 보충한다 해도 육체는 노화되어 가고 결국 죽음에 이르는 열역학 제2법칙을 따른다. 아담과 하와의 범죄로 말미암아 '너는 흙이니 흙으로 돌아갈 것이니라'라는 하나님의 말씀은 우리의 육체가 열역학 제2법칙에 속박될 수밖에 없는 존재임을 말해주고 있다. 고립계인 우주에서 영원한 것은 없다. 영원한 것은 오직 이 우주를 설계하고 만드신 하나님 곧 그분의 말씀 밖에 없다.

"그러므로 모든 육체는 풀과 같고 그 모든 영광은 풀의 꽃과 같으니 풀은 마르고 꽃은 떨어지되 오직 주의 말씀은 세세토록 있도다 하였으니 너희에게 전한 복음이 곧 이 말씀이니라 〈벧전1:24,25〉"

만약 우리가 열역학 제2법칙이 적용되지 않는 세계에 살고 있다면 어떤 느낌일까요? 예를 들어 우리 자신이 스스로 육체를 다시 젊어질 수 있도록 조정이 가능하다거나, 비디오 테이프를 거꾸로 돌리듯이 방금 깨뜨린 접시를 다시 깨지지 않는 상태로 되돌려 놓을 수 있다고 가정하면, 우리가 느끼는 시간의 흐름은 지금과 전혀 다를 것이다. 우리가 영원히 죽지 않는 세계 속에 속한다면 우리는 시간이 흐르는 것에 대하여 현재와 같이 초초할 필요가 없을 것이다. 영원한 세계에서는 시간의 흐름이라는 것이 자각되지 않기 때문에 또한 시간이 영원하다고 지겨워 할 필요도 없을 것이다. 다만 '순간이 영원 같고 영원이 순간 같은' 그런 나라에서는 나의 상태가 환희가운데 있는가? 아니면 고통 가운데 있는가? 이것이 무엇보다도 중요할 것으로 생각된다.

오늘날 모든 사람들은 어떤 형태로든지 시계를 가지고 있다. 그리고 그 시간 간격은 전 세계적으로 통일되어 있다. 우리 모두는 동일한 시간 간격을 갖기 때문에 최소한 시간에 대해서만큼은 모두에게 평등하다고 생각하게 된다. 만유인력을 발견한 뉴턴은 자신의 물리학적 이론을 전개하면서 '시간은 어떤 외적인 것에도 영향을 받지 않는 지속적으로 흐르는 것'이라고 정의 했다. 이 절대시간은 공간과 별개의 것(물리량)으로, 내가 지상에 있던지, 우주공간에 있던지, 멈추어서 있던지, 차를 타고 가고 있던지... 누구에게나 똑같이 적용되는 법칙이다. 우리는 이렇게 절대로 피할 수 없는 절대시간 속에 갇혀있는 숙명적인 존재로 인식하며 살아간다. 그래서 영원한 세계에 대하여 체감적으로 쉽게 접근하기가 어렵다.

그러나 이미 언급하였듯이 뉴턴의 절대시간 개념은 아인슈타인의 상대성이론에 의하여 수정이 불가피하게 되었다. 상대성이론에 의하여 시간은 모든 상황에 관계없이 동일하게 적용되어질 수 없고, 공간과도 밀접하게 관련이 되어 시공간이라는 개념으로 이해해야만 한다. 아인슈타인이 상대성이론을 처음 발표할 때인 1905년까지만 해도 인류는 현재보다 느린 삶을 살고 있었다. 그래서 빛의 속도와 관련이 있는 상대성이론을 직접적으로 증명하기도 어렵고, 기존의 시간과 공간에 대한 개념이 무너지는 이론이었기 때문에 쉽게 납득할 수가 없었던 것이다. 그러나 세상은 점점 빨라지고 있다. 이제 시간이 모두에게 절대적인 것이 아니라는 사실은 증명이 되었고, 상대성이론은 현대문명을 이루는 현대과학의 한축이 되었다. 세상이 빨라질수록 인류는 지금 현재 우리가 경험하고 있는 시간 개념을 뛰어넘는 새로운 정의의 시간이 실생활에 적용되기 시작할 것이다. 그러면 인류는 속박된 현실을 떠나 좀 더 고차원의 세계 곧 영원한 세계에 대하여 좀 더 열린 마음으로 생각해 볼 수 있는 계기가 되지 않을까요?

5. 물질의 정체

"하나님이 지으신 그 모든 것을 보시니 보시기에 심히 좋았더라 〈창1:31a〉"

물질matter(物質)이란 사전적 의미로 '물체의 본바탕', '물체를 이루는 재료'라고 정의하고 있다. 개인적으로는 '질량을 갖는 모든 것'이라고 말하고 싶다. 물질은 고체와 액체 그리고 기체의 형태로 구분된다. 물론 모든 물질의 상태가 이렇게 명확하게 구분되는 것은 아니다. 물질이 전혀 없는 공간을 우리는 진공이라고 한다. 지구의 대기는 우리 눈에는 아무것도 없는 것처럼 보이지만 실상 산소 질소와 같은 기체들로 가득 차 있다. 대지의 흙, 강과 바다의 물, 수많은 생물과 초목, 그 사이를 자유롭게 움직이는 바람, 해와 달, 우주의 수많은 별들 정말 다채로운 형태의 물질들로 이 세상을 아름답게 수놓고 있다.

인간의 호기심은 고대부터 이 물질의 근원이 무엇일까? 라는 의문을 가지고 있었다. 기원전 400년경 고대철학자 중 엠페도클레스라는 우주 만물은 흙, 물, 공기, 불 이렇게 4가지 원소로 이루어져 있다고 주장하였다. 이 4원소 설은 뒤에 플라톤[3]과 아리스토텔레스 등에 의

3 플라톤은 4원소에 에테르라는 원소를 더하여 5원소 설을 주장하였다.

하여 지지되어진다. 오늘날 이 4원소를 과학적으로 해석해 보면 고체, 액체, 기체 그리고 플라즈마 상태에 해당한다는 것을 알 수 있다.

그런데 '물질의 가장 기본이 되는 입자는 원자(atom)이다'라는 원자설은 역시 기원전 4세기경 데모크리토스에 의하여 주장되었다. 'atom'이라는 단어는 '더 이상 쪼갤 수 없다 (a+tom)'라는 의미를 갖는 그리스어에서 나온 단어이다. 이 원자론은 2000년 이상이 지난 후 1803년 화학자 돌턴에 의하여 구체화된다. 이들이 생각하는 원자란 당구공처럼 속이 꽉 찬 더 이상 깨어지지 않는 단단한 입자였다. 이러한 원자들이 모이고 쌓여서 우리가 눈으로 보고 느끼는 물질이 구성된다는 것이다.

같은 원자라도 양의 전하를 갖는 양이온과 음의 전하를 갖는 음이온이 있다. 이것은 원자 내에 있는 전자의 역할 때문이며, 1897년 영국의 과학자 톰슨에 의하여 밝혀진다. 톰슨은 양전하를 띠고 있는 푸딩에 음전하를 가진 전자가 건포도와 같이 군데군데 박혀 있는 새로운 원자모형을 제시하는데 이것을 '건포도 푸딩 모형'이라 한다. 다시 말하면 둥근 공모양의 말랑말랑한 원자 표면에 작은 전자들이 듬성듬성 박혀있는 모양이다. 이렇게 원자는 단순한 공모양에서 전자가 더해진 모양으로 발전했다.

톰슨의 제자 러더퍼드는 스승의 원자모형을 확인하기 위하여 특수한 실험 장치를 고안했다. 그것은 아주 얇게 편 금박편[4]에 알파입자를 쏘아서 알파입자의 산란과정을 보는 것이다. 이것은 마치 속이 채워져 있는 고무공을 일정하게 쌓아 놓고 수없이 총을 쏘아서 총알이 어떻게 진행하는지를 계산하여 원자의 실제 모양을 예측하고자

4 금은 금속 중에서 늘어나는 성질이 가장 뛰어나서 거의 투명할 정도로 얇게 펼 수도 있다.

하는 것과 같다. 러더퍼드는 총알과 같이 빠르고 단단한 알파 입자들이 고무공과 같은 원자들을 쉽게 통과할 것이라고 생각했다. 이때 원자에 박혀있는 전자는 그 크기가 너무 작기 때문에 그 영향을 무시하였다. 그런데 막상 실험을 하여 보니 대부분의 알파입자들이 예측대로 별 영향 없이 금박을 통과하는 반면, 어쩌다 한 번씩 급격하게 방향이 변하거나 심지어는 되튕겨 나오기도 하였다. 이 실험을 통하여 1911년 러더퍼드는 원자는 톰슨이 제시한 건포도 푸딩 모형이 아니고 중심에 정말 단단하고 작은 크기의 원자핵이 존재하고 그 주변에 전자들이 돌고 있는 마치 태양을 중심으로 지구와 같은 행성들이 돌고 있는 것과 유사한 모형을 제시하였다.

원래 원자란 더 이상 깨어지지 않는 입자라는 정의에서 출발했지만, 그 본래의 의미는 끝나고 원자는 원자핵과 전자로 이루어졌다는 것까지 발전했다. 그러면 원자를 이루고 있는 원자핵과 전자의 크기는 각각 어떻게 될까? 주기율표에 나와 있는 원자번호에 따라 원자의 크기가 다를 것이므로 원자의 크기를 획일화 할 수는 없다. 또한 이렇게 작은 것들의 크기를 측정할 때는 눈금자를 가지고 물체의 크기를 측정하는 것과는 전혀 다른 이야기다. 이것들을 측정할 만한 눈금자가 존재하지 않을뿐더러 원자의 경계가 모호하기 때문이다.

현대 물리학을 동원하여 측정한 원자의 크기는 옹스트롬(Å)[5]이라는 단위를 사용하는데 머리카락 굵기의 약 100만분의 1쯤 되는 단위이다. 원자핵의 크기는 그보다 약 1만분의 1의 크기이고, 전자의 크기는 원자핵의 크기보다 또 1만분의 1보다 더 작은 크기이다. 그러니까 원자의 크기에서 전자의 크기는 무시해도 될 만큼 작다. 좀 쉽

5 길이의 단위 옹스트롬 : 10^{-10} m, 나노미터(10^{-9} m)의 십분의 1

게 상상을 해보면 수 만명을 수용할 수 있는 야구장이 원자 전체의 크기라면 원자핵은 야구장 안에 있는 야구공 한 개의 크기 정도라고 상상하면 된다. 만약 여러분이 직경 1 m 크기의 원자핵 바위 위에 서있다면 눈에 보이지도 않는 0.1 mm 크기의 전자가 원자핵에 붙들려 약 10 km 정도 주변까지 돌아다니고 있는 것이다. 따라서 우리가 알고 있는 원자는 실상 99.999% 텅 빈 공간이나 다름이 없다! 우리가 흔히 책에서 보는 원자모형은 원자핵과 전자의 크기들이 과장되게 그려진 것일 뿐이다.

원자의 실상은 속이 꽉 찬 당구공과 같은 모양이 아니라 거의 빈 공간에 가깝다는 것을 알았다. 이렇게 빈 공간에 가까운 원자들을 아무리 쌓아도 역시 빈 공간에 가까울 것이다. 따라서 우리 눈에 보이는 모든 물질의 99.999%는 빈 공간으로 이루어져 있는 것이다. 우

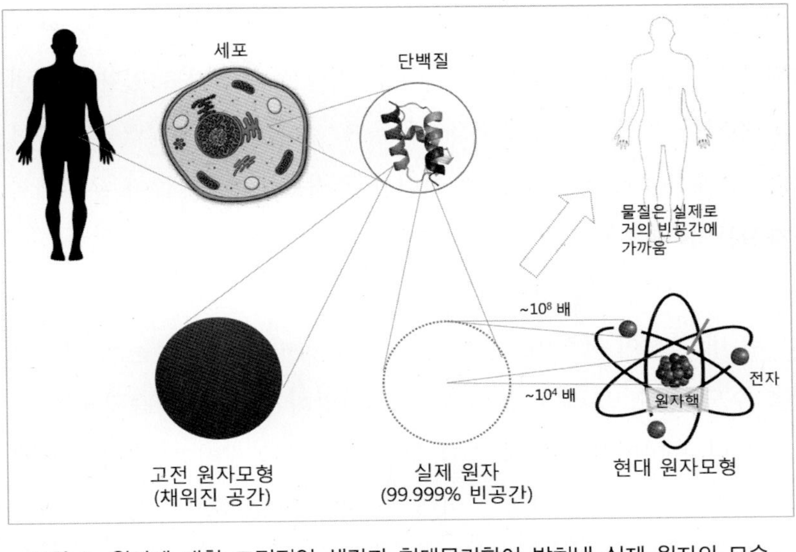

그림 4. 원자에 대한 고전적인 생각과 현대물리학이 밝혀낸 실제 원자의 모습. 전자원자의 크기에서 원자핵과 전자가 차지하는 공간은 거의 없다.

리가 날마다 딛고 있는 땅 바닥, 딱딱한 물체들, 부드러운 천, 흘러내리는 물, 마주잡은 따뜻한 손... 모두 실상은 모두 거의 빈 공간에 눈에 보이지도 않을 원자핵들이 분포하고 있는 것이다. 우리 인간의 몸을 빈 공간이 없이 원자핵과 전자 모두를 한 덩어리로 뭉친 다면 현미경으로나 확인할 수 있는 작은 점밖에 남지 않는다. 이와 같이 물질적으로 볼 때 인간 자체는 거의 빈 공간에 해당한다. 그런데 그런 인간이 살아 움직이고 자아의식을 가진 생각하는 존재라는 것이 결코 우연일 수는 없다. 분명 창조주께서 부여해 주신 하나님의 형상이 인간답게 하는 요인일 것이다.

그러면 거의 빈 공간에 가까운 세상의 물질들은 어떻게 이렇게 다양한 강도와 재질 그리고 색상들을 갖는 것일까? 그것은 세상에서 그 크기와 질량이 있으나마나 할 정도로 미미한 존재인 전자의 역할이 가장 크다. 원자핵 주변에서 쉬임없이 움직이고 있는 이 전자들의 행동들이 결국 물질의 특성을 결정짓는 절대적인 역할을 한다. 원자핵이 중심에서 원자의 전체적인 질량을 책임지고 있다면 주변의 전자들이 원자가 다양한 역할들을 할 수 있도록 생명력을 제공한다. 창조주 하나님께서 바로 이러한 원리로 원자들이 이 우주에서 자신들의 역할을 감당할 수 있도록 만드신 것이다.

분명 세상에는 중심이 되는 사람들이 있다. 그들에 비하여 상대적으로 내 자신이 세상에 있으나 마나 한 미미한 존재라는 자괴감이 들 수도 있다. 그러나 결국 세상을 다양하게 하고 지속되게 하는 것은 바로 미미한 자들의 역할 또한 절대적일 것이다. 미미한 존재라고 생각되는 내가 바로 살아야 할 이유 즉 존재의 이유라고 생각한다.

6. 양자물리와 제비뽑기

"제비는 사람이 뽑으나 모든 일을 작정하기는 여호와께 있느니라"

〈잠16:33〉

가끔 제철소를 소개하는 영상을 보면 쇠를 녹이는 용광로에서 빨갛게 녹아 있는 쇳물을 볼 수 있다. 19세기 말에 많은 물리학자들이 고온으로 달구어진 물체가 온도에 따라 그 색(빛)의 분포가 달라지는 현상을 이론적으로 해결하고자 다양한 시도를 하였지만 번번히 실패하였다. 1910년 막스 플랑크라는 물리학자가 '에너지란 연속적인 크기를 갖는 것이 아니라 불연속적이다'라는 양자이론 정의하여 이 문제를 해결한다. 가상적인 예를 들면 우리가 주변의 온도를 측정할 때 0도, 10도, 20도, 30도와 같이 10도 간격으로만 온도가 측정된다는 것과 같다. 즉 온도 간격의 최소단위는 10도로서 10의 정수배의 온도만 존재한다. 이 이론에 따르면 어떤 지역의 온도가 10도라면 그 보다 조금 더 높은 지역의 온도는 20도나 30도로 측정되지 12도, 15도, 25도와 같이 더 세분된 온도는 존재하는 않는다. 양자이론은 정작 이 이론을 발표한 플랑크조차도 확신하지 못할 정도로 당시 과학자들에게는 도저히 받아들일 수 없는 아주 급진적인 이론이었다.

그런데 앞서 언급한 것처럼 러더퍼드라는 과학자에 의하여 원자는 중심에 무거운 원자핵이 존재하고 그 주변을 전자가 돌고 있다는 원자모형이 처음으로 제시된 후에 많은 과학자들이 원자내의 전자의 행동을 어떻게 설명할 수 있을 것인가에 대하여 고심하게 되었다. 당시에 물리학자들은 먼저 가장 가볍고 간단한 원자인 수소원자로부터 어떤 수학적 규칙을 갖는 특유한 색상의 빛이 발생하는데 왜 그런지 해결해야만 했다. 러더퍼드에 의하여 제시된 원자 모형만을 가지고는 이론적으로 이 문제를 해결할 수 없었다. 이 때 닐스 보어라는 학자가 플랑크의 양자이론을 이용하여 양자도약이라는 획기적인 이론을 제안했다. 간략하게 이야기 하면 수소 원자핵에 붙들려 있는 전자는 연속적인 어느 공간에나 존재할 수 있는 것이 아니라 오직 정해진 특정 궤도에만 존재할 수 있으며, 다른 궤도로 이동을 할 때 정해진 에너지만큼 흡수하거나 방출한다는 것이다. 이것은 공간 또한 연속적이지 않고 양자화 되었다는 공간 양자화를 동반하는데 이 또한 대단히 모호하고 직관적이지 않은 이론이었다.

또한 전자의 행동에서 아주 기이한 현상이 발견되었는데 그것은 더블 슬릿 실험이라는 것이다. 일반적으로 빛(단색)이 아주 가까이 놓여 있는 두 개의 미세한 틈을 통과하면 회절과 간섭이란 현상 때문에 반대편 벽면에 일정한 간격의 여러 줄무늬를 나타낸다. 이것은 전형적인 빛의 파동적 성질 때문이다. 그런데 다량의 전자들을 더블 슬릿에 쏘아서 통과시킨 후 반대편 벽면에 부딪힌 흔적이 남도록 했더니 마치 빛이 통과한 것과 같이 똑같은 줄무늬가 생기는 것이 아닌가! 당연히 전자는 질량을 갖는 입자라고 여겼기 때문에 파동의 특성을 갖는 이러한 간섭 현상 또한 도저히 상식적으로 이해하기 힘든 것이었다. 이 현상은 하나의 전자가 유령처럼 더블 슬릿을 동시에 통과하였다고 생각할 수 있다. 그래서 과학자들은 각각의 전자들이 두 슬릿 중에 어떤 슬릿을 통과하는가를 관찰할 수 있도록 장치를 꾸몄다. 그랬더니 파동의 특성이 사라지고 이제 전자들은 입자적인 특성만을 보여주었다. 자유로운 상태에서는 분명 파동적 특성을 보여주었는데 인간이 관찰하는 순간 입자처럼 행동을 하는 것이다. 이것을 물질의 이중성이라고 한다. 앞서 빛의 경우도 파동과 입자의 이중성이 있다면, 물질도 또한 같은 특성을 가지고 있는 것이다. 이러한 양자이론의 특성은 물질의 근본이 무엇인가에 대한 다양한 철학적 해석을 내어 놓게 된다.

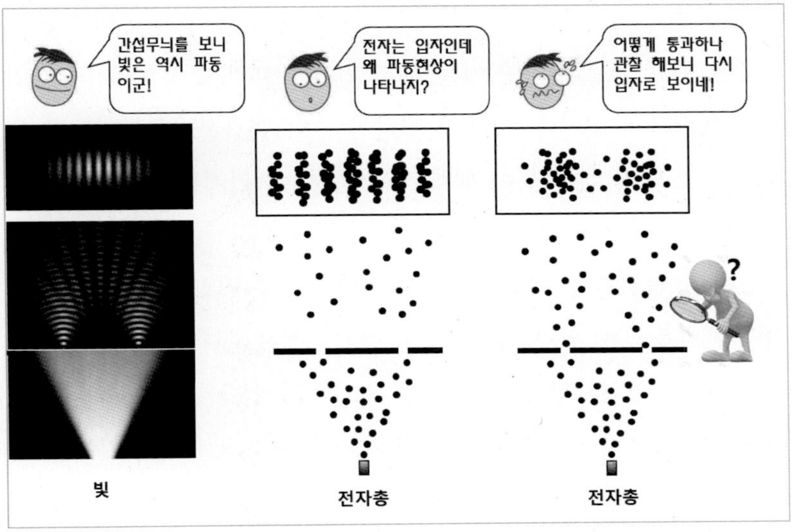

그림 5. 물질의 이중성을 보여주는 전자의 더블슬릿 실험. 입자라고 생각하는 전자가 파동과 같은 간섭현상을 보여준다. 그러나 관찰하면 입자처럼 행동한다.

다시 과거로 돌아가 1687년 뉴턴은 '자연철학의 수학적 원리(프린키피아)'라는 책을 출간했다. 뉴턴이 발견한 만유인력 법칙과 운동의 3법칙을 적용하면 우주공간에 있는 행성들의 움직임에서 부터 지구상의 작은 돌멩이의 움직임에 이르기까지 초기조건만 정확하게 주어진다면 그것들의 미래의 움직임을 정확하게 계산해 낼 수가 있었다. 예를 들어 골프공이 임팩트 되는 순간에 그 속도, 방향, 회전방향, 회전속도 등을 초고속 카메라를 이용하여 정확하게 측정하면 뉴턴 법칙을 이용하여 골프공의 탄도를 정확하게 계산할 수 있으므로 골프공의 미래 곧 최종 도착지를 알아낼 수 있다.

라플라스라는 과학자는 "우주의 모든 입자의 위치와 속도를 안다면 우주의 미래를 예측할 수 있다"라고 정의하여 '결정론적 세계관'의 문을 열게 된다. 다시 말하면 만약 우주를 창조한 하나님(신)은 탄생초기의 모든 정보를 가지고 있기 때문에 결국 우주의 미래를 정확하게 알고 있으며, 거기에는 우리 인간의 미래도 포함이 되어 있다고 생각하는 것이다. 그래서 결국 우주와 인간은 이미 정해진 운명을 살고 있기 때문에 이 세계관은 '운명론' '기계론적 세계관'이라고도 한다.

그러나 결정론적 세계관은 양자quantum(量子)역학의 탄생으로 그 위치가 흔들리게 된다. 앞에서 물질의 특성은 전자의 행동에 크게 의존한다고 언급했다. 그렇다면 전자의 움직임을 정확하게 규명을 해야만 거시적인 세계의 거동을 정확하게 예측하는 것이 가능할 것이다. 따라서 뉴턴 역학을 이용하면 지구와 달과 모든 행성들의 경로를 정확하게 예측할 수 있는 것과 마찬가지로, 원자핵 주변을 돌고 있는 전자의 움직임도 정확하게 풀어낼 수 있지 않을까? 1926년 물리학자 슈레딩거가 드디어 이러한 전자의 행동을 계산할 수 있는 양자역학적 방정식(슈레딩거 방정식)을 만들었다.

전자의 미래를 예측하기 위해서는 골프공의 탄도를 계산하는 것과 마찬가지로 특정 시간에 전자가 어떤 방향으로 얼마의 속도로 움직이는가를 정확하게 정의를 해주어야만 한다. 이를 위해서는 전자의 위치와 움직임(운동량)을 정확하게 측정해야만 한다. 그런데 하이젠베르그라는 물리학자는 '전자의 위치와 운동량을 동시에 정확하게 측정하는 것은 불가능하다'라는 '불확정성 원리'를 발표한다. 우리가 전자의 위치를 정확하게 정의하려고 하면 운동량에 오차가 생기고, 반대로 운동량을 정확하게 측정하려고 하면 위치를 알 수 없는 상황에 빠진다는 것이다. 즉 앞서 더블슬릿 문제에서처럼 인간이 전자의 미래를 예측하기 위하여 측정에 개입하는 순간 전자의 상황이 변하기 때문에 미래를 정확하게 예측하는 것은 불가능한 것이다.

우주 공간에서는 태양 주변을 돌고 있는 지구의 경로는 정확하게 계산할 수 있다. 그러나 슈레딩거 방정식을 이용하여 전자의 움직임을 계산해 보면 뉴턴 방정식처럼 정확한 답이 나오는 것이 아니다. 여러 개의 답과 확률 값이 주어진다. 원자 내부에 들어가서 보면 원자핵 주변을 돌고 있는 전자의 정확한 경로를 볼 수 없다. 다만 전자가 특정위치에서 보일 수 있는 확률이 몇 퍼센트(%)정도라고 정의되며, 이 확률에 따라 전자의 자취가 뿌옇게 보인다고 생각할 수 있다.

양자론적 세계관은 '확률론적 세계관'으로 정확한 하나의 답으로 주어지지 않고 확률로서 여러 개의 답이 주어진다. 우리는 현실세계에서 삶과 죽음이 정확하게 나누어지지만, 양자역학적 세계에서는 삶과 죽음이 중첩되어 있는 것이 가능하다고 한다. 거시적인 세계의 움직임은 미시적인 세계의 움직임이 쌓여서 만들어 낸 것이다. 그러나 양자론에 따라 아무리 과학이 발전한다 할지라도 미시적인 세계의 움직임을 정확하게 예측할 수 없다면 결국 우리는 눈에 보이는 거시적인 세계도 예측할 수 없다. 즉 '누구도 결코 미래를 완벽하게 예측할 수 없다'라는 결론에 다다르게 되는 것이다. 그래서 양자물리는 결정론적 세계관과 부딪칠 수밖에 없다.

이 확률론적 세계관을 갖는 양자역학이 발표되었을 때 몇몇 과학자들의 격렬한 반항을 받게 된다. 대표적인 물리학자로서 당시 가장 유명한 아인슈타인이었다. 그는 우주는 절대자(기독인이 믿고 있는 인격적인 하나님은 아님)에 의하여 완벽하게 설계되어 창조되었다고 믿었다. 그런데 양자론이 전 우주적인 법칙이라면 절대자에게도 미래를 확률로서 밖에 예측할 수 없다는 이야기가 된다. 이런 상황을 받아들일 수 없었던 아인슈타인은 '신은 주사위 놀이를 하지 않는다'라는 유명한 이야기를 던지며 양자역학의 거장인 닐스보어와 거친 논쟁을 벌인다. 결국 누가 승리를 했을까요? 역사는 닐스보어의 손을 들어 준다. 현대문명을 주도하고 있는 전기전자기술은 양자론의 기반위에 세워진 것이다. 마지막까지 양자역학을 신뢰하지 않았던 아인슈타인은, 그래서인지 그의 과학자로서의 마지막 여정은 빛을 발하지 못하고 사라졌다. 아마도 그는 아직 우리가 밝히지 못한 뭔가가 있을 것이라고 생각했던 것 같다.

과학에서의 결정론과 확률론은 신학에서 말하는 예정론과 연결되기 때문에 역시 어려운 문제가 된다. 최종적 인간 행동의 결과는 이미 정해진 것이라고 한다면 하나님께 모든 책임을 떠맡기는 형세가 되고, 그렇다고 미래는 확률에 의하여 진행된다는 것은 완전하신 하나님의 방법이 아닌 것 같다. 그래서 예정론은 신학적으로도 항상 어렵다.

성경적으로 본다면 인간의 자유의지가 적용된 결정론적 세계관이 가장 합당한 것 같은데, 과학적으로 이것을 표현할 수 있을까? 성경을 읽다보면 제비뽑기가 자주 나온다. 제비뽑기는 확률이 적용되는 대표적인 방법으로 지금도 행운권을 추첨할 때 가장 많이 사용하는 방법이다. 이스라엘 백성들이 가나안 정복 후에 땅을 분배할 때 제비뽑기를 한다(수18:10). 인간 편에서 볼 때 제비뽑기는 선택된 결과의 불만을 제거할 수 있는 가장 공평한 방법이라는 생각도 든다.

그렇다면 하나님께서는 정말 제비뽑기를 과학적 확률론에 맡겨두셨을까? 요나서에서 폭풍속의 위급해진 배의 재난이 누구로 말미암았는지를 묻는 제비를 뽑을 때 요나가 뽑힌 것은 명백히 확률로 설명될 수 없다(욘 1:7). 성경에서 제비뽑기를 시행하는 것은 결코 과학적 확률론에 맡기는 작업이 아니라는 것을 알 수 있다. 아직 정확하게 이해할 수는 없지만 인간 편에서는 하나의 답으로 정해지지 않는 확률로 보이지만 실제 모든 결정권은 하나님께서 가지고 계신다. 이러한 사실을 다음 말씀이 잘 대변해 주고 있다. "제비는 사람이 뽑으나 모든 일을 작정하기는 여호와께 있느니라" <잠16:33> 일만명 중에 내가 선택될 확률은 나의 계산으로는 0.01%이지만 하나님의 계산으로는 항상 100%인 것이다. 이 글을 읽는 모든 독자들도 절대자 하나님께 그렇게 선택된 자의 삶을 누리길 바란다.

7. 기독교와 현대과학

여호와 우리 주여 주의 이름이 온 땅에 어찌 그리 아름다운지요 주의 영광이 하늘을 덮었나이다... 주의 손가락으로 만드신 주의 하늘과 주께서 베풀어 두신 달과 별들을 내가 보오니 사람이 무엇이기에 주께서 그를 생각하시며 인자가 무엇이기에 주께서 그를 돌보시나이까 〈시편 8:1,3,4〉

시편 8편을 보면 자연 속에서 창조주의 능력을 발견한 시편 기자의 감격이 느껴진다. 창조주께서 만드신 저 광대한 우주와 그 안에 움직이는 오묘한 천제들을 바라보며 초라한 인간의 본질을 깨닫고 있다. 그런데 더 놀라운 사실은 그런 미천한 인간이 창조주와 인격적인 관계성을 갖는다는 것이다.

천제를 움직이는 물리적 원리들이 아직 밝혀지지 않았던 고대에는 태양과 달 그리고 별들의 움직임이 인간에게 신비의 대상이었다. 자연스럽게 인간은 자연 속에서 절대자의 능력을 찾았고, 그 자체가 경외의 대상이 되기도 했다. 그런데 뉴턴이 만유인력 법칙을 발견함으로서 천제의 움직임을 규명하고 정확하게 예측할 수 있게 되었다. 절대자 하나님의 영역으로 신비하게만 여겨 왔던 여러 가지 눈에 보이는 자연의 현상들이 인간의 이성으로 이해할 수 있게 된 것이다.

현대에는 인간의 눈이 미치지 아니하는 자연의 영역들까지 과학의 힘을 빌려 보고 있다. 대기권 밖에 쏘아올린 허블 망원경을 비롯한 다양한 천체 망원경들이 수십억 광년 떨어진 광대한 우주 공간을 보여준다. 전자 또는 원자현미경을 이용하여 원자로 쌓여진 미시 세계의 모습들을 눈으로 직접 관찰할 수 있다. 거대한 가속기들은 더 이상 깰 수 없는 것으로 여겼던 원자를 깨뜨려서 원자를 구성하는 더 작은 소립자들을 찾아내고 있다. 이와 같이 인류는 지난 100여년에 걸쳐 지금껏 보지 못했던 상상을 초월하는 넓은 우주와 원자 이하의 영역에서 일어나고 있는 특이한 물리법칙들을 발견하여 왔다.

현대과학의 진보로 들여다 볼 수 있게 된 광대한 우주와 미시세계의 신비함과 정교함을 생각한다면, 단지 눈에 보이는 자연 속에서도 창조주를 발견했던 시편 8편의 기자의 감격과는 비할 바가 없을 것이다. 그러나 아쉽게도 과학의 진보가 빨라질수록 사람들에게 있어서 하나님의 창조의 위대성은 갈수록 약해지고, 지치지 않는 인간의 호기심과 지성이 점점 크게 다가오는 것처럼 느껴진다.

오늘날 기독교는 현대과학이 주장하고 있는 우주의 창조에 관한 '빅뱅이론'과 인간의 창조에 대한 '진화론'에 의하여 성경적 창조론이 도전을 받고 있다. 기독인은 믿음으로 하나님의 창조사역을 확신하지만 창세기의 말씀만으로 하나님의 창조사역에 대한 과학적이고 객관적인 데이터를 제공할 수 없다. 그러나 하나님께서 주신 또 다른 성경 곧 자연만물에서 하나님의 창조 사역을 발견할 수 있다.

"창세로부터 그의 보이지 아니하는 것들 곧 그의 영원하신 능력과 신성이 그가 만드신 만물에 분명히 보여 알려졌나니 그러므로 그들이 핑계하지 못할지니라"〈롬1:20〉

자연 만물에 대한 연구가 바로 과학적 작업이며, 빅뱅이론이나 진화론이나 모두 과학적 작업 중의 하나이다. 자연에서 데이터를 모으고, 가설을 세우고, 데이터를 보강하고, 실험을 통하여 증명해 나아가는 방식이다. 데이터들이 쌓여감에 따라 과학자들 사이에 끊임없는 갑론을박이 진행되고, 결국 세운 가설이 참인지 거짓인지를 판단하여 성공한 것은 법칙으로서 살아남고 실패한 것은 폐기된다. 빅뱅이론과 진화론 모두 우리 인간이 다룰 수 없는 넓은 범위의 시간을 요구하기 때문에, 이 이론들을 직접적으로 증명할 수 있는 실험 모델을 세우는 것이 불가능하다. 그래서 아직은 여전히 과학적으로 그 진위에 대하여 끊임없는 논쟁이 진행 될 수밖에 없다.

2013년에 신의 입자라고 불리웠던 힉스 입자가 발견되어 과학계가 크게 흥분하고 있을 때, 아쉽게도 기독교계에서는 오히려 창조론에 위기의식을 갖는 분위기였다. 힉스입자가 빅뱅이론을 더욱 더 공고히 해주고 있기 때문이다. 그러나 힉스입자의 발견으로 하나님의 창조 위상이 흔들린 것은 결코 아니다. 새로운 과학적 사실들이 밝혀졌다고 해서 우주 만물이 유지되는 그 정교함과 신비함의 본질이 사라지는 것은 아니다. 관점을 바꾸면 우주를 창조하신 하나님의 경이로운 방법에 인류는 한 발짝 더 다가가기 시작한 것뿐이다. 고전

물리학을 완성했던 뉴턴은 성경 주석을 쓸 정도로 해박한 성경 지식을 가지고 있었으며, 특별계시와 자연계시를 가장 잘 이해한 과학자 중의 하나였다. 그의 과학적 업적은 창조주 하나님의 위상을 흔든 것이 아니다. 오히려 만물을 운행을 유지시키는 창조주의 지혜를 더 굳건하게 했다. 상대성 이론으로 현대과학의 문을 연 아인슈타인도 우주의 질서에서 창조자를 발견하였다. 그는 과학을 통하여 끊임없이 우주를 창조한 신의 마음을 알고 싶어 했다. 하나님은 이 우주 전체를 유지하는 원천이시고, 우리의 차원을 뛰어 넘는 천국의 주관자이시다. 한없이 경이로우신 그 분의 지혜에 따라 우주는 탄생했고 운행이 되고 있다. 아직 하나님의 기적 속에 감추어진 고차원의 우주의 법칙을 제한적인 존재인 우리가 이해할 수 없기 때문이다. 다만 지구상의 몇몇 천재들이 그 분의 지혜를 지렁이 눈[6]으로라도 엿보고 싶은 것이다.

현대는 빅뱅이론과 진화론과 같은 현대 과학을 이용하여 무신론을 강력하게 주장하는 학자들 때문에 기독교가 심각하게 도전을 받고 있는 것이 사실이다. 이들은 철저하게 인간으로부터 하나님을 쫓아내려고 한다. 그것이 인간을 신으로부터 해방시켜 자유를 주는 것이라고 착각한다. 인간이 하나님을 싫어하는 죄된 본성을 가지고 있는 이상 이러한 일들은 항상 벌어질 것이다. 그런데 이러한 무신론자들 때문에 기독인들이 현대과학 이론들을 외면하게 된다면 미래에 더 심각한 상황을 맞이할 수 있지 않을까? 개인적인 의견이지만 기독인들은 성경에서 일어나는 다양한 기적들을 과학적으로 접근하는 것을 주저해서는 안 된다고 생각한다. 분명 현대과학이 정확한

6 [이븐 알렉산더, "나는 천국을 보았다" 김영사]에서 인용

이론이라면 그것들이 결코 주님의 존재와 능력을 훼손하지는 않을 것이며, 잘못된 이론이라면 사라질 것이라는 믿음이 필요하다. 따라서 성경의 진리와 대치되는 것처럼 보이는 현대과학 이론들에 대하여 기독교적 입장에서 무조건 날을 세워 비판하는 것보다, 우리는 좀 더 숙고하여 이 이론들에 대한 판단에 접근할 필요가 있다고 생각한다. 과학의 발전에 따라 우주와 물질과 생명의 신비가 벗기어질수록 이 모든 것을 계획하신 창조주 앞에 온 인류가 겸손히 무릎 꿇는 날이 오길 소망하여 본다.

송호준 (치의학전문대학원 치과재료학)

약과 삶

1. 약과 자원

그 열매는 먹을 만하고 그 잎사귀는 약 재료가 되리라(겔 47:12 하)

1) 약의 사용

약Drug이란 사용자가 소기의 목적을 달성하기 위해 의도적으로 복용하는 화학물질을 일컫습니다.

약 사용의 기원은 인류의 역사와 같이 하고 있는데, 초기 인류는 통증의 치료나 쾌락목적으로 수렵, 채집생활을 통해 가까이 접하는 식물을 주로 약용으로 사용하게 되었습니다. 특히 자연에 널리 존재하는 다양한 식물가운데 어떤 것이 맛이 있고 독성을 가지는지 알게 되고 이런 시행착오를 거쳐 점차 어떤 식물이나 천연재료가 통증이나 질환의 증상완화에 도움이 되는지 대한 경험과 지식을 가지게 되었습니다. 이러한 약초에 대한 지식은 구전되어 내려오다가 언어가 성문화된 이후 기록으로 남게 되었는데 약초에 관한 의학서적으로 대표적인 예가 고대중국의 신농본초경, 본초강목 그리고 각 나라마다 자생적으로 약초관련 서적들이 등장했고 우리나라의 동의보감도 여기에 속합니다. 동양의학에서는 질병의 치료를 위해 다양한 약제를 혼합, 조제하여 사용하는데 비하여 서양의학에서 한 가지 순수한 물질을 사용하여 약을 처방하는 점에서 사뭇 다르며 현재 널리 사용되는 의약품의 대다수가 서양의학의 배경으로 개발된 것이라 할 수 있습니다. 흥미로운 것은 식물 중에 함유된 치료효과를 가진 성분들은 식물의 생존에는 일차적으로 필요한 것이 아닌 이차 대사산물들이어서 자연이 인간에게 준 큰 선물이라고 할 수 있습니다.

양귀비(아편)

키나

디기탈리스

주목

그 중에 대표적인 약용식물로 잘 알려진 예로 통증치료에 사용하는 아편이나, 말라리아에 키나, 심장질환에 디기탈리스 등 다양하며 요즘에는 주목Yew tree에서 얻어진 택솔 성분이 항암제로 널리 사용되고 있습니다. 또한 박테리아와 곰팡이와 같은 단세포 미생물도 항생제의 풍부한 보고인데, 우리가 잘 알고 있는 페니실린(G) 뿐만 아니라, 결핵환자 치료에 큰 전환을 가져온 스트렙토마이신 등 다수의 항생제가 흙이나 오염된 곳에 서식하는 미생물에서 얻어집니다. 인류역사를 보면 미생물에 의한 전염병이 창궐하여 수많은 생명을 앗아가기도 하지만 또한 미생물이 제공하는 성분으로 전염병으로 죽어가는 수많은 생명을 살린다는 것이 놀랍고 신기하지 않습니까?

2) 의약품자원과 신약 개발

천연물에서 분리한 활성성분이 그 자체로 약으로 유용하게 쓰이는 것이 많습니다. 식물이나 미생물이 만들어내는 유효성분가운데는 화학자들이 상상력을 동원해도 생각하기 어려운 신기하고 복잡한 구조를 가진 것들도 많아 이로부터 얻어진 유용한 지식들을 신약개발에 응용하고 있습니다. 그런데 식물에 함유된 활성성분은 대개 미량이어서 약으로 사용하기 위해 대량재배의 필요성이 증가됩니다. 그리고 식물의 활성성분의 약효가 약으로 사용할 만큼 강하지 않거나, 화학적으로 불안정하거나 또는 독성 등으로 인해 의약품으로 바로 사용하기에 부적당한 경우도 많습니다. 예를 들면 버드나무에서 함유된 성분인 '살리신'에서 얻어진 살리실산이 관절염치료나 소염진통목적으로 한동안 널리 사용되었지만 자극작용에 따른 위장장애를 유발하므로 치료에 어려움이 컸습니다. 그런데 바이엘 회사의 호프만Hoffmann이 살리실산을 화학적으로 간단히 구조변경하여 개발한 것이 아스피린인데 이는 자극성도 낮고 항 염증작용이 우수하여 치료에 널리 사용하게 되었습니다. 아스피린은 이제 100여 년의 역사를 가지고 있으나 혈소판응고 방지와 혈전 예방의 작용이 있어 심장발작의 예방과 혈류개선에도 널리 애용되고 있습니다.

지난 20세기의 10대 발견의 하나인 페니실린(G)의 예를 들어보면, 이 항생제가 개발되기 전에는 세균 감염성질환으로 막대한 인명피해를 내어 왔습니다. 플레밍Fleming이 푸른곰팡이에서 찾아낸 페니실린은 항균력이 뛰어나고 부작용이 극히 낮아 세균성 감염질환 치료에 획기적인 전기를 마련하게 되었고 인간의 수명연장이나 삶의 질 측면에서 크게 기여하였습니다.

프레밍

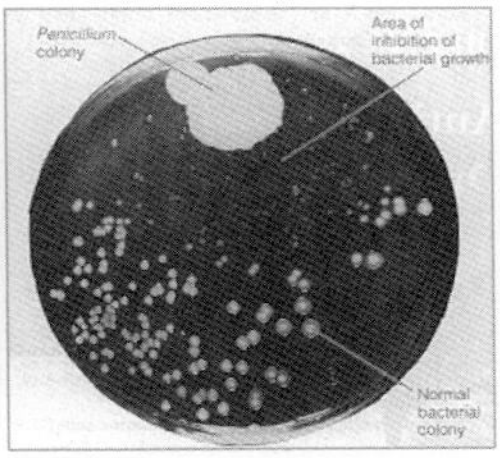

곰팡이 주변 세균성장저지

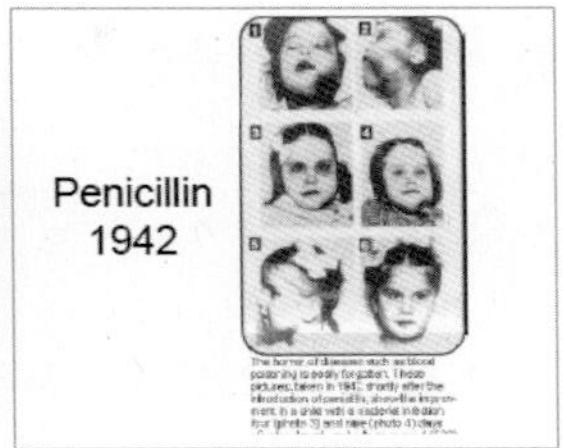

페니실린 치료

그러나 페니실린G는 화학적으로 불안정하여 산성인 위액에 분해되기 때문에 경구투여가 어렵고 주사제로 투여해야 하는 불편이 있었습니다. 또한 페니실린은 그람양성균 감염에는 치료효과가 탁월하지만 그람음성균에 인한 감염에는 효과가 낮을 뿐 아니라, 오래 사용하다 보니까 페니실린 자체를 분해할 수 있는 내성균들도 다수 출현하여 치료에 어려움이 있었습니다. 그래서 과학자들은 페니실린의 화학적 구조를 변경하여 위산에 안정하여 경구 투여할 수 있고 그람양성균은 물론 그람음성균에도 효과가 있는 새로운 페니실린 항생제를 개발하였고, 내성균에도 활성을 가진 다른 페니실린계열도 만들어 환자치료에 더욱 유용하게 사용되고 있습니다. 이와 같이 천연에서 발견된 활성성분을 출발물질로 하여 화학구조변경을 통해 보다 효과가 우수하고 부작용이 적은 신약개발 연구가 활발히 전개되고 있습니다.

특히 지난 2003년 인간게놈분석이 성공하므로 인간 개개인의 유전체의 분석을 통하여 유전질환이나 만성병에 대한 개인 맞춤 신약의 개발에 첫 발을 내딛게 되었고 난치병으로 여겨지는 각종 암 질환과 뇌 질환에도 새로운 신약들이 개발되고 있습니다. 또한 그동안 신약개발은 주로 분자량이 크지 않는 식물성분을 모체로 화학구조를 변형시켜 신약을 만들어 왔다면 최근 분자량이 큰 단백질과 유사한 바이오의약품을 제조하여 치료에 사용하는 점점 빈도가 높아지고 있습니다.

3) 약의 부작용과 그 문제점

앞에서 지적한 것처럼 식물의 생리활성성분은 감염성질환을 포함한 다양한 질병을 사용하는데 유용한 의약품 자원들입니다. 그 성분을 그대로 사용하거나 또는 직접 사용하기에 문제가 있는 경우 인간의 지혜를 활용하여 우수한 약으로 변환시켜서 사용하므로 인간수명연장과 삶의 질을 크게 개선하였습니다. 그러나 정도의 차이는 있겠지만 약은 치료작용과 유해작용(부작용)의 양면성을 가지고 있어서 그 사용에는 신중해야 하며 전문가인 약사나 의사의 도움을 받아야 합니다. 국내통계는 나와 있지 않지만 선진국의 경우를 볼 때 약을 잘못 사용하거나 과다복용으로 인한 약화사고가 많고 또 이로 인해 많은 사람이 생명을 잃고 있습니다. 더구나 최근 무분별한 항생제남용으로 내성균이 다수 출현할 뿐만아니라 특히 기존의 모든 항생제에 전혀 반응하지 않는 슈퍼 박테리아 감염이 보고되고 있어 치료에 심각한 문제로 대두되고 있습니다.

4) 약과 건강(성경적인 관점)

인간이 영혼(영과 혼)과 육체로 되어 있어 건강을 위해 이들의 균형이 필요한데 성경은 특히 영적인 부분의 중요성을 강조하고 있습니다(요31:2). 성경에서 거론되는 병의 치료에 사용되는 약들은 무화과(왕하20:7; 사38:21)과 기름, 포도주(눅10:33-34) 등 주변에서 쉽게 얻을 수 있는 것들입니다. 예수님은 공생애 동안 많은 병자들을 치료하셨지만 특별히 약을 사용하셨다는 기록은 없습니다. 흥미로운 것은 성경에 '양약'에 대해 기록하고 있는데, 이는 특정 물질을 지칭하기보다 마음의 즐거움, 지혜로운 자의 혀, 선한 말로 묘사하고 있습니다.(잠:12:18, 18: 24, 17:22) 그와 대조로 뼈를 마르게 한다' 표현이 있습니다. 사실 뼈(골수)에서 혈액이 생성되고 이 혈액이 신체 조직세포의 대사에 필요한 산소운반과 생체면역 및 방어에 중요한 역할을 하고 있는 것을 감안할 때 조혈기관인 뼈(골수)를 마르게 하는 것은 치명적인 독약이라 할 수 있습니다. 그런데 이것도 물질이 아니라 심령의 근심이라 하고 있습니다. 그동안 개발된 신약들이 질병의 치료에 크게 기여하여 수명연장이나 삶의 질을 개선해 온 것은 분명한 사실입니다. 따라서 육체의 질병치료를 위해서 전문가의 지도아래 필요한 약을 당연히 사용해야겠지만 성경은 건강을 위해 먼저 자신의 마음을 잘 다스려야 함을 말씀하고 있습니다. 마음의 즐거움은 창조주이신 하나님과 바른 관계 속에서만 나온다는 것을 생각해 볼 때 기독교인들의 참된 건강은 창조주 하나님을 영화롭게 하고 그를 즐거워할 때 주어지는 것이 아닌가 생각해 봅니다.

2. 약물 남용

술 취하지 말라 이는 방탕한 것이니 (엡 5:18 상), 술에 인 박히지 아니하고 (딤전 3:8 하)

1) 약물 남용의 정의

앞서 기술한 것처럼 약의 기원은 최초의 인류들이 통증의 경감이나 쾌감을 느끼기 위해 약을 사용하게 되었습니다. 예를 들어 아편의 경우, 통증치료에 탁월한 효과가 있어 오랫동안 사용해 왔는데 부작용으로 도취감에 빠져들게 되고 나중에는 치료목적이 아니라 황홀감을 얻기 위한 수단으로 사용하기도 하였습니다. 이처럼 인간의 감정 및 인식이나 행동에 인위적인 변화를 일으킬 목적으로 약물을 반복 사용하거나 또는 불법적, 비의학적으로 사용하는 것을 약물 남용이라고 합니다. 비의학적 사용이란 약물을 의학적 용도와 다른 목적으로 사용하는 것을 의미하며 앞서 지적한 것처럼 진통제인 모르핀을 도취감을 얻기 위한 목적으로 사용한다면 이것은 약물의 비의학적 사용에 해당됩니다.

2) 남용 약물의 분류

인간의 사고나 감정 또는 행동에 영향을 주는 약물들은 향정신성 약물Psychoactive drugs이라 부르는데 중추신경에 작용하는 약물로서 종류에 따라 아래 그림과 분류할 수 있습니다.

성경에 자주 언급되는 술(알코올)도 대표적인 중추신경 억제제에 속합니다.

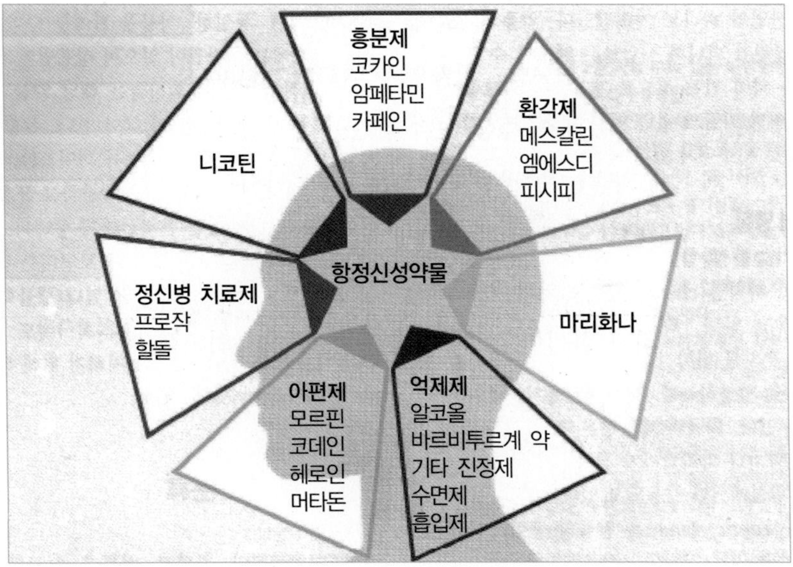

향정신성 약물의 분류

3) 약물 남용(중독)의 문제점

남용성 약물의 상습복용이나 환각물질 흡입은 뇌의 기능을 무력화시키고 파괴함으로써 정상적인 인간 활동을 못하게 하며 결국 사망에 이르게 됩니다. 약물남용은 크게 2가지의 문제를 일으키며 하나는 의학적인 문제이고 다른 하나는 사회적인 문제입니다.

① 의학적 문제점

㉠ 내성, 의존성 및 금단현상

남용약물을 연용하는 경우 약물에 대한 감수성이 비정상적으로 저하되어 용량을 증가시켜야만 효과를 보게 되는 데 이를 내성이라고 합니다. 또한 약물을 일정 기간 사용하다가 중단하면 정신적 또는 육체적으로 그 약물을 심히 갈망하게 되는데 이를 약물 의존성이라고 합니다. 예를 들면 환각제인 마리화나처럼 약물 사용을 중단하더라도 특별한 육체적 증상 없이 정신적인 갈망만 보이는 경우도 있지만 아편계 약물들은 정신적인 갈망뿐 만 아니라 장 경련이나 불면이나 혼수상태 등 증상을 수반하는 육체적 의존성을 가지게 됩니다. 이처럼 약물복용을 중단할 때 나타나는 육체의 비정상적인 증상을 금단현상이라고 합니다. 약물 남용자는 이러한 의존성 때문에 이들 약물을 자의적으로 중단할 수 없어 약물을 탐닉하게 되며 환자 스스로도 자아포기적 의식이 지배하게 되어 약물의 덫에서 벗어나지 못하게 됩니다.

㉡ 신체적 피해

인간의 뇌와 기타 여러 기관에서 다양한 기능을 가진 신경전달물질이 생성되어 인체기능에 중요한 역할을 합니다. 남용약물은 신경전달물질의 조절 능력에 장해를 일으켜서 외부의 세균이나 병원균에 대항하는 면역기능을 떨어뜨리며 합병증으로 소화기궤양, 간경화, 췌장염, 당뇨병, 고혈압, 암, 임신장애, 기형아 출산 등의 문제를 일으킬 수 있습니다. 약물투여 때 불결한 주사 바늘사용으로 인해 간염이나 특히 에이즈질환에 노출되기도 합니다.

③ 정신적 피해

향정신성의약품은 신경전달물질에 영향을 주어 쾌감을 일으키지만 약효가 떨어지면 기분이 가라 앉게 됩니다. 약물사용을 되풀이하면 기분을 관여된 신경전달물질의 조절 기능의 이상이 생기고 자기 통제기능 및 정상적인 삶의 상실에 따른 우울증에 빠져 자살에 이르게 되기도 합니다. 또한 불안 발작도 발생하는데 매사가 불안해져 한자리에 계속 앉아 있거나 집중할 수 없으며 일상생활마저 하기도 힘듭니다. 그리고 약물남용으로 인해 의심증, 피해망상 등의 정신분열 증상이 나타나게 됩니다.

② 사회적인 문제점

㉠ 범죄 및 사고

약물남용 자체가 대부분 불법행위이므로 실험적 사용자 혹은 남용자는 물론 제조자, 중간 판매자 등도 모두 처벌의 대상이 됩니다. 남용자의 경우 약물에 취해 자기 통제력을 잃게 되어 보통은 폭력적이고 잔인한 행동을 하게 됩니다. 또 중독자들은 피해망상증, 환각 및 극도의 불안 상태에서 교통사고를 내거나 각종 범죄 행위를 저지르게 됩니다.

㉡ 경제적 문제

약물남용에 따른 경제적 손실을 정확하게 돈으로 산출하는 것은 거의 불가능하지만 그 손실은 막대할 것으로 추측됩니다. 약물남용자의 치료 및 재활과 교육에는 많은 비용이 필요하며 약물의 거래에 많은 돈이 낭비되고 있으며 또 이들의 노동력 및 생산성 상실로 인해 많은 경제적 손실이 큽니다.

4) 약물남용의 실태

약물의 남용은 전 세계적으로 이루어지고 있으며 미국과 유럽에서는 주로 코카인과 마리화나가, 동남아 지역에서는 메스암페타민를 포함한 여러 약물이 남용되고 있어 국가와 지역에 따라 남용 추세가 다르며, 같은 나라 같은 지역에서도 계층 간 세대 간에 따라 남용되는 약물이 다릅니다. 우리나라에서 약물남용이 전국적으로 확산되었고 전해거담제, 진통제, 향정신성 의약품 및 본드, 가스, 휘발성 유기용제가 10대를 중심으로 폭넓게 남용되고 있습니다. 특히 청소년들의 약물남용은 각종 청소년 비행의 원인이 되기도 하지만 이들이 성장하였을 때 대마나 마약 등 다른 약물을 남용할 가능성이 커지므로 더욱 심각합니다. 더구나 최근에는 환각상태를 즐기기 위해 마취 보조제, 각성제 등을 주사하는 청소년들이 크게 늘어나고 있어 그 우려를 더해 주고 있습니다.

5) 알코올 중독과 문제점

알코올은 인류의 역사상 가장 먼저 발견된 물질의 하나로서 우리 인간의 삶에 지대한 영향을 끼쳐왔습니다. 자연발효에서 생성되며 극히 간단한 분자구조임에도 작용이 다양하고 대표적인 중추신경 억제제입니다. 알코올은 신체적 및 정신적 의존성 등 중독성을 가지고 있으며 대뇌 통제중추의 기능을 억제하므로 초기에 흥분한 것처럼 느껴지나 과다용량에서 소뇌의 기능을 저하시켜 말더듬 및 보행 장애를 일으키며 더 높은 용량에서 연수의 호흡중추의 억제로 사망하게 됩니다.

알코올은 뇌의 도파민을 포함한 여러 신경전달물질에 영향을 주며 뇌의 비가역적인 손상을 일으켜 정신기능 및 기억력에 영구적인 손상을 포함한 심한 정신 장애를 가져올 수 있습니다. 알코올은 간에 큰 영향을 미쳐서 알코올성 지방간과 알코올성 간염과 심한 경우간경화와 간암을 일으킵니다. 소화기계 영향으로는 조직을 자극하여 위염이나 소화기 궤양 등을 일으키며 골수의 조혈기능을 억제하여 적혈구 및 백혈구의 감소를 가져와 질병을 대한 저항성을 감소시키게 됩니다. 임산부가 알코올을 마시는 경우 태아에 손상을 미쳐 FAS[Fetal alcohol Syndrome] 즉 아기의 안면기형, 성장결핍 및 정신박약을 가져 옵니다. 앞에서 언급한 것처럼 알코올을 복용한 상태에서의 범죄나 음주운전은 타인의 생명까지 위협하는 등 공공의 안전문제에 큰 영향을 줄 수 있습니다.

실제 우리 주변의 각종 범죄는 음주상태에서 일어나는 경우가 많은데 이는 알코올이 인간의 양심이나 도덕과 죄의식을 무디게 하기 때문입니다. 또한 알코올을 복용하게 되면서부터 좀 더 자극적이고 강한 도취감을 얻기 위해 결국 마약중독에 까지 들어가는 경우가 일반적입니다. 이렇게 큰 위험성을 가진 약물인데도 사람들은 왜 알코올에 관대할까요? 그것은 알코올을 소량 복용하면 기분이 쾌활해지고 사람 간의 교제에도 도움이 되므로 취할 정도가 아니면 건강에 무해하다고 생각하기 때문입니다. 그런데 사실은 몸에 유익한 알코올의 농도와 유해한 농도의 경계선이 분명하지 않아 어디까지가 먹어야 하는지 명확하지 않습니다. 거기다가 알코올의 약리작용이 이 경계선에 대한 인식을 무디게 하기 때문에 중독으로 가기 쉽습니다. 많은 사람들이 알코올 중독치료기관들이 치료를 받고 있지만 성공확률은 아주 낮으며 본인의 피폐된 삶으로 인해 주변 가족들도 고통을 당하고 있으며 저들의 범죄나 교통사고로 인해 많은 인명피해를 내고 있습니다.

6) 알코올 남용과 성경

구약성경에서 경건한 삶을 살던 노아가 방주에서 나와 포도를 재배하고 포도주를 만들어 마시고 취해 자녀에게 부끄러운 모습을 드러내며 자식까지 저주하는 전혀 다른 모습을 볼 수 있습니다. 이처럼 알코올은 먼저 인간 뇌의 통제기능을 억제하므로 죄의식이 무디게 되고 그 결과 쉽게 범죄로 빠져들게 하는 성질을 가지고 있으며 사탄은 인간을 타락시키기 위해 이를 적극 활용하고 있습니다. 성경은 곳곳에서 술 취하지 말라고 엄히 경고하는 이유도 바로 여기에 있습니다(엡 5:18 상, 딤전 3:8하).

아편을 포함한 다른 중독성 약물들도 알코올과 공통적인 성질을 그대로 가지고 있으므로 술에 대한 성경의 경고 말씀을 다른 약물중독에도 그대로 적용할 수 있습니다.

요사이 우리 주변에 알코올 중독 외에도 마약중독, 포르노중독, 동성애, 게임도박중독 등에 빠져 고통하는 사람이 많습니다. 성경은 끊임없이 우리 주변에서 다가오는 이러한 유혹들을 이기기 위해 성령충만을 받아야한다고 분명히 말씀하고 있습니다(엡5:18). 우리 하나님의 자녀들은 각종 남용약물의 유혹으로부터 자신을 지키며 또 이들을 대적하기 위해 하나님의 전신갑주를 입는 것이 중요합니다(엡 6:11,13) 또한 일시적인 잘못으로 약물남용 때문에 어려움을 겪고 있다면 주님의 보혈의 능력에 의지하면서 상담이나 치료 프로그램을 통해 그 굴레에서 해방될 수 있습니다.

3. 약과 복음

이 복음은 모든 믿는 자에게 구원을 주시는 하나님의 능력이 됨이라 (롬1;16 중)

복음은 인류를 죄에서 구원하려는 하나님의 명처방이라고 생각합니다.

태초에 인간은 범죄로 인해 창조주 하나님과의 관계가 끊어지고 각종 죄악과 질병과 죽음에서 피할 수 없는 존재가 되었습니다. 인간의 죄성으로 인해 우리가 생활하고 있는 지구도 과다한 자원개발과 자연파괴, 환경의 오염 그로 인한 생태계의 변화로 인간의 생존 위협을 받고 있습니다. 지구촌 곳곳에 기근, 살인과 전쟁, 테러가 끊이지 않고 국내상황도 예외가 아닙니다. 각종 부패와 비리, 취업을 위한 경쟁만을 부추기는 교육, 어려운 경제여건과 빈부격차 심화, 높은 자살율, 번창하는 향락산업과 성적타락 등 어느 한 곳이 성한 곳이 없는 마치 중증 환자처럼 여겨지지만 그 어느 누구도 이러한 질병의 바른 진단이나 처방은 내놓지 못한 것 같습니다.

성경은 이 같은 질환은 바로 인간들 속에 깊이 뿌리내린 죄성때문이고 인간 스스로는 치유가 불가능함을 지적하고 있습니다. 그래서 하나님은 세상을 치유하기 위해 복음이라는 '명처방'을 주셨습니다. 따라서 일반 의사의 처방약과 하나님의 명처방에 담겨진 '복음약'을 성경말씀을 중심으로 비교하여 그 탁월성과 그 능력을 살펴보았습니다.

1) 적용대상

의사의 처방은 특정질병을 가진 환자에게만 해당되고 타 환자에게 사용하지 않으나 복음약은 모든 사람에게 해당되고 예외가 없습니다. "모든 사람이 죄를 범하였으매~ "(롬3:23상)

2) 용법과 투여기간

처방약은 환자가 가지는 질환의 종류와 건강상태에 따라 용법이나 투여기간에 상당한 차이가 있습니다. 따라서 치료효과를 얻기 위해 약물의 투여 용량, 투여 횟수, 투여방법 및 투여기간 등이 명시되어 있고 또 질환에 따라서는 거의 평생 지속적으로 투여해야 합니다. 복음약의 경우는 적용대상자가 마음을 열고 예수님을 영접하므로 이루어집니다. 영접은 한번으로 충분하고 완전하므로 일반 처방약처럼 반복 투여할 필요가 전혀 없습니다. "누구든지 내 음성을 듣고 문을 열면 내가 그에게로 들어가 ~ (계3:20상)

3) 성분과 적응증

처방약의 성분은 질병의 종류에 따라 다양하고, 치료효과도 각기 상이하므로 질병을 치료하기 위해 약물의 선택이 매우 중요합니다. 하지만 복음약의 성분은 오직 순전한 '그리스도의 피' 한가지뿐이지만 그 치료효과는 탁월하고 완전합니다. 치료효과로는

Ⓐ 죄 사함 : "이것은 죄 사함을 얻게 하려고 ~ 흘리는바 나의 피 곧 언약의 피니라"(마26:28),

Ⓑ 구원 (영생) : "내 살과 내 피를 마시는 자는 영생을 가졌고~"

(요6:54상)

Ⓒ 자유케 함 : "진리를 알지니 진리가 너희를 자유케 하리라" (요8:32)

Ⓓ 의롭게 하심 : "그러므로 이제 우리가 그리스도의 피로 의롭다 함을 인정받았으니~"(롬5:9상)

Ⓔ 화평케 하심 : "이제는 전에 멀리 있던 너희가 그리스도의 피로 가까워 졌느니라" (엡2:13)

Ⓕ 정결케 하고 하나님을 섬기게 하심 : "그리스도의 피가 ~ 깨끗하게 하고 하나님을 섬기게 못하겠느뇨" (히9:14 하) 등입니다.

4) 유효기간

처방약은 약의 종류에 따라 차이가 있으나 시간이 지나면 변질되거나 분해되어 효과가 상실되고 특히 혈액제제는 쉽게 변질되므로 냉동보관을 요합니다. 하지만 복음약은 시대를 초월하며 불변하기에 2 천년 전 십자가에 흘리신 그리스도의 보혈은 지금 우리에게 여전히 유효한 것입니다. "천지는 없어질지언정 내 말은 없어지지 아니하리라" (눅21:33)

5) 부작용 및 그에 따른 전문가의 지도

처방에 나온 모든 약들은 부작용 없는 것이 없고, 특히 약의 오용, 남용 등으로 인한 약화사고도 많으므로 약의 전문가인 약사나 의사의 도움을 받아야 합니다. 복음약 자체는 부작용이 없고 오직 유익하지만 성경전문가의 지도와 도움이 필요합니다. "성경의 모든 예언은 사사로이 풀 것이 아니니" (벧후1:20)

6) 약의 가격

처방 약의 가격은 종류에 따라 상당한 차이가 있고 특히 고가약은 환자에게 재정적인 큰 부담을 줍니다. 복음약의 성분인 예수님의 피는 금전적으로 환산할 수 없이 크고 우리 또한 갚을 수도 없기에 값없이 은혜로 주신 것입니다.

마지막으로 복음은 하나님의 능력이라고 말씀하고 있는데(롬1:16) 여기서 '능력'으로 번역된 헬라어는 'dunamis'이고, 이로부터 '다이나마이트'란 단어도 나왔습니다. 대단한 위력을 지닌 다이나마이트의 성분은 니트로글리세린인데, 이를 패치 형태로 협심증 환자의 심장 근처에 붙이면 심근의 혈관을 확장시켜 혈류흐름이 원활해져 그 증상이 신속히 사라집니다. 복음은 성경을 압축한 핵심이고 주님의 보혈을 함유하고 있으며 또한 복음이 전파되는 곳에는 주님이 함께 하시기에 다이나마이트와 같은 놀라운 위력이 있습니다.

오늘날 이 사회가 중증환자 같이 된 것은 어둠을 밝혀야 하는 우리 기독인과 교회들이 이 탁월한 복음의 능력을 나타내지 못하고, 오히려 그리스도의 피에 대한 증거를 부담스러워하는 결과라고 생각합니다. 우리 기독인들이 니트로글리세린 약물처럼 가슴에 복음의 패치를 붙여 그리스도의 피가 심장을 뛰게 하고 또 다이나마이트와 같은 놀라운 능력의 복음을 전하므로 이 중증 세상을 치료하였으면 합니다.

최보길 (약학대학 약학부)

정보기술과 신앙

1. 정보처리기술의 중심 컴퓨터

정보처리기술의 중심은 컴퓨터라고 할 수 있다. 세계 최초의 컴퓨터는 1943년에서 1946년 3년간 펜실베니아 대학의 모클리와 애커트가 제작한 ENIAC[Electronic Numerical Integrator And Computer]으로 받아들여지고 있다. 개발 목적은 대포의 탄도 계산이었으며, 그 크기가 오늘날 대학 강의실 정도로 커서 전력 소모가 매우 컸으며, 이 전력 소모로 발생하는 열을 식히기 위해 수냉식 냉각장치를 사용했던 것으로 알려져 있다.

컴퓨터는 다음 사진에서 볼 수 있듯이 매우 큰 컴퓨터로 시작하여, 1960년대 메인컴퓨터, 1970년대 미니컴퓨터, 70년대 후반 워크스테이션, 80년대 개인용컴퓨터, 90년대 노트북 등이 주류를 이루게 되었다. 그 후 2000년대에 들어와서 Apple이 2007년에 최초의 스마트폰으로 생각되는 iPhone을 그리고 2012년에 iPad를 출시하였고, 최근

우리나라 삼성 등도 Android폰을 가지고 스마트폰 시장에서 경쟁하고 있으며, 삼성의 Android Pad 역시 iPad와 경쟁이 치열한 상태이다.

컴퓨터는 시간이 지남에 따라 그 크기가 점차 작아지고 해당 컴퓨터를 부르는 이름들이 변해왔다. 크기가 작아져 왔지만 그 성능은 오히려 더 강력해지고 있다. 우리나라의 경우는 1978년에 전국 거점 국립대학 중심으로 최초로 전산학과, 컴퓨터공학과 등 컴퓨터와 관련한 학과들이 대학에 세워지기 시작했다. 그리고, 이 무렵 즉 정확하지는 않지만 국가에서 국립대학교에 메인컴퓨터를 1대씩 공급했다. 전남대학교에 있었던 컴퓨터는 HP 3000 계열이었으며 이 컴퓨터의 메인메모리 크기는 2MByte정도였다. 한편, 2017년 초에 등판하게 될 삼성 갤럭시 S8의 기본 메인메모리 크기는 6GB로 예측되고 있어, 1980년대까지 전남대학교에 있었던 메인컴퓨터 2MByte의

3,000배로 그 용량이 크다고 볼 수 있다. 그런데, 1980년대 이 컴퓨터 1대를 사용하여 대략 20,000명의 학생이 공동으로 사용했고, 1,000 여명의 교수들이 함께 이 컴퓨터를 사용하여 연구 업무를 수행했던 것을 고려하여 단순 계산하면 개인에게 주어지고 있는 컴퓨팅 능력은 가히 상상을 초월하는 수준이 되었다고 볼 수 있다.

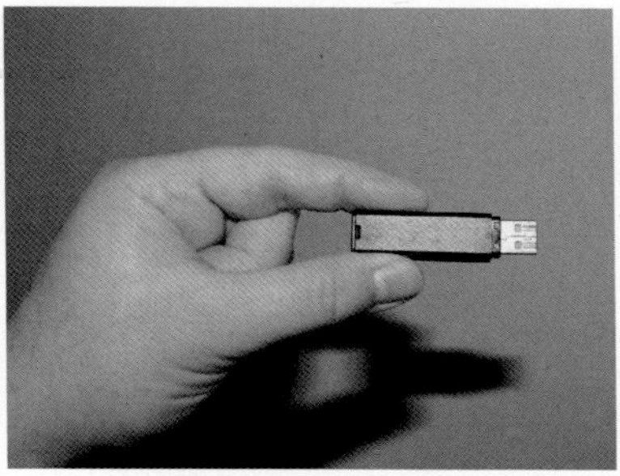
스틱컴퓨터 예

컴퓨터가 우리나라에 도입되기 시작한 70년대에는 국가적으로 컴퓨터가 몇 대 있을 정도였으며, 80년대에는 대략 대학 캠퍼스에 1대 정도, 80년대 후반부터 90년대에 퍼스널 컴퓨터라는 이름으로 보급되기 시작하면서 가정에 1대씩 소유하게 되었으며, 2000년대에는 노트북 컴퓨터의 보급으로 1인 1대씩, 그리고 최근에는 스마트폰, 패드 등으로 개인이 1대 이상의 컴퓨터를 사용하는 시대가 되었다.

오늘날은 라스베리파이, 스틱 컴퓨터, 센서 노드 등 컴퓨터의 크기가 정말 작아졌는데, 앞으로도 더 작아져서 마침내 거의 눈에 보이지 않을 정도가 될 것이다. 이렇게 크기가 작아져도 그 성능은 위 그림에 있는 대형컴퓨터보다 더 강력하게 되고 있다.

시간이 지남에 따라 컴퓨터의 크기는 작아지지만 성능은 강력해지고 있다. 이런 현상을 1965년 Gordon Moore라는 사람이 반도체의 집적도가 대략 2년에 2배씩 증가하고 있다는 관찰 결과를 발표했고, 이 경향은 약간 차이가 있을 수 있으나 대체로 지금도 지켜지고 있다. 어떤 사람은 2년에 2배가 아니고 18개월에 2배씩 증가하고 있다고도 한다. 어떤 수치를 택하더라도 이는 지수적으로 증가하는 것을 의미하며, 반대로 동일한 성능을 유지한다면, 그 크기가 지수적으로 작아지고 있다고 설명될 수 있다.

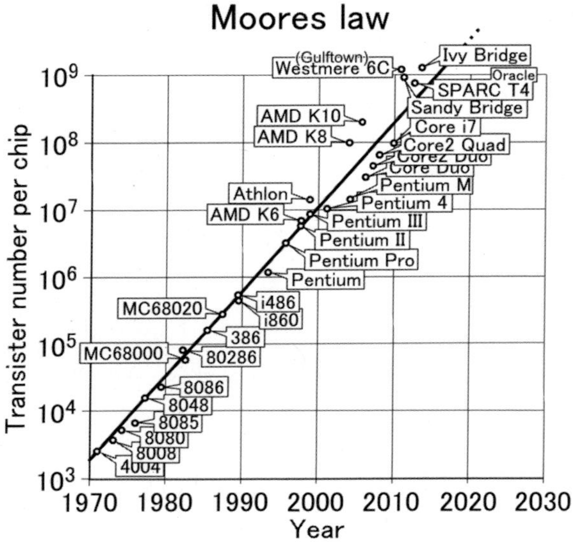

위 그림은 무어의 법칙을 잘 설명하고 있는 그림 파일을 구글에서 찾은 것으로 현재 우리는 2017년에 살고 있어서 위 그림에서 대부분의 칩들은 우리가 이미 경험한 것들이어서 대강 무어의 법칙이 잘 적용되고 있음을 받아들일 수 있다. 위 그림에서 Ivy Bridge의 경우 2013년 발표된 것으로 하나의 칩내에 트랜지스터가 10**9개 즉 10억 개가 들어 있다. 이런 추세가 언제까지 이어질 지는 정확히 알 수 없지만 오늘날도 이미 충분히 그 크기가 작아져서 우리 몸에 칩을 넣어서 여러 가지 장애를 극복하는 연구도 활발하며, 자신의 신분을 증명할 수 있는 정보를 담고 있는 칩을 몸에 이식하여 편리한 생활을 추구하고 있고, 이런 기술을 일부에서는 사용하고 있다. 생체칩에는 여러 종류가 있으며, 오늘날 VeriChip이라고 불리우는 칩은 미국 Applied Digital Solutions 회사의 제품으로 2004년 미국 FDA로부터 몸에 이식하여 사용할 수 있는 승인을 받은 제품이며, 이 제품은 2010년 이후에는 PositiveID라는 이름으로 출시되고 있다. 이 칩 안에는 16비트로 된 ID정보가 저장되어 있으며, 이 ID정보를 리더기가 읽어서 네트워크로 연결된 데이터베이스에 접근하면 여러 가지 용도로 사용될 수 있다. 오바마 정부에서는 이 ID 정보로 의료 정보를 접근하여 환자가 사고로 인해 의식이 없을 때, 환자의 의료 정보를 의료진들이 신속하게 파악하여 적절한 조치를 취할 수 있도록 하려고 했다. 한편, 이 정보가 신용카드나 은행 정보로 연결되면 결재하는 일들이 가능하다.

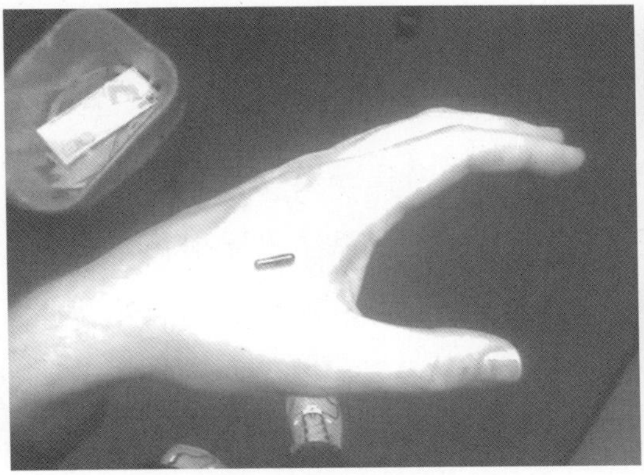

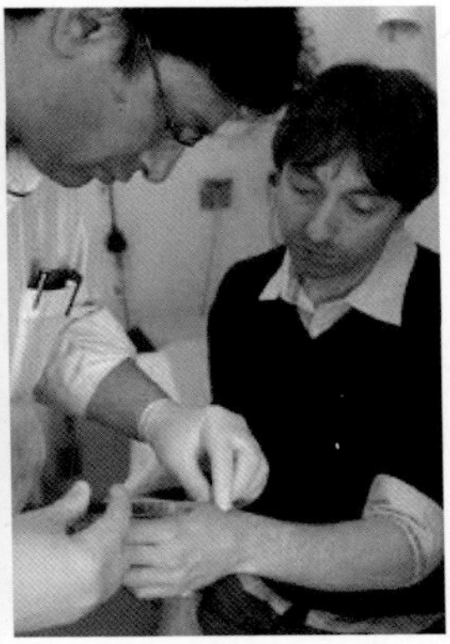

2. 정보전달기술로 컴퓨터네트워크

컴퓨터의 기본 기능은 저장된 프로그램을 통해 입력된 정보를 처리하여 그 결과를 출력 장치를 통해 사람들에게 제공하는 것이다. 이 출력 장치가 기계가 되면 자동화 기계 역할을 하는 것이며, 이 출력 장치가 모니터가 되면 우리는 처리 결과를 눈으로 확인하는 것이다. 기본적으로 컴퓨터는 계산하는 것을 기본 능력으로 하지만 프로그램에 의해 반복적으로 기능을 수행하는 자동화 능력이 컴퓨터를 보아야 할 중요한 관점이다.

이 컴퓨터가 외부 다른 컴퓨터 장치와 연결이 되어 있지 않고, 독립적으로 뭔가 일을 수행할 때는 그 적용 범위가 컴퓨터 주변이었다. 워드프로세서 소프트웨어가 등장하기 전까지 사람들은 좋은 문서를 만들기 위해 타이프라이터를 사용하였다. 그후, 워드프로세서를 비롯하여 스프레드 쉬트, 파우워포인트 등 다양한 사무용 소프트웨어 등장으로 사람들의 지적 정보 처리 능력이 크게 개선되었으며, 정신노동자의 효율을 크게 증진시켰다.

또한, 컴퓨터는 생산 현장에서 자동화 과정을 제어하는 역할을 담당함으로써, 생산 능력을 또한 획기적으로 개선하였다. 현대자동차나 기아자동차의 생산 라인을 우리는 가끔 TV를 통해서 볼 수 있는데, 로봇팔이 기계적으로 움직임으로 차를 조립 생산하는 과정을 볼 수 있다. 컴퓨터는 이런 활동을 제어하는 중심 모듈이다. 그러므로, 컴퓨터의 등장으로 육체노동현장 뿐 아니라 정신노동현장의 생산성도 크게 증진시켰다고 할 수 있다.

그런데, 이렇게 독립적으로 일을 수행하던 컴퓨터가 상호 연결되기 시작하면서 새로운 적용 영역이 추가되기 시작하였으며 그 파급효과도 더욱 커졌다. 이번 절에서는 바로 이 컴퓨터 네트워킹 기술 발전을 뒤돌아보고자 한다.

학자에 따라 의견을 달리 할 수 있으나, 본 글의 목적상 정확한 시기보다 추세가 더 중요하기 때문에 다음 설명에서 사용되는 시기는 정확한 시기로 이해할 필요는 없다. 다만, 추세를 살펴보고자 한다.

대략 1960년대에 컴퓨터네트워크에 대한 이론적 연구가 활발히 진행되었다. 그리고 1970년대 들어서서 컴퓨터 네트워크 기술이 현실에 도입되기 시작했다. 이때는 컴퓨터 업계 관점에서 보면 그동안 대형 컴퓨터 중심으로 시장이 형성되었던 시기에 중형 컴퓨터가 등장할 때이다. 기본적인 생각은 하나의 대형 컴퓨터로 모든 일을 다 처리하기 보다는 사용 목적에 부합하는 좀 더 작은 용량의 중형 컴퓨터로 필요한 업무를 수행하면 비용 절감이 가능했다. 대형컴퓨터는 중형컴퓨터에 비해 훨씬 그 가격이 비싸기 때문이다. 그런데, 목적에 부합한 컴퓨터를 구매했기 때문에, 가끔 새로운 일을 해야될 경우, 그 컴퓨터로 업무를 수행하는 것이 비효율적이고, 해당 업무를 잘 수행할 수 있는 다른 중형컴퓨터는 다른 곳에 있을 경우, 이를 네트워크로 연결해서 업무 처리를 하는 것이 효율적이었고, 이를 위해 컴퓨터 네트워킹 기술이 발전하기 시작했다.

1980년대에는 개인용컴퓨터가 활발히 사용되기 시작할 때이며, 동시에 유닉스 컴퓨터가 등장했다. 유닉스 컴퓨터는 기존 컴퓨터와 달리 서로 컴퓨터 하드웨어가 다를 지라도 동일한 운영체제인 유닉스를 사용하여 프로그램을 개발할 수 있었다. 지금까지는 IBM 등 대형 컴퓨터 제조회사들은 자신들의 컴퓨터에서만 사용할 수 있는 운영체제를 자신들이 개발했기 때문에 해당 컴퓨터에서 개발된 프로그램은 다른 하드웨어와 운영체제를 사용하는 컴퓨터에서는 실행이 되지 않아 이식성이 매우 떨어졌다. 그런데, 유닉스라는 운영체제를 버클리 대학에서 개발함으로 어떤 하드웨어를 사용하는 컴퓨터에서도 유닉스라는 운영체제를 사용하여 프로그램을 개발하면 그 프로그램은 여러 컴퓨터에서 실행이 되기 때문에 결국에는 유닉스라는 운영체제의 시장 지배력이 매우 강력해졌다. 지금은 이 유닉스 대신

리눅스라는 것을 많이 사용하고 있는데 리눅스 역시 유닉스의 한 가지branch이다. 삼성 스마트폰에서 사용하고 있는 구글의 안드로이드 역시 리눅스의 변형이라고 할 때, 유닉스는 여러 모습으로 우리 주변에서 사용되고 있다.

그런데, 이 유닉스 운영체제는 기본적인 기능으로 컴퓨터네트워킹 기능을 포함하고 있었다. 그러므로, 유닉스가 등장하면서 컴퓨터 네트워킹은 매우 수월해진다. 그러나, 이 당시 컴퓨터 네트워킹은 전문가들 사이에서만 사용하는 기능이었다. 그것은 전문명령어를 사용해야지 네트워크 기능을 사용할 수 있었기 때문이다. 그러다가, 1990년에 스위스의 물리연구소인 CERN에서 월드와이드웹이라는 기술을 개발하여 사용하기 시작함으로서 네트워킹 혜택이 일반 사람들에게 확산되는 계기가 되었다. 월드와이드웹(www)은 정보가 저장되어 있는 네트워크 주소를 하이퍼텍스트로 감추어서 일반 사람들은 그 주소를 보지 않고, 내용으로 원하는 정보를 찾아갈 수 있도록 해주는 기술이며, 이 기술의 핵심은 정보를 저장하고 있는 웹서버와 웹서버에 접근해서 원하는 정보를 가지고 와서 사용자에게 보여주는 브라우저로 되어 있다.

WWW의 등장으로 세계는 큰 변화를 갖게 되었다. 인터넷 쇼핑이 가능해졌으며, 구글과 같은 검색기업이 짧은 기간에 상상할 수 없을 정도로 큰 기업이 되었다. 우리나라 네이버나 다음과 같은 회사도 이런 부류에 속하는 기업이다. 우리 사회에서 인터넷이 안되는 상황은 상상할 수 없을 정도로 우리 사회, 생활 전반에 깊숙이 인터넷은 자리잡았다. 비행기표나 기차표, 공연티켓, 해외 여행, 입학원수 접수, 각종 민원 서류 발급 등 업무용은 말할 것 없고, 서적 구매, 생활용품 구매 등도 인터넷에서 하고 있으며, 카카오톡이나 카카오그룹,

Facebook, 트위터 등 각종 SNSSocial Network Service도 이런 인터넷이 없다면 우리가 누릴 수 있는 서비스가 아니다. 인터넷을 통해서 사람들은 이제 거리나 위치에 상관없이 일을 할 수 있는 시대가 되었고, 사람들 사이 소통도 매우 활발하게 되어 국경을 넘어 비교적 자유롭게 사상이 교류되는 시대에 우리는 살고 있다.

3. 컴퓨터와 네트워크의 밀결합으로 인한 유비쿼터스 컴퓨팅

무어의 법칙으로 설명되는 컴퓨터 성능의 기하급수적 증가는 곧 컴퓨터 장비의 소형화 및 가격 하락을 가지고 왔고, 이는 곧 컴퓨터가 삶 곳곳에 파고드는 결과를 가지고 왔다. 또 다른 큰 움직임은 컴퓨터 네트워크의 발전이다. 혹자는 컴퓨터 네트워크의 데이터 전송 속도의 증가 속도는 무어의 법칙으로 설명하는 컴퓨터 성능 증가 속도보다 더 빠르다고 하기도 한다.

컴퓨터 네트워크의 발전은 여러 가지 관점으로 살펴볼 수 있는데, 네트워크를 통해서 단위 시간 당 데이터를 전송하는 량을 기준으로 살펴보는 것과 어느 정도의 단말까지 연결이 되고 있는 지 즉 확산 정도를 기준으로 살펴볼 수 있다.

단위 시간 당 데이터 전송량 즉 전송속도를 시기적으로 정확히 단정하기는 어렵다. 그 이유는 네트워크 기술 발전 속도가 빠르기 때문에 서로 다른 기술이 공존하기 때문이다. 그러므로, 이 관점도 대략적인 추세라는 관점으로 필자의 경험에 비추어 살펴본다. 1984년에 필자는 당시 인텔리전트 모뎀을 사용하여 컴퓨터네트워크를 사용하였다. 당시 모뎀의 전송속도는 128bps였다. bps는 bit per second의 줄인 표현으로 1초에 128비트 정보를 보내는 수준이었다. 이 장비가 '인텔리전트'라고 불리운 이유는 전송선로 상태에 따라 지능적으로 128비트에서 64비트, 그리고 32비트로 단계적으로 전송속도를 줄일 수 있는 능력이 있었기 때문이다. 오늘날 대학의 외부로 연결되는 선로는 보통 단위가 Gbps이다. 대략적인 계산으로 하면 10억배 정도 커졌다.

네트워크에 연결되는 단말 관점에서 살펴본다. 초기 네트워크의 단말은 당연히 컴퓨터였다. 그리고 중형컴퓨터, 소형컴퓨터, 개인용 컴퓨터로 발전되었는데, 아직까지 대상이 되는 단말은 움직이지 않고, 한 자리에 그대로 있는 장치가 대상이었다. 그러나, 노트북 컴퓨터 등장으로 각종 패드, 스마트폰, 스마트 워치 등 웨어러블 기기로 확산이 되면서 이동 단말이 네트워크에 붙었다.

이동단말이 컴퓨터네트워크에 붙는 방법은 이동통신망과 Wi-Fi를 이용하는 대략 2가지가 있다. 우리나라의 이동통신망은 SKTelecom, KT, LGU⁺등이 제공하고 있으며, 관련 기술은 1세대, 2세대, 3세대, 4세대를 거치고 있다. 1세대는 아날로그 통신, 2세대는 디지털통신, 3세대는 멀티미디어 통신을 대표적 특징으로 볼 수 있고, 4세대는 오늘날 LTE[Long Term Evolution] 기술이 그 예이다. 5세대 이동통신은 2020년 상용화를 목표로 개발되고 있는 기술로 우리나라는 2018년 평창올림픽에서 5세대 이동통신 기술을 이용하여 스포츠 경기를 중계하는 등 해당 기술을 선보이겠다고 하고 있다. 5세대 이동통신 기술을 개발하고 있는 연구자들은 2020년이 되면 통신망에 붙어 서비스를 하게되는 사물인터넷[IoT] 단말의 개수가 약 200억개가 될 것으로 보고 있으며, 전송속도는 HD해상도의 4배에 해당하는 4K-UHD (약 40Mbps), 16배에 해당하는 8K-UHD (약 160Mbps) 뿐 아니라 3D 영상 또는 홀로그램서비스까지 제공될 수 있을 것으로 보고 있다.

다음은 Wi-Fi 기술 진보에 대해 살펴본다. Wi-Fi 기술은 단말이 AP^{Access Point}라는 장비에 무선으로 접속하는 기술로 네트워크 관점에서 보면 제일 끝단에 있다. 하나의 AP는 동시에 여러 단말에 네트워크 서비스를 제공하는데, 데이터전송속도 관점에서 보면 초기에는 10Mbps 정도였는데, 현재는 보통 100Mbps는 제공이 되고 있으며, 표준화가 진행된 기술로는 600Mbps에서 수 Gbps까지 현재 진행된 상태이다.

무선 기술이 이동통신망과 Wi-Fi, 그리고 블루투스 등을 통해 확산되면서 이제 움직이는 단말도 거의 어디에 있어도 네트워크 서비스를 받을 수 있는 상태가 되었다. 이런 현상을 반영한 용어가 유비쿼터스이다. 유비쿼터스라는 단어는 컴퓨팅과 합체되면 유비쿼터스 컴퓨팅이 되고, 네트워크와 합하여지면 유비쿼터스 네트워크가 된다. 이 말의 뜻은 언제 어디서나 컴퓨팅 서비스를 받을 수 있다는 의미이다.

종합하면 컴퓨터 기술도 소형화되고 가격이 낮아져서 생활 전반에 걸쳐 퍼지고 있는데, 이들을 네트워크에 연결할 수 있는 기술도 데이터 전송 속도 및 서비스 가능 영역이 전 영역으로 확장되어 컴퓨팅 단말이 어디에 있던지 항상 네트워크에 붙어 있을 수 있는 상황이 되었다. 즉 컴퓨터와 네트워크가 연동이 되어 유비쿼터스 컴퓨팅 환경이 되었다. 오늘날, 네트워크에 연결이 되어 있지 않는 컴퓨팅 단말은 상상하기조차 어렵게 되었다.

4. 임베디드컴퓨팅과 사물인터넷

앞에서 살펴본 컴퓨터의 소형화가 더욱 진전이 되면 그 컴퓨터는 독립적으로 보이지 않고 사물 속으로 들어가게 된다. 오늘날 자동화 능력이 있는 기기 내에는 이런 소형의 컴퓨터가 있는 것이다. 예를 들면, 세탁기가 세탁할 때 처음 몇 가지를 지시해두면 자신이 알아서 물을 공급하고, 또 세제도 공급하며 탈수도 하고 건조도 한다. 이런 일을 하도록 하는 데는 소형의 컴퓨터가 세탁기 안에 내재되어 있기 때문이다. TV의 예약 녹화 기능, 메뉴를 띄우고 사용자가 선택하면 그 선택에 따라 동작하는 기능도 역시 임베디드 컴퓨팅의 예이다. 전기밥솥, 전기주전자 등 우리 일상생활에는 정말 많은 기기에 컴퓨터가 내재되어 있는데, 이들이 모두 임베디드 컴퓨터이다. 특히 요즈음 고사양 차량에는 이런 임베디드 컴퓨터가 수십대씩 탑재되고 있다. 이렇게 소형 컴퓨터를 기기에 내재하면 탑재에 소요되는 경비에 비해 자동화 능력이 추가되어 부가가치가 높아지기 때문에 거의 모든 제조장비에 이런 소형컴퓨터를 탑재하려고 하는 것이 추세이다.

한편, IoT^Internet of Things^는 우리 말로 사물인터넷으로 번역하는데 사물들이 인터넷에 접속되어 서비스를 제공하기도 하고 받기도하는 것을 나타낸다. 지금까지 인터넷 사용자는 사람이었지만, 최근에는 이런 임베디드 컴퓨터를 내장한 지능형 사물들이 인터넷에 연동되어 좀 더 지능적 서비스를 사람들에게 제공하기 시작했으며, 이런 사물들이 자신들끼리도 정보를 주고받음으로 더 고급 서비스를 생산하기 시작했다.

IoT의 적용 예로 Home Automation을 생각할 수 있다. 사람이 어떤 공간에 들어가면 불이 자동으로 켜지고 나가면 꺼지는 것은 예전부터 가능한 서비스이다. 그런데, 휴가차 동해안에 간 사람이 거기에서 집안의 모습을 원격지 카메라를 인터넷으로 조종하여 살펴보고,

원하는 방의 조명등을 켜고 끄는 행위, 그리고 TV를 켜고 끄는 행위를 함으로서 마치 사람이 집에 있는 것처럼 위장하여 도둑의 침입을 방지하는 기술 등이 예가 될 수 있다. 또는 가스가 누출되고 있으며, 이를 집 주인의 스마트폰으로 인터넷을 통해 경고를 보낼 수도 있다.

주차장에도 적용되고 있다. 어떤 차량이 대형 주차장에 들어가면 현재 차량이 위치를 파악하고 가장 가까운 주차 공간을 안내해 줄 수 있다. 즉 사물에 컴퓨터가 임베딩되어 있는데, 이들 사물이 임베딩되어 있는 컴퓨터 기능을 이용하여 인터넷에 연결이 됨으로서 많은 유용한 서비스를 제공할 수 있게 된 것이다.

5. 빅데이터와 인공지능

사람들이 인터넷 주 사용자이면서 데이터를 생산하는 양과 사물이 인터넷에 연결되면서 데이터가 생성되는 양은 그 규모가 다를 수밖에 없다. 앞에서 언급했듯이 2020년까지 인터넷에 연결될 사물의 수를 대략 200억개로 보면 지구상 현 사람의 수에 비해 훨씬 큰 숫자이다. 한편, 사람은 인터넷을 24시간 이용하지 않지만, 사물 즉 센서들은 24시간 센싱함으로 해서 24시간 데이터를 생성하게 된다.

오늘날 우리 생활이 디지털화 되면서 생성되고 있는 데이터를 간단히 살펴본다. 스마트폰의 경우는 항상 이동통신망이나 Wi-Fi망을 통해서 네트워크에 접속되고 있다. 그러므로, 스마트폰의 위치 정보는 통신망의 기지국 정보나 Wi-Fi망의 AP 정보로 표현될 수 있을 것이며, 사용자가 이동함으로 이 정보는 계속 갱신될 것이다. 이 정보를 모아서 분석하면 해당 사용자의 동선이 나올 것이며, 통신사업자는 자기 고객의 동선을 이런 방식으로 분석이 가능하며, 이런 사용자 동선 정보는 여러 가지 사업에 유용하게 사용될 수 있다. 즉, 어느 지점에 어떤 종류의 서비스를 제공하는 사업을 하는 것이 좋을지 분석이 가능하다.

스마트폰에도 이미 독립적인 앱으로 구현되어 있지만 건강관리를 하는 소프트웨어를 들 수 있다. 이들 건강관리 소프트웨어는 사용자가 하루 동안 몇 발자국 걸었는지 등을 세어서 서버에 기록하고 있다. 사실 스마트폰에는 10개가 넘는 각종 센서들을 장착하고 있는데, 이런 센서들은 계속해서 센싱을 통해 정보를 생산하고 있다.

신용카드 회사는 사용자가 어디에서 무엇을 언제 구매했는지 알고 있으며, 이런 정보를 분석하여 사용자 성향을 분석하고, 월 고지서에 이런 패턴 정보를 사용자에게 알려주고 있다. 이뿐 아니라 해당 패턴을 알므로 고객에게 적합한 광고를 보내기도 하고, 할인율을 사용자별로 적합하게 조정하기도 한다. 신용카드 회사의 고객의 수가 매우 크기 때문에 사실 신용카드 회사는 사회 전체적인 경향도 파악할 수 있으며, 이런 경향에 맞추어 새로운 카드 서비스를 개발할 수 있다.

구글이나 네이버와 같은 포털 사이트를 운영하는 곳에서는 사용자들의 검색 단어 통계를 통하여 사회적 성향을 파악하고 있으며, 이런 이유로 이런 기업들이 크게 성장하고 있다. 건강보험공단은 환자들이 병원에 내원하여 처방받은 정보를 갖고 있다. 동일한 또는 유사한 질병에 대해 의사별 처방을 비교 분석할 수 있을 것이며, 통합적 시각을 가질 수 있다.

모든 디지털 활동에는 그에 따른 흔적 정보가 남게 되며 이런 정보들의 양은 상상을 초월할 정도로 대 규모이다. 이렇게 대량의 데이터가 생성되고, 이런 데이터를 클라우드 기술을 이용하여 저장하고 처리하여 새로운 서비스를 개발하는 전체적 과정을 빅데이터라고 부른다. 이런 대규모의 데이터를 분석하면 기존에 알 수 없었던 많은 사실들을 새롭게 알 수 있게 되고, 이에 따른 신규서비스 개발이나 기존 서비스 보완에 사용할 수 있다.

이런 대규모 데이터를 기반으로 인공지능 분야도 새롭게 발전하고 있다. 딥러닝 분야는 이런 대규모 데이터를 기반으로 지식을 쌓아가서 인간의 지적 영역 부분을 위협하고 있다. IBM의 왓슨이라는 프로그램은 현재까지 의학지 290종, 의학교과서 200종의 전문자료를 습득했고, 또 꾸준히 새로운 자료를 받아들이고 있다. 이를 바탕으로 2017년에는 전체 암의 약 85%를 분석할 것으로 기대되고 있으며 길병원을 비롯한 우리나라 병원들도 이런 프로그램을 도입하고 있다. 세계최고의 바둑 기사 이세돌을 이긴 구글의 알파고 역시 그동안의 수많은 기보를 학습, 분석한 결과 이세돌을 이길 수 있었다. 문제는 인간 이세돌의 바둑 실력 향상 속도는 매우 느린데 반해 프로그램 알파고는 지금 이 순간에도 매우 빠른 속도로 세상의 기보를 습득하고 있을 것이기 때문에 더욱 강력해질 것이다.

6. 정보기술과 신앙

정보기술은 신앙과 직접적 관계가 없다고 생각한다. 정보기술 자체는 선도 아니고 악도 아니다. 우리는 이 글을 통해 컴퓨터 기술의 발전 속도, 이에 따른 소형화를 살펴보았고, 컴퓨터네트워크의 발전에 따라 이런 소형 단말들이 상호 연결되어 빅데이터를 생산하고 있는 현실을 살펴보았다.

이와 관련해서 살펴볼 성경 말씀은 다음 계시록 말씀이다.

요한계시록 13:16-18 "그가 모든 자 곧 작은 자나 큰 자나 부자나 가난한 자나 자유인이나 종들에게 그 오른손에나 이마에 표를 받게 하고 누구든지 이 표를 가진 자 외에는 매매를 못하게 하니 이 표는 곧 짐승의 이름이나 그 이름의 수라 지혜가 여기 있으니 총명한 자는 그 짐승의 수를 세어 보라 그것은 사람의 수니 그의 수는 육백육십육이니라"

성경의 요한계시록은 예수님의 제자 중 한명이었던 요한이 로마에 의해 정치범으로 체포되어 밧모섬에 유배되어 있으면서 하나님으로부터 받은 말씀을 기록한 것으로 대략 AD 90년에서 AD 95년 사이에 기록된 것으로 받아들여진다.

위 성경 말씀의 내용은 모든 사람이 오른 손이나 이마에 표를 받게 되고, 이 표가 있어야 매매를 할 수 있다는 내용이다. 이 성경이 기록된 로마 시대는 통용되는 화폐가 있었고, 그 화폐로 매매를 할 당시였다. 우리가 잘 알다시피 물건을 매매하는 방법은 물물교환방식으로 시작하여 그 매매를 효과적으로 하기 위한 화폐가 사용되었다. 현대에 들어와서는 신용카드가 등장하여 매매를 좀 더 효과적으로 하게 되었고, 2016년 4월 한겨레신문 보도에 의하면 스웨덴은 현금을 아예 없앴다고 했다. 우리 사회가 현금은 아예 없애고 신용카드나 전자거래로 급속하게 바뀌고 있다. 우리나라 한국은행도 2017년에 동전없는 사회를 위한 시범 사업을 실시한다고 발표했으며, 2020년까지는 먼저 동전을 없애고 그 후 현금을 사용하지 않는 사회로 가고자 계획하고 있다.

그런데, 신용카드나 전자거래를 하기 위해서 꼭 필요한 것이 있는데 그것은 바로 컴퓨터와 네트워크이다. 컴퓨터 장치나 네트워크가 없다면 이는 상상할 수 없는 일이다. 약 2,000년 전에 기록된 성경은 어떻게 2,000년이 지나서야 일어날 일을 이렇게 정확하게 예측할 수 있었을까? 앞에서 이미 살펴본 바와 같이 최초의 컴퓨터는 1940년대에 등장했고, 컴퓨터 네트워크는 1970년대에 기지개를 펴기 시작했음을 상기하면 이는 정말 놀라운 일이 아닐 수 없다. 즉, 성경에 기록된 내용은 네트워크가 실용적으로 사용되기 전 약 2,000년 동안은 도저히 이해될 수 없는 내용이었는데, 오늘날은 우리 눈으로 일어나고 있는 현장을 목격하는 시대가 되었다.

우리 삶에 있어서 매매 현장은 백화점이나 시장과 같이 고정된 공간에서만 일어나는 것이 아니다. 길거리 좌대도 있고, 움직이는 기차 안에서도 이루어진다. 유비쿼터스 네트워킹은 바로 이런 필요를 뒷받침할 수 있는 중요한 기반이 아닐 수 없다. 언제 어디서나 컴퓨터에 연결될 수 있도록 네트워크 기술은 이미 발달되어 있다. 무선 통신 기술이 발달되어 유선을 설치할 수 없는 구석진 공간에도 네트워크는 항상 연결될 수 있다. 밤 늦게 야식을 주문하면 배달원은 음식과 함께 이동식 신용카드 결제기를 가지고 와서 신용카드 결제를 해준다. 물론 무선으로 네트워킹이 되기 때문에 가능한 일이다.

성경은 오른 손이나 이마에 표를 받는 자만 이 표를 이용하여 매매를 한다고 한다. 즉, 더 이상 신용카드가 사용되지 않는 것이다. 한편, 소형컴퓨터 기술은 좁쌀 크기의 컴퓨터를 제조할 수 있으며, 이 좁쌀 크기의 컴퓨터를 우리 몸 즉 오른 손에 이식할 수 있으며, 일부에서는 이미 이식하고 있는 중이다. 이런 생체에 이식가능한 소형기기 (예: Verichip)가 ID 정보를 저장하고 있다가 외부에서 필요할 때 그 정보를 내 보내는 능력을 갖고 있어 매매에 사용될 수 있다. 사실 이 기기가 저장하고 있는 사용자 ID라는 단순 정보이지만, 컴퓨터 네트워크를 통해 데이터베이스에 접근하면 해당 사용자의 금융 정보에 접근이 가능하여 결재해야 될 금액을 전자적으로 이동시킬 수 있기 때문이다.

그러면, 이 책을 기록한 요한은 약 2,000년 전에 이런 일들을 어떻게 미리 알 수 있었을까? 이에 대한 힌트는 다음 성경 구절에서 찾을 수 있다.

요한계시록 1:2 "요한은 하나님의 말씀과 예수 그리스도의 증거 곧 자기가 본 것을 다 증언하였느니라"

요한은 이런 일들을 자기 눈으로 이미 본 것이다. 즉 요한은 2,000년 전에 장차 2,000년 후에 일어날 일을 자신의 눈으로 본 것이다. 이런 설명은 시간에 매여 있는 우리 인간에게는 상상조차 할 수 없는 일이다. 그러나, 하나님은 시간을 창조하신 분이고, 시간 밖에 있기 때문에 모든 시간 즉 과거, 현재, 미래가 다 한꺼번에 보일 수 있다고 생각할 수 있으며, 요한은 바로 이 하나님의 능력으로 시간 밖으로 여행을 했다고 생각하면 가능한 일이다.

컴퓨터 성능의 발전, 인터넷 확산이 서로 결합하여 사회 변화에 상승 작용을 일으키고 있다고 생각한다. 2017년 오늘 현대인들의 삶은 인터넷이 확산되기 전 1970년 사람들보다 훨씬 더 바쁘게 살고 있다. 그 이유는 사람들이 서로 컴퓨터 네트워크로 연결되어 있어 상호작용이 더욱 빨리 일어나고 있기 때문이다. 이런 생각을 좀 더 확장하면, 컴퓨터 성능이 더 빨라지고, 인터넷의 속도가 더 빨라지면 우리는 더 바빠지게 되고, 상호작용은 훨씬 더 급속하고 광범위하게 일어나게 될 것이다. 그런데, 무어의 법칙은 기하급수의 법칙이어서 초기에는 그렇게 빨리 진행되고 있지 않게 느끼게 되지만, 후반부에 들어가면 매우 빠르게 변하는 것이다. 초기 성능을 1로 하여 성능 증가 속도를 대략 계산해보면 1, 2, 4, 8, 16, 32, 64, 128, 256, 512,... 등으로 급격하게 강해진다. 우리는 현재 이 그래프에서 어디쯤 살고 있을까? 매우 빨라지는 시점에 살고 있지는 않는지 잘 모르겠다. 만약 매우 빨라지는 시점에 살고 있다면, 사회의 변화 속도 역시 매우 빠르게 진행될 것이다. 표를 받고 매매하는 현장이 우리가 생각하는 것보다 훨씬 더 빠른 시간 내에 도달할 수 있다는 의미이다.

표를 받고 그 표가 있는 자만이 매매를 한다는 성경 기록이 기술적으로 가능한 시대가 되었다는 것은 우리 삶에 있어 매우 중요한 의미가 있다. 그것은 성경의 기록이 사람의 기록물이 아니고 시간을 초월한 하나님의 기록물이라는 점, 그리고 그 기록이 사실이라는 점이다. 그리고, 이런 일들이 일어날 때는 예수님의 재림이 가까운 시점이라는 점이며, 예수님이 재림하시면 세상을 심판하실 것이라고 성경은 말하고 있기 때문에 우리는 더욱 깨어서 이런 부분을 살펴보는 지혜가 있어야 한다.

최덕재 (공대 컴퓨터공학과)

창조와 지식재산권

1. 우리는 발명을 할 수 있는 지혜를 가지고 있다

인간의 정교함은 자연보다 더 정확하고 더 단순하고 더 아름다운 발명품을 만들지 못했다. 왜냐하면 하나님께서 창조하신 자연의 발명품은 결코 결핍되거나 과하지 않기 때문이다. 인간의 발명품에 대하여 일정한 기간 동안 독점배타적인 권리를 부여해주어 더 많은 발명을 유도하자는 인식이 기원전 그리스에서부터 있어왔다. 그것이 15세기 베니스 공화국에 의해 성문특허법으로 제정되고 새로운 기계에 대하여 10년 동안 타인의 제작을 금지하였고, 이후 영국에 의해 체계적으로 근대성문법으로 완성되었다. 18세기 후반 산업혁명 시대에 들어서게 되면서 수많은 공산품들이 제조됨과 동시에 기술혁신이 이어지고 사회경제적 변화가 일어나면서 특허제도의 필요성을 인식하여 많은 나라들이 특허제도를 도입하게 되었다. 19세기에 이르러서는 특허제도에 대한 폐단이 나타나면서 특허제도를 폐지하자는 주장이 거세게 일어났으나 이미 기술에 대한 선제권을 가진 국가들이 특허제도에 의해 경제권을 확보하게 될 수 있게 되자 특허제도의 폐단 주장이 더 이상 힘을 잃게 되어 현대까지 이르게 되었다. 19세기에 있었던 특허폐지론은 특허제도에 의한 독점 문제 발생, 산업발전에 저해가 된다는 주장, 자유무역에 반한다는 주장 등이 있었다. 그러나 유럽의 대공황과 미국의 국제특허정책이 맞아떨어지면서 보호무역주의로 돌아서게 되고 특허제도 폐지론은 특허개혁론으로 방향을 전환하게 되었고 특허제도에 의하여 산업의 발달이 촉진되었다. 그러나 21세기에 접어들어 특허제도는 순수하게 발명자에 대한 보상이나 인센티브를 주어 발명을 장려하는 수준을 벗어나 있고, 기업마다 특허로 인한 피해가 너무 크며, 기술개발에 대한 투자는 하지 않고 오로지 등록된 특허만을 사들여 기업을 공격하여 기업의 활동을 저해하는 특허괴물이 등장하여 각 국가의 정부는 이에 대한 비용이 이미 특허로 창출되는 이익보다 앞서는 등 특허제도에 문제점이 드러나기 시작했다.

인간이 만든 문명이나 발명품도 놀라울 정도로 많이 발전해왔지만, 하나님이 창조하신 자연보다 더 정확하고 더 단순하고 더 아름다운 발명품을 만들지는 못했다. 사실 인간의 문명이나 발명품 자제가 하나님께로부터 나온 것이다. 하나님께서 천지를 창조하시고 "하나님이 자기 형상 곧 하나님의 형상대로 사람을 창조하시되 남자와 여자를 창조(창세기 1:27)"하셔서 우리는 하나님의 형상으로 지음을 받았기 때문에 발명을 할 수 있는 지혜를 가지고 있는 것이다.

☞ 김치 속에 들어 있는 특허는 몇 개일까?

2. 왜, 길드(Guild)는 자신들의 발명을 암호로 표기했는가?

인류의 문명과 함께 발전해 온 특허제도는 B.C. 6세기 고대 그리스의 도시 시바리스로 거슬러 올라간다. 고대의 지식재산권은 그리스 시바리스요리 고안자에게 1년간 독점권을 부여했던 것으로서 통치자의 은혜의 수단이었다. 즉, 특허의 부여를 통치자(왕)의 은혜라고 보는 것으로서 발명자(고안자)에게 특허권(독점권)을 청구할 권리가 있는 것이 아니라 국가가 일방적으로 주는 것이라고 보는 은혜주의라는 것이다.

중세 유럽의 상공단체인 길드Guild가 영업비밀과 비조합원의 제품 판매금지 등 강력한 통제권을 가지고 있었고, 이에 불만인 영주들이 새로운 발명이나 기술을 공개한 대가로 일정기간 독점권을 보장하는 제도를 시행하였다. 한편, 르네상스 운동이 가장 활발하였던 15세기 이탈리아의 베니스 기술자들은 자신의 발명이 공개될 경우 발명에 대한 자신의 권리를 잃어버릴까 두려워했다. 그 결과 한 동안 발명의 기술적 내용은 암호 등 타인이 알아보기 힘든 방법으로 표현되었다. 하지만 이후 새로운 발명이 비밀로 숨겨져 있는 한 기술 등 지식의 발전이 어려울 것이라는 인식이 점차 확장되었고 급기야는

1474년 베니스공화국은 특허법을 시행했다. 새롭고 창의적인 장치 new and inventive device를 잠재적인 침해자로부터 보호를 받으려면 국가에 신고해야 했다. 보호기간은 10년이었다. 이 법령은 모직물공업을 제도적으로 보호하였는데, 명주실을 만들어 내는 기계나, 개량기술을 고안한 사람에게는 10년간 그 발명에 대해 독점권을 부여하였다. 베니스 공화국 법령을 특허제도의 원형이라고 보는 학자도 있다. 1594년 물리학자, 갈릴레이 갈릴레오(1564-1642)가 발명한 양수용 기계가 이 법에 의하여 특허가 허여되었다. 베니스 특허제도의 내용을 보면 특허등록요건(신규성, 진보성 등), 권리존속기간, 침해, 보상 등 오늘날의 특허법 근간이 되는 내용으로 이루어져 있으나 베니스 공화국의 몰락으로 현재까지 전해지고 있지 않다.

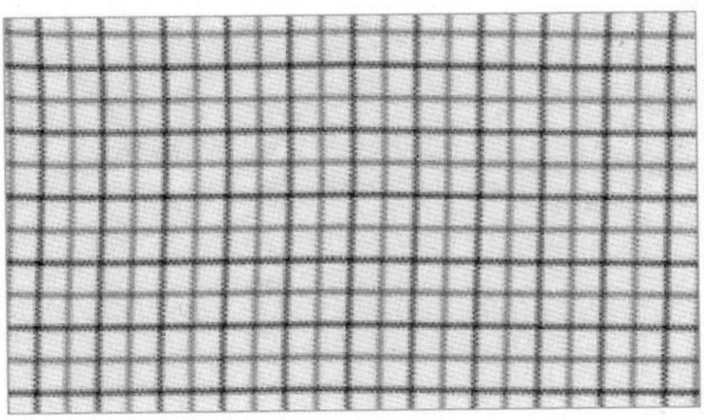

세계최초 특허(영국, 1236년) 다색무늬 직물에 관한 특허

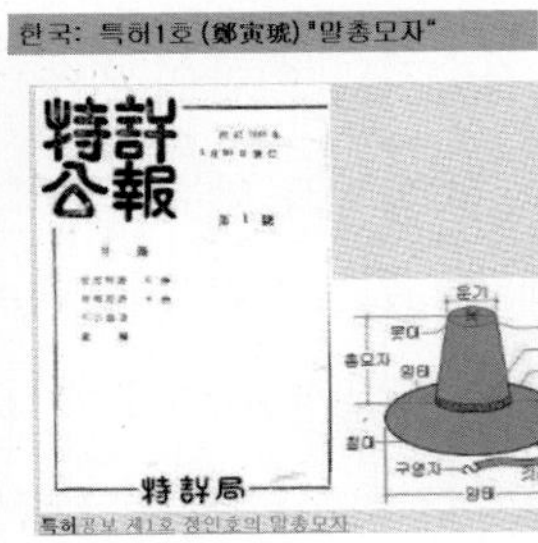

우리나라 특허1호: 말총모자

3. 산업혁명의 시작은 어디에서?

현대 특허제도의 기초가 된 최초의 성문화된 특허법은 1624년에 제정된 영국의 전매조례(독점법)The Statute of Monopolies이다. 당시 영국은 길드 규정에 의하여 외국인은 영국 내에서 영업을 할 수가 없었는데, 국왕은 왕권을 행사하여 대륙기술자가 안전하고 자유스럽게 영업활동을 할 수 있게 하기 위하여 특허에 의한 특권을 부여하였다. 이 전매조례는 최초의 발명자에게 특허권을 부여해 14년간 독점하도록 한 것이다. 영국이 특허제도를 도입하게 된 배경은 17세기 초, 대륙의 유럽국가에 비하여 공업기술의 후진성을 면치 못했다. 반면 당시 스위스는 시계 공업과 철 가공업이 발달하였다. 영국은 이 기술을 도입하기를 원했으나 스위스 기술자들이 기술을 공개하기를 극도로 꺼렸고 한편으로 그 기술은 영업비밀Trade secret로 잘 보호되고 있었고, reverse-engineering하기도 어려웠다. 이러한 기술을 습득하기 위해 영국은 특허장Letters Patent을 부여하고 나중에 오늘날 특허법에 해당하는 전매조례Statute of Monopolies로 발전시킨다. 이 법이 선포되자 강력한 독점권을 기대한 유럽대륙의 기술자들은 영국으로 몰려들었고 독점권을 얻는 대가로 그들의 노하우를 문서로 공개하였다. 기술자와 이들이 가진 기술이 모여들어 자연스럽게 이를 바탕으로 영국에서는 산업혁명이 일어나 18세기에는 영국이 세계를 지배하게 된 원동력이 되었다.

이후 독일은 특허제도에서 더 나아가 세계에서 최초로 실용신안제도를 제정하여 기술이 발전한 국가로 등장하게 되었는데, 당시 독일은 영국, 이탈리아, 프랑스 등에 비해 기술이 발달하지 못하여 이를 극복하기 위하여 공지된 기술을 간단하게 개량하여 실생활에 유용하게 사용할 수 있는 경우에도 권리를 부여하여 기술개발을 장려하자는 취지에서였다. 이후 독일의 실용신안제도를 이탈리아, 스페인, 포르투갈, 일본에서 도입하게 되었고, 일본의 실용신안제도를 우리나라가 도입하게 되었다.

4. 초고속 승진한 장영실

우리나라는 조선시대 노비였던 장영실이 세종대왕의 명을 받들어 세계 최초로 측우기를 만들었고, 노비신분에서 종3품의 벼슬까지 초고속 승진하였을 뿐만 아니라 오늘날까지도 그의 업적을 기리기 위하여 측우기를 발명한 날을 발명의 날(5.19)로 지정하고 있다.

이후 1882년 지석영 선생의 상소문에서 나라가 발전하고 부강하기 위해서는 정부에서 하나의 '부서'를 설치하여 새로운 서적을 구입하고 각국에서 사용하고 있는 새로운 기기들을 도입 · 설치해야 하고, 젊은이들을 선발하여 과학기술 교육을 받게 하고 이들 가운데 재능이 있어서 기계를 만들거나 발명하는 자에게는 전매특허권을 주도록 하여 과학기술을 진흥시켜야 한다고 주장하였고, 이에 고종은 칭찬을 아끼지 않았으며 이를 의정부에 내려 시행하도록 명하였으나, 당시의 정국불안으로 이것이 실현되지 못하였다. 이후 1908년 8월 일본에 의하여 '한국 특허령' 등이 칙령으로 공포 · 시행되고, 이것이 우리나라의 특허제도 시초가 되었다. 해방 후 1946년 10월 우리나라 독자의 「특허법」이 제정되었다. 이후 1979년 세계지적소유권기구WIPO 가입, 1980년 파리협약 가입, 1984년 특허협력조약PCT에 가입하였다.

장영실은 조선전기과학자로서 관기(官妓)의 아들로 태어나 노비였지만 어머니에게 글을 배웠다. 관청의 노비로 있으면서 영남지방에 가뭄을 이겨 낼 수 있게 한 공로 등으로 세종대왕의 인정을 받아 노비의 신분에서 벗어나고 중국 명나라에 파견되어 유학 후 귀국하여 1423년 상의원별좌(尙衣院別坐)에 임명되어 궁중기술자로 활동하였다. 당시 세종은 형평성 있게 세금을 걷어 들이기 위해 세법을 개정하였고, 강우량과 토질에 따라 농산물의 수확량에 차이가 있으므로 비가 땅에 스며드는

정도에 따라 세금을 책정하였으나 토지에 따라 비가 스며드는 정도를 측정하기 너무 어려워 장영실로 하여금 측우기를 제작하게(1441년) 되었고 이 측우기가 세계 최초의 측우기가 되었다. 장영실은 측우기 이외에 휴대용 해시계인 정남일구(定南日晷)·앙부일구(仰釜日晷), 물시계인 자격루(自擊漏), 시간과 계절을 알 수 있는 옥루(玉漏), 금속활자 인쇄기를 완성하여 그 공로로 대호군(大護軍)에까지 승진하였으나, 안타깝게도 그의 감독으로 제작된 왕의 가마가 부서져 투옥되고 태형을 받은 뒤 파면 당했다.

5. 발명은 어디에서 오는가?

창의성에 관한 많은 연구 중 겔라퍼[Gallapher]는 창의성을 문제가 있거나 아이디어를 필요로 하는 곳에서 다양한 생각들을 구상해 내는 힘이라고 하였다(James J. Gallagher, 1975). 아마바일[Amabile]은 창의력은 내적 동기, 영역 관련의 지식과 능력 등의 기능들이 결합해서 발생된다고 하였다. 그는 내적 동기는 일과 작업에 대한 열정, 사랑, 의지, 흥미, 도전감을 나타내는 것으로서, 어떤 문제나 과제를 수행할 때 지식과 능력을 갖추고 내적동기가 충만한 상태에서 창의적으로 사고를 하면 창의적인 성과가 나올 가능성이 크다는 것이다(Teresa M. Amabile, 1983). 크루치필드[Crutchfield]는 창의적 해결책을 달성하는 일이 목적 자체라기보다는 숨은 목적을 달성하기 위한 수단일 때 외부동기라고 부르며, 이와는 반대로 그 목적이 창의적인 해결책 자체를 얻는 것에 있을 때 내부동기라고 하였다. 또한 "내적동기"를 이행되는 업무의 흥미와 즐거움에 기반을 두고 노력을 들이는 욕구라고도 한다. 그는 "외부동기"가 작용할 때 보다 "내적동기"가 작용할 때 더 높은 수준의 창의성을 발휘할 수 있다는 것을 증명하였다(Richard S. Crutchfield, 1961).

이와 같이 "내적동기"는 작업 자체에 대한 도전과 즐거움에 초점을 맞추게 하며, 외부로부터 기대와 동기보다는 자기 자신의 만족으로 인해 일에 집중하게 한다는 것이다(이기영 외, 2013: 105). 외적인 환경보다는 내적인 즐거움으로 인해 보다 창의적으로 일에 몰두할 수 있음을 의미하는 것이다. 즉, 창의력은 외적인 반대급부가 반드시 없이도 스스로 내적인 즐거움으로 인하여 발명에 이르게 된다는 것이다.

팀 하포드Tim Harford와 강유리는 기술이 발달할수록 혁신의 중요성은 점차 높아져가며, 중요도가 높고 비용이 많이 드는 혁신의 경우 시장은 특허에 의존하는 경향이 있는데 우리가 정말 필요로 하는 혁신에 특허가 도움이 될지는 미지수라고 한다. 특허는 아이디어의 사용에 대한 독점권을 부여함으로써 발명을 장려한다는 기본적인 발상은 타당하며 이것은 애초에 혁신을 장려함으로써 발생하는 이익이 그 독점권 부여에 따르는 비용보다 더 클 거라는 기대에서 이다. 그러나 특허가 실제로 이 균형을 잘 유지하고 있는지는 대답하기 어렵다고 하였다(Tim Harford·강유리, 2011). 또한, 매트 리들리는 발명가들이 발명을 하도록 부추기는 실질적 요인이 특허라는 증거는 거의 없다고 하면서 다음과 같이 주장한다. "대부분의 중요한 혁신은 전혀 특허를 받지 않았다. 19세기 후반 네덜란드나 스위스는 특허 제도가 없었지만 발명가들을 끌어들였고, 이들은 거기서 꽃을 피웠다. 그리고 20세기의 중요 발명 중에는 특허를 끝내 받지 않은 것이 대단히 많다. 자동변속 장치, 베이클라이트(합성수지의 일종), 볼 펜, 휴대전화, 셀로판, 입자가속기, 회전나침반, 제트엔진, 자기기록기, 파워스티어링 기계, 안전면도기, 지퍼 등이다."고 하였다(Matt Ridley, 2010).

출애굽기에서 "모세가 이스라엘 자손에게 이르되 볼지어다 여호와께서 유다 지파 훌의 손자요 우리의 아들인 브살렐을 지명하여 부르시고 하나님의 영을 그에게 충만하게 하여 지혜와 총명과 지식으로 여러 가지 일을 하게 하시되 금과 은과 놋으로 제작하는 기술을 고안하게 하시며(출애굽기 35:30-32)", "또 그와 단 지파 아히사막의 아들 오홀리압을 감동시키사 가르치게 하시며 지혜로운 마음을 그들에게 충만하게 하사 여러 가지 일을 하게 하시되 조각하는 일과 세공하는 일과 청색 자색 홍색 실과 가는 베 실로 수놓는 일과 짜는 일과 그 외에 여러 가지 일을 하게 하시고 정교한 일을 고안하게 하셨느니라(출애굽기 35:34-35)"라는 말씀과, 솔로몬에게 지혜를 주신 기록 "솔로몬이 이르되 주의 종 내 아버지 다윗이 성실과 공의와 정직한 마음으로 주와 함께 주 앞에서 행하므로 주께서 그에게 큰 은혜를 베푸셨고 주께서 또 그를 위하여 이 큰 은혜를 항상 주사 오늘과 같이 그의 자리에 앉을 아들을 그에게 주셨나이다(열왕기상 3:6)", "내가 네 말대로 하여 네게 지혜롭고 총명한 마음을 주노니(열왕기상 3:12)"에서 찾아 볼 수 있는 것처럼, 하나님께서 브살렐, 오홀리압, 솔로몬에게 지혜와 총명을 주신 것은 은혜로 주신 것이다. 창의력은 전적으로 하나님의 은혜로 받은 것이다.

Bible 창세기 1장에 보면 하나님이 천지를 창조하는 내용이 나온다.

1. 태초에 하나님이 천지를 창조하시니라
2. 땅이 혼돈하고 공허하며 흑암이 깊음 위에 있고 하나님의 영은 수면 위에 운행하시니라
3. 하나님이 이르시되 빛이 있으라 하시니 빛이 있었고
4. 빛이 하나님이 보시기에 좋았더라 하나님이 빛과 어둠을 나누사
5. 하나님이 빛을 낮이라 부르시고 어둠을 밤이라 부르시니라 저녁이 되고 아침이 되니 이는 첫째 날이니라

…

둘째 날, 하나님이 궁창을 창조하시고 궁창 아래의 물과 궁창 위의 물로 나누었다.

셋째 날, 씨 맺는 채소와 각기 종류대로 씨 가진 열매 맺는 나무를 창조하셨다.

넷째 날, 해와 달, 별을 창조하셨다.(두 큰 광명체를 만드사 큰 광명체로 낮을 주관하게 하시고 작은 광명체로 밤을 주관하게 하시며 또 별들을 만드시고)

다섯째 날, 새와 바다짐승, 움직이는 모든 생명체들을 창조하셨다.(움직이는 모든 생물을 그 종류대로, 날개 있는 모든 새를 그 종류대로 창조하시니)

여섯째 날, 하나님의 형상대로 남자와 여자를 창조하셨다.(하나님의 형상대로 사람을 창조하시되 남자와 여자를 창조하시고)

Bible 창세기에서 기록하고 있는 것과 같이 하나님의 형상대로 인간을 창조하셨으므로, 인간도 하나님께서 허락하신 한도 내에서 창의력을 가지게 되었다. 결국 인간의 그 창의력은 하나님께로부터 나온 것이다.

6. 발명은 본래 재산이 아니다!

특허권의 본질이 무엇인지에 따라 특허법에서 규정하는 보호의 형태가 달라진다. 우리나라 특허법 제1조는 「이 법은 발명을 보호·장려하고 그 이용을 도모함으로써 기술의 발전을 촉진하여 산업발전에 이바지함을 목적으로 한다.」고 규정하여 산업발전에 이바지하는 것에 목적을 두고 있다. 미국의 초대 특허청장이자 3대 대통령이었던 제퍼슨은 1813년 "발명은 본래 재산이 아니다. 사회는 그것으로부터 발생하는 이윤에 독점적 권한을 줄 수도 있지만 이것은 사회의 의지와 확신에 의해 그럴 수도 있고 아닐 수도 있다. 거기에 어떤 이도 주장이나 불만을 제기할 수 없다."고 하였다. 그로부터 170년 후 1983년 미 연방순회법원은 "특허권은 단지 '재산'처럼 다른 사람을 배제하는 권리다."고 선언하였다.

특허권의 본질이 무엇인지에 대하여 다양한 견해가 있으나 기본권설(자연권설)과 산업정책설, 무체재산권설이 있다. 기본권설은 창작된 지식재산권에 대하여 창작자의 인격적, 경제적 권리로 인정한다는 것이고, 산업정책설은 창작된 지식의 결과에 대하여 국가의 사회적·경제적 발전을 꾀하기 위한 정책적 고려에 이론적 근거가 있다고 보는 것이며, 무체재산권설은 유체물에 대한 반대개념으로서 무체물에 대하여 재산적 가치를 부여한다는 것이다.

기본권설은(자연권설)은 새로운 아이디어를 최초로 발명한 사람은 자신의 노동에 의하여 가치를 증가시키는 것으로 자본주의 및 실용주의적 정당성을 부여하고 있다. 이 설은 1791년 프랑스 특허법에 명기되어 있는 것으로 모든 신규사상은 최초 이를 창작해 낸 창작자의 소유이므로 그 창작자의 재산권이 되어야 한다는 것이다.

산업정책설은 특허법의 발전이 외국자본의 유치와 신기술 개발을 위해 이루어져 왔으며, 특허권이 비밀공개에 대한 대가로 부여되는 독점배타권이란 성격을 가지고 있다는 이유로 지지되어 왔다. 이러한 태도는 산업발전에의 이바지를 목적으로 하는 특허법의 목적과 일치한다는 점에서도 설득력을 가지고 있다. 이와 같은 산업정책설의 견해에 의하면, 특허권은 그 본질로부터 공공의 이익에 의해 영향을 받아야 한다.

최근에 주목받고 있는 설은 무체재산권설로서 특허권은 근대 문명 하에 사회적으로 유용하게 된 무체재산에 대한 새로운 형태의 권리이고, 시간적으로 유한하며, 각국에서 별개의 권리가 부여되고, 형체상의 존재를 갖고 있지 않다는 학설로서 이 설이 발표된 이후로 대륙을 휩쓸어 오늘날의 통설이 되고 있다. 즉, 무체재산권설은 자연권설에 영향을 받아 발명자의 발명은 정직한 노동의 열매로 그가 경작한 곡식과 같이 발명자의 소유가 된다고 하였다. 무체물을 전면적이고 배타적으로 지배할 수 있는 개인의 강력한 권리가 되었고, 그 침해에 대하여 유체물에 대한 소유권에 유사한 수준의 보호를 받게 되었다.

이상의 다양한 견해들은 모두 자연법사상에 바탕을 둔 기본권설·무체재산권설과 산업주의에 바탕을 둔 산업정책설이고, 기독교 사상에 바탕을 두고 있는 학설은 정립되어 있지 않은 상태이다.

특허제도를 경제학의 관점에서 바라볼 때, 크라벤담은 하나님의 영적인 측면이 어떻게 경영에서 제외되었는지 그 과정에 대해 문제를 제기하면서 경영의사 결정에서 먼저 영적인 면과 인본주의적인 면이 서로 양극화 된 상태로 분리되었음을 지적한다. 그는 하나님의 법에서 자연법으로의 전환 그리고, 자연법에서 실증법으로의 전환이라는 두 단계를 거치면서 이러한 단절의 과정이 생겼다고 말한다. 단절의 과정은 최초에 하나님의 말씀의 법이 통치하고 있었을 때 공동체 내에 하나님의 온전하신 통치에 거역하는 새로운 인식이 들어왔으나, 이러한 인식은 인간의 뜻과 욕망을 충족시키는 동기 위에 있으며 근본적으로 하나님의 말씀이 다스리지 않으므로 인간의 자기중심적 자아를 강화시킨다. 이것은 하나님과의 관계에 분리를 일으키며 분명히 그 원인은 죄에 있다. 하나님의 사랑의 법 대신 아담과 하와의 불순종이라는 죄로부터 윤리의 법이 등장하였고, 하나님에게서 벗어나 윤리의 법을 만들고자 하는 의지는 죄이다. 르네상스를 맞으며 인간의 사고체계의 중심은 그리스도가 아니라 자기 자신이 되었다. 복음과 그리스도인의 영성을 버리고 인본주의적 윤리의식이 점점 확대되었다. 계몽주의 시대에 이르러 광범한 지식이 축적되고 분류되어 만물의 창조주를 인정하는 대신 자연을 탐구하고 분석하는 인간의 지적 능력이 급격하게 확대되어 자연법적 질서의 원리들을 규명하게 되었다. 이 과정에서 윤리가 쇠퇴하고 과학적 지식이 팽배하게 되었으며 인간을 포함한 모든 만물이 단지 자연의 일부로 인식되기 시작했으며 우주 만물이 자연법적 질서를 따르는 것으로 해석했고, 궁극적으로는 하나님의 존재를 부정하게 되었다. 산업화 시대에 이르러 인간의 과학적 지식은 기계문명의 발달을 낳았고 이것은 물질적인 풍요를 가져다주었다. 사회발전 과정의 경제영역에서 자연법적 원리를 적용하여 인간이 경험하게 된 규칙과 현상들을 규범화하여 사회통치의 모델로 만들었다. 따라서 현대경제학의 위치는 하나님의 말씀의 통치, 그리스도의 복음과 영성, 도덕성 등이 모두 제거된 학문으로서의 속성을 지니고 있다. 현대경제학이 소위 '과학'이 되기 위해 포기한 것이다. 성경적 경제학을 말하기 위해서는 하나님의 법 통치 수준으로 그 위상이 회복되어야 한다. 이와 같은 관점에서 바라볼 때 특허제도는 하나님의 통치수준으로 나아가야 하며, 사익보다는 공익을 추구하여야 한다.

우리나라 특허법의 목적은 산업발전에 이바지하는 것을 목적으로 하고 있고, 산업정책설에 바탕을 두고 있으나, 실제는 무체재산권설에 지나치게 비중을 두고 있다. 특허권이 무체재산권설로 기울이진 결과 창작된 지식의 산출물에 대하여 국가의 사회적·경제적 발전을 꾀하는 공익적 차원보다는 전면적이고 배타적으로 지배할 수 있는 개인의 강력한 사익으로서의 권리가 되어 버렸다. 따라서 창작된 지식의 결과물이 하나님의 통치수준으로 나아가기 위하여 산업정책설과 무체재산권설의 적절한 균형을 유지하여야 할 것이다. 산업정책설은 이미 하나의 선언적 규정에 지나지 않게 되었고, 무체재산권설은 지나치게 독점권을 행사하여 부작용이 발생하고 있으므로 특허권의 본질에 대하여 성경적 접근을 시도해 본다.

과거 자본주의 제1기, 즉 자본주의 1.0은 '자유방임 자본주의'였고, 제2기(2.0)는 '사회민주주의'와 '복지자본주의', 제3기(3.0)는 '신자유주의자본주의'였다. 자본주의 4.0은 현재의 경제 위기에 대해 이론경제학과 정치이데올로기의 해로운 상호작용 때문에 비롯된 것으로 보고, 정부와 시장의 역할 가운데 하나만 강조했던 이전 시대의 경제인식과는 달리 정부와 시장이 모두 잘못 될 수 있다는 사실에 기초하여 정치와 경제를 적대적인 관계가 아니라 서로 협력하는 관계로 인식하는 것이다. 창조적인 자본주의를 '이윤을 효과적으로 사용하며 소외된 사람들의 삶의 질을 향상'시키는 하나의 방법론이라면, 이와 비슷하게 자본주의 4.0도 경제와 정치의 협력 통하여 사회 전체 비용의 최소화와 소외계층 삶의 질을 향상시키기 위한 방법론으로 볼 때, 현대의 특허제도를 유지함으로서 발생하는 이익과 소요되는 사회적·경제적 비용이 최소화가 되도록 꾀하여야 할 것이다.

이를 위해, 이 세상은 모두 하나님의 것이라는 관점에서 출발하여야 하며, 특허권의 본질을 성경적 관점에서 청지기설로 보고자 한다. 하나님께서는 "세계가 다 내게 속하였나니 너희가 내 말을 잘 듣고 내 언약을 지키면 너희는 모든 민족 중에서 내 소유가 되겠고(출애굽기 19:5; 레위기 25:23)"라고 하셨다. 그것이 생명이든지 유형물이든지 무형물이든지를 불문한다. 특허권이라는 개념은 세계 각국의 특허제도 태동과 산업혁명에서 살펴본 바와 같이 기원전부터 존재해 왔으며, 이러한 지식재산권에 대하여 성경에서 인정하고 있다. 따라서 우리는 하나님께로부터 특허권을 위탁받은 자로서의 소유권을 행사해야 한다. 우리는 "지혜 있고 진실한 청지기(마태복음 20:8; 누가복음 12:42)"로서 우리에게 맡겨진 하나님의 것을 위탁받은 사명감을 가지고 소유물을 관리해야 하는 것이다.

7. 특허권의 벽 허물기

특허권은 시험 또는 연구를 위한 실시, 국제교통기관의 운행상 필요한 발명, 특허출원시부터 국내에 있는 물건, 조제행위 등 타인의 실시를 그대로 인정하지 않을 수 없는 경우가 있으며, 자기의 발명이면서도 이용발명이기 때문에 실시할 수 없는 경우 등 이른바 법률상 한계와, 헌법 제37조 제2항에 따라 발명자의 권리를 공익을 위해 제한하여야 한다는 이른바 공익상의 한계가 있다. 예컨대, 공서양속·공중위생을 해치는 발명, 국민의 생명·건강, 재산의 보전, 공공시설의 건설, 국민의 생활에 직접 관계하는 공공적 산업, 해당발명을 긴

급히 그리고 널리 실시할 필요성이 높은 경우(예로, 전염병을 치료하기 위한 의약발명을 대량으로 신속히 공급할 필요가 있는 경우) 등이 있다.

만약, 발명을 보호하는 것이 오히려 산업을 억압하고, 공공이익에 반한다면 굳이 특허대상으로 보호할 필요가 없으며, 또한, 경우에 따라서 특허대상으로는 하지만 발명의 보호에 일정한 제한을 가함으로써 공공이익과의 조화를 꾀하는 것도 필요하다. 거의 모든 국가의 특허법에서 어떤 종류의 발명에 대해서는 특허를 부여하는 것을 금하고, 또 독점권으로서의 특허권의 효력에 일정한 제한을 두고 있는 것은 이상과 같은 이유이다. 또, 특허발명의 실시가 적당치 않은 경우는 물론 권리자의 권리행사가 정당치 않기 때문에 산업발달을 해치고 공공이익에 반하는 경우에는 권리자에게 일정한 의무·제도나 불이익을 부과하는 것도 당연하다. 특허법에서 정부는 특허발명이 국가 비상사태, 극도의 긴급상황 또는 공공의 이익을 위하여 비상업적으로 실시할 필요가 있다고 인정하는 경우에는 그 특허발명을 실시하거나 정부 외의 자로 하여금 실시하게 할 수 있는 강제실시권을 규정(특허법 제106조의2제1항)하고 있으나, 특허청에 의하면, 특허제도 시행 이후 단 한 건도 의약품 강제실시권을 발동한 적이 없다. 국경없는 의사회에서 세계보건기구WTO 사무총장에게 보낸 서한에서 "인간의 생명을 좌우하는 필수의약품에 대해서는 지식재산권 행사를 제한해줄 것"을 요청하였고, 국경없는 의사회의 베르나르 페쿨은 "특허권은 신이 내린 권리가 아니며, 특허권은 사회 전반의 이익을 위한 것이지, 소수의 다국적 제약기업의 호주머니를 두둑하게 만드는 도구가 되어서는 안 된다"고 지적하였다.

특허권의 한계에 대한 벽을 허물기 위하여, 자연은 하나님께서 문화명령을 통해 주신 실험실이기 때문에 실험을 하는 과학인은 자신의 실험이 누군가에게 유익이 되길 기대해야 한다. 단지 자신의 유익과 남을 해하려는 실험은 비극을 낳게 된다. 인간이 만든 작은 실험실에서 벌어지는 일들이 하나님께서 만든 우주라는 실험실에서도 벌어지는 것과 비슷하다고 말 할 수 있기 때문에 인간에게 허락하신 창조의 기본 정신을 해치고 창조의 결과물인 특허가 남용되거나 사익을 위해서만 사용되어서는 안 될 것이다. 과학과 종교를 철저히 분리한 과학자인 파스퇴르처럼 "실험실에 들어갈 때 나는 기독교란 가운을 옷장에 벗어 놓는다."고 해서는 안 되며, 실험실에 들어갈 때도 사랑이란 가운을 입고 들어가야 하며, 그 결과물인 특허는 공공의 이익을 위하여 사용되어야 할 것이다. 그렇게 될 때 비로소 독점과 분쟁으로 치닫고 있는 특허권에 대한 한계를 넘을 수 있을 것이다.

8. 공짜 호박고구마 구워 먹기

유럽 각국들이 특허제도를 도입한 이후 특허권에 대한 독점반대와 19세기말 공리주의적 견해가 대세를 이루었으나, 이어 일어난 세계공황과 이에 따른 보호무역주의 및 국수주의의 대두로 말미암아 대부분의 국가는 지식재산권제도를 도입하거나 더욱 강화하는 방향으로 나타나게 되었다.

특허제도는 발명자에게 국가가 독점권을 부여함으로써 발명을 촉진함과 동시에 국가산업 발전을 촉진하는데 그 목적이 있었다. 이러한 특허제도의 기능은 19세기 많은 비판을 받으면서도 그 장점이 더 컸기에 지금까지 존속해 왔다. 그러나 이제는 특허제도의 기능이 특허분쟁의 발생, 특허괴물의 등장, 인류의 건강권과 의약품 관련 특허 문제, 특허권의 한계 등 제문제점이 드러나고 있어 그 기능을 제대로 발휘하지 못하고 있는 실정이다. 이와 같이, 특허제도가 19세기를 지나 21세기에 들어오면서부터 장점보다는 오히려 폐단이 더 크게 드러나고 있다.

영국의 파이낸셜 타임즈에서 "특허는 발명과 발견을 촉진할 수 있는 여러 수단 중의 하나일 뿐이다. 과학적 호기심과 인류를 이롭게 하고자 하는 욕망은 전체 인류 역사에서 항상 중요한 역할을 담당하여 왔다"고 한 바 있다. 실제로 세계 전역에서는 지금도 수많은 연구자들이 별다른 직접적인 이익을 얻지 못하면서도 새로운 아이디어들을 내놓고 있으며, 특허 독점권에서 나오는 이익을 확보하고자 하는 동기 없이 진행되고 있다. 앞의 "발명은 어디에서 오는가?"에서도 언급한바 있는 20세기의 중요발명들이 특허를 받지 않은 것이 대단히 많으며, '호박고구마'나, 대부분의 상품이나 홍보지 등에 부착되어 있어 흔히 볼 수 있는 'QR 코드'와 같은 것도 특허를 받지 않은 발명품들이다.

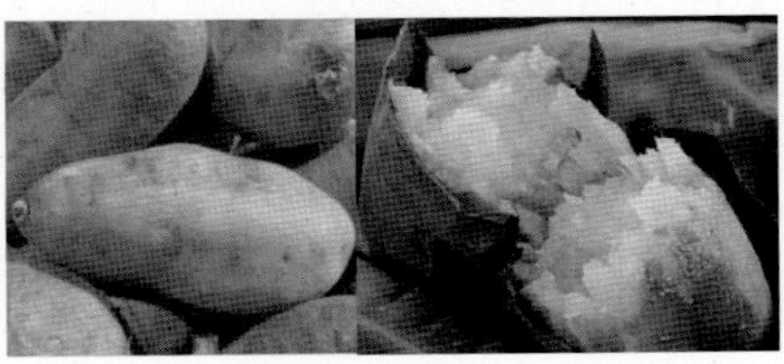

에리히 프롬은 인간의 합리적 행위는 선과 악으로 구분할 수 있고, 이는 그 동기가 사랑인가, 사욕인가에 있다고 본다. 사욕에 기초한 행위는 타인의 필요나 이해관계를 전혀 고려하지 않고, 오직 자신만

의 이익을 추구하려 한다는 것이다. 사욕은 욕심에 그 뿌리를 두고, 절제를 모르고, 끝없는 만족을 추구하기 때문에 항상 불만족 상태에 머무르게 된다. 사욕은 사랑의 결핍이 만들어낸 결과이기 때문에 자신과 타인을 사랑할 줄 모르게 되고, 사회는 투기가 난무하고 적자생존의 법칙이 절대법칙으로 군림하게 된다.

특허제도를 공익적 시각으로 바라볼 때 특허제도로 인한 사회적·경제적 불균형을 해소할 수 있다. 현대의 특허제도에 전통적 경제학이 그대로 반영되어 있으므로 특허제도에 있어서 규범적 요소들을 고려한 새로운 재조명과 접근이 필요하다.

강력한 특허제도를 구사하고 있는 미국의 프로 특허Pro-patent 제도와 같은 하드특허제도에서 소프트특허제도로 정책이 전환되어야 한다. 하드특허제도로는 특허제도의 제문제점을 극복할 수 없기 때문이다. 하나님의 사랑으로부터 나온 자기사랑이 이웃사랑으로 승화해 갈 때 십계명의 두 번째 계명들이 이루어져 갈 것이다.

9. 향후 특허 시장 전망

4차 산업으로 접어들면서 IT 기업뿐만 아니라 세계 모든 기업들이 특허분쟁에 휘말리고 있다. 애플은 수십억 달러를 들여 캐나다 통신장비 업체인 노텔의 특허를 매입하였다. 기업들이 특허에 거액을 쏟는 이유는 시장에서 유리한 고지를 점하기 위함이다. 삼성과 애플의 특허 소송이 진행되면서 세계 곳곳에서 오늘도 특허전쟁이 일어나고 있다.

"특허 없는 기업은 존재할 수 없다"

노아는 가장 안전한 배의 규격을 어떻게 알아냈을까?

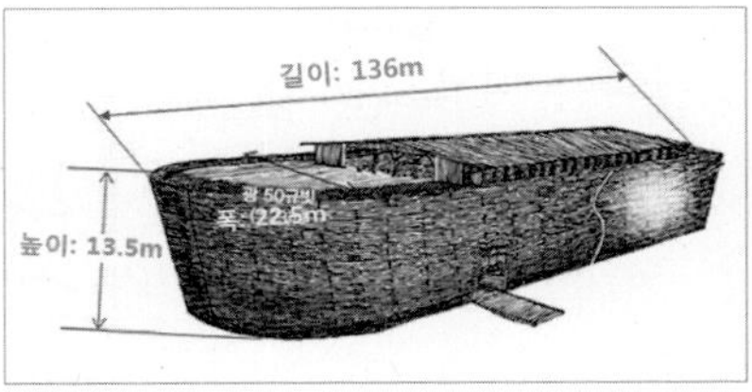

한자에 "배 선(船)"이라는 한자가 있는데 이 한자를 분석해 보면 다음과 같다.

船(배선) = 舟(배주) + 八(여덟팔) + 口(입구, 사람 수를 의미, 예, 인구(人口))

→ 방주에 노아의 8식구를 의미한다.

상식적으로 볼 때 어떻게 모든 동물들이 그 방주 안에 다 탔을까? 성경의 기록에 의하면(창세기 6장 14~16절) 다음과 같다.

[길이: 삼백규빗(136m)], [폭: 오십규빗(22.5m)], [높이: 삼십규빗(13.5m)] ≒ 43,200m^3

방주는 농구코트 20개를 10개씩 2열로 배열한 넓이로서, 축구장보다 길이는 더 길고 폭은 약간 좁은 넓이의 상, 중, 하 3층으로 되어 있다. 방주는 통상적인 배가 아니라 바지선 형태의 거대한 선박이었다. 모든 동물을 평균하여 양의 크기로 계산하면 방주는 약 125,000여 마리가 들어갈 수 있다. 방주에 탄 동물들은 포유류 3,500종, 파충류 5,500종, 조류 8,600종, 총 17,600종으로 한 쌍씩 35,000

여 마리가 들어갔다.

요즘 같은 세상에도 비가 하루 300mm정도 내리면 서울은 완전 물바다가 되고, 산사태가 발생한다.[1] 그런데 40일 동안 폭우가 쏟아졌다. 어떻게 그 많은 비가 내렸음에도 방주는 안전했을까? 이와 같은 거대한 방주가 어떻게 대 격변을 견디고 무사했을까?

방주의 안정성에 대하여, 1992년 부산에 있는 해양 연구원에서 안정성을 실험했다. 배에 있어서 가중 중요한 요소는 세 가지 즉, ① 구조적 안정성 ② 복원성 ③ 내항성이다.

선박 안전성은 [길이:폭:높이]의 비율이 [10:1.7:1]인 경우 가장 안전하다. 이는 노아의 방주 비율과 같다. 이 비율은 30미터 쓰나미에도 승무원과 선박이 안전하다는 결론이 났다. 이 결과는 1993년2월 17일자 한국일보와 국민일보에도 발표되었다.

수천 년 전에 현대과학이 입증한 가장 안전한 배의 규격을 노아는 과연 어떻게 알아냈을까? 답은 성경에 쓰여 있다. 하나님의 지혜로 노아는 방주를 만든 것이다. 창조는 하나님께 속한 것이다.

참고문헌

이철희. "나라별로 본 특허제도의 역사", TTA Journal No.128, 138.
김원준, (2012).『산업재산권법』, 도서출판 오래.
이철희, 앞의 간행물, 138.
독일은 1877년에 특허법, 1891년에 실용신안법을 제정하였다.
조재신 (2005), "누가 특허권을 가져야 하는가?", 전기의 세계, 2005년7월호, 54.

1 "서울이 바다가 됐다…폭우피해 속출·교통대란" 2011.7.27. 경향신문 기사제목, 서울에 하루 301.5mm의 비가 내렸다. 사진은 연합뉴스에서 제공.

권미란 (2009), "건강권을 넘어선 재산권, 이에 맞서는 의약품 접근권 투쟁",『사회진보연대 계간지』 86, 101-104.

나종갑 (2005), "특허권의 본질에 관한 연구",『산업재산권』, 17, 31-72.

손경한 (2005),『신특허법론』, 서울: 법영사.

Cedric A. D'Hue, Disclosing an improper verb tense: Are scientists knaves and patent attorneys jackals regarding the effects of inequitable conduct?, 14 U. Balt. Intell. Prop. L. J., 121 (2006), 145.

Adam Mossoff (2007), "WHO CARES WHAT THOMAS JEFFERSON THOUGHT ABOUT PATENTS? REEVALUATING THE PATENT "PRIVILEGE" IN HISTORICAL CONTEXT", Cornell L. Rev., 92, 953-1012.

심미랑 (2011), "배타적 재산권으로서 특허권의 개념에 관한 연구",『仁荷大學校 法學硏究』 14(2), 79-112.

Hendrik Krabbendam (1989), *Biblical Principles and Business: Foundations*, 로고스경영 연구원 역 (2005),『성경의 경영원리』, 서울: 한국장로교출판사.

황희영 (2009), "성경적 경제학의 재구축을 위한 인식 체계의 탐색",『신앙과 학문』, 14(1), 261-296.

http://www.theguardian.com/books/2010/jul/25/capitalism-4-anatole-kaletsky.

김홍섭 (2014), "존 웨슬리의 경영, 경제 사상과 현대적 적용에 관한 연구",『로고스경영연구』, 12(1), 77-102.

http://www.kipo.go.kr/kpo/user.tdf?a=user.html.HtmlApp&c=8008&catmenu=m06_04_05.

최민영 (2005), "[월드리포트]지적재산권은 '인류의 적'",『주간경향』, 648, 1.

이춘성 (2008), "과학과 기독교의 관계",『라브리선교회』, 1-11.

The Financial Times, "Strong global patent rules increase the cost of medicines," February 14 2001, 20.

Chang Ha-Joon (2007), *BAD SAMARITANS, EYA*, 이순희 역(2008),『나쁜 사마리아인들』, 서울: 도서출판 부키.

정작 '호박고구마'는 특허를 받지 않았으나, 호박고구마를 이용한 '고구마 함유 즉석식품 제조방법 및 그를 이용하여 제조된 고구마 함유 즉석식품'(특허출원인: 한서대학교 산학협력단/태안군, 특허번호 10-1076702), 호박고구마를 이용한 식혜 등 식료품들이 특허로 출원되고 있다.

Erich Fromm (1939), "Selfishness and Self-love" Journal for the Study of Interpersonal Process Vol, 2, 507-523.

황의서 (2010), "시장경제와 사랑",『신앙과 학문』, 15(1), 185-205.

지우국제특허사무소, http://www.sntd.co.kr/bbs/board.php?bo_table=B10&wr_id=110.

https://www.youtube.com/watch?v=_XJ1fkSTKiQ&feature=youtu.be.

조재신 (공학교육혁신센터)

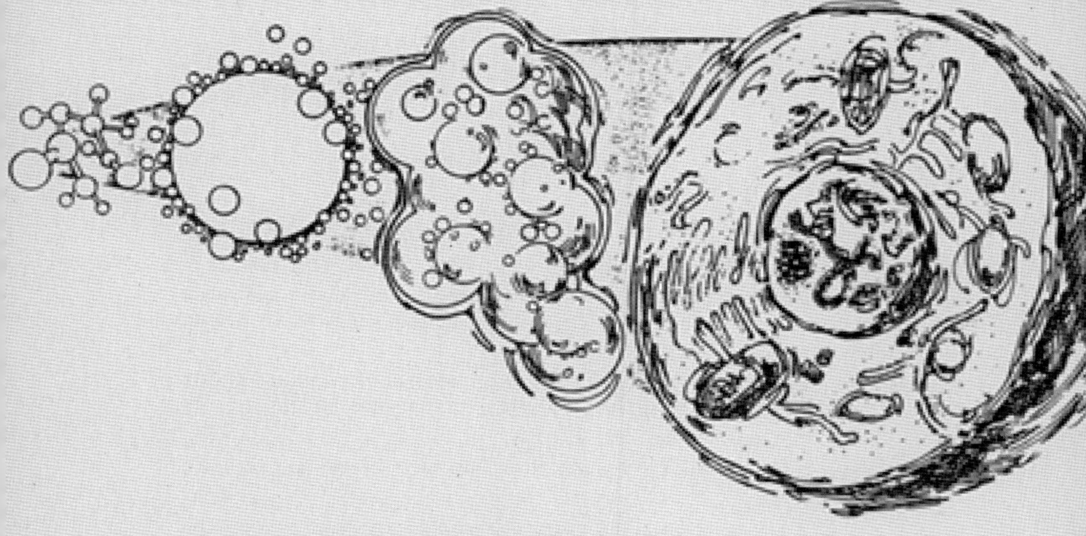

Part 2.

- 기독교와 문학
- 역사와 기독교
- 기업의 윤리경영과 경제윤리의 삶
- 교회와 법, 성경과 법

기독교와 문학

1. 문학은 기독교의 친구인가 적인가?

문학과 종교는 기독교 이전 시대부터 우호적인 관계를 유지하지 못했다. 그리스의 철학자 플라톤으로 거슬러 올라가 보자. 그가 문학을 적대시 한 이유는 무엇보다도 문학이 감각경험과 변화의 세계를 모방하기 때문이다. 이 감각경험의 세계는 초월적인 실재의 세계, 즉 이데아의 세계에 대한 불완전한 모형에 불과하다. 따라서 실재가 아닌 모형의 세계를 다루는 시인/작가는 진실로부터 멀리 떨어져 있을 뿐만 아니라 허구적인 모방을 통해서 어린이들이나 단순한 사람들을 기만할 수 있다는 것이다. 또한 문학은 이성을 고양하고 감성을 제거하기는커녕 오히려 감성을 살찌우기 때문에 독자에게 도덕적으로 나쁜 영향을 줄 수 있다고 보았다. 뿐만 아니라 문학은 유희에 불과하여 유용하지 않기에 작품을 읽는 것은 시간낭비에 불과하다고 생각하였다. 문학에 대한 이러한 부정적 견해는 정도의 차이는 있지만 어느 시대에나 있어왔다.

그것은 기독교계에서도 다르지 않았는데, 예컨대 기독교와 문화를 대립적으로 본 터툴리안Tertullian은 예술이 본질적으로 마귀에서 나온 것으로 마귀가 인간을 그리스도로부터 돌아서게 하려고 만들어낸 것으로 보았다. 그도 플라톤처럼 문학이 비도덕적인 영향을 끼치며, 허구적인 것이고, 쾌락을 주는 것이라고 생각하여 문학을 부정적으로 보았다. 물론 말할 필요도 없이 서구의 중세시대는 상상력의 산물인 문학을 경원시 하였고 그것은 청교도도 마찬가지였다. 청교도들에게 허구는 허위나 다름없었고 문학이 인간을 도덕적으로 타락시킬 가능성을 두려워하였으며 문학의 오락적 기능도 경계하였다. 아마 상상은 무한히 펼쳐질 수 있는 것이고 제한할 수 없는 것이기 때문에 두려움을 불러일으켰을 것이다. 왜냐하면 그것은 신앙의 집중력을 분산시킬 수 있고 다양한 세계에 대한 호기심을 불러일으키며 심지어는 신앙에 대한 회의를 초래할 수 있을 것을 우려하였기 때문일 것이다.

언뜻 청교도의 문학관이 그럴듯하게 들릴 수도 있다. 그리스도에 초점을 맞추기 위해서는 상상의 나래를 타고 다른 세계로 여행하는 것은 좋지 않다고 생각할 수도 있다. 문학과는 아예 담을 쌓아야 "오직 예수"만을 외치며 신앙에만 전념할 수 있다고 판단할 수도 있다. 그런데 여기서 근본적인 질문을 던져보자. 과연 기독교에 문학 무풍지대가 존재할 수 있을까? 답은 "불가능하다"이다. 무엇보다도 먼저 성경은 성스러운 책이지만 어떤 의미에서 문학작품이다. 물론 여기서 성경이 "문학작품"이라고 했을 때 성경이 세속적이라거나 성경을 미학적 관점에서만 보아야 한다는 것은 결코 아니다. 성경은 추상적인 교리로만 이루어져 있지 않고 거기에는 구체적인 삶의 경험이 예술적인 형식으로 그려져 있다. 성경은 이야기, 서사시, 비극, 서정시, 애가, 풍자 등 다양한 형태의 문학작품을 싣고 있는 선집이다. C. S. 루이스Lewis는 "성경은 어떤 의미에서 문학이기 때문에 문학으로서 읽지 않고서는 적절하게 읽을 수 없다"고 했다(*Reflections* 10). 그렇기 때문에 성경을 자세히 읽기close reading를 통해 분석하는 것은 문학작품을 분석하는 방법과 다르지 않다. 또한 독자는 자주 성경의 이야기를 플롯, 인물, 동기 등의 관점에서 분석한다. 뿐만 아니라 시간의 검증을 거친 많은 걸작들과 마찬가지로 성경은 무수한 독자들에게 고갈되지 않은 의미를 제공한다. 기독교의 중심에 성경이 있고 이 성경이 문학작품인데 어떻게 기독교가 문학으로부터 스스로를 격리시킬 수 있겠는가? 그리고 성경 어디에도 문학에 대한 부정적 시각은 보이지 않는다. 오히려 사도바울은 여러 번 문학작품을 인용하거나 인유함으로써 그가 문학작품을 잘 알고 있고 심지어 어떤 부분은 외우고 있음을 보여준다. 디도서 1장 12절과 13절에 보면, "그레데인 중의 어떤 선지자가 말하되 그레데인들은 항상 거짓말쟁이며 악한 짐승이며 배만 위하는 게으름뱅이라 하니 이 증언이 참 되도다"로 되어 있다. 여기서 바울은 그레데(크레타) 출신 시인 에피메니데스Epimenides의 시를 인용하고 있으며, 그 "증언이 참 되도다"라고 까지 평가하고 있다. 물론 그는 거짓말 잘하고 게으른 그레데인들의 부정적 특성을 외부인이 아니라 내부인 중 한 명 (즉 시인)이 말했다고 함으로써 그것이 객관적 사실이라는 것을 보이고자 했을 것이다. 사도행전 17장 28절에서도 바울은 "우리가 그를 힘입어 살며 기동하며 존재하느니라. 너희 시인 중 어떤 사람들의 말과 같이 우리가 그의 소생이라 하니"라고 이방인들에게 설교하면서 이방인 시인을 인용한다. 여기서 "너희 시인 중 어떤 사람들"은 헬라 시인 아라투스

Aratus와 클린테스Cleanthes를 가리키는데 이들은 자신들의 시 에서 헬라의 최고 신 제우스를 가리키며 위와 같은 말을 하였다. 이처럼 성경은 문학을 배척하기는커녕 다양한 방법으로 문학과 밀접한 관련을 맺고 있음을 알 수 있다. 그런 의미에서 기독교가 세계에서 "가장 문학적인 종교"(Ryken 21)라고 해도 지나치지 않을 것이다.

『실락원*Paradise Lost*』을 쓴 밀턴John Milton은 성직자가 되고자 하였으나 당시 성직자들의 부패에 염증을 느껴 시인이 되었다. 하지만 그에게 성직자만큼이나 성스러운 소명의식이 있었으며 그는 고통을 동반한 많은 준비를 거친 후에 후세에 대대로 영향을 미칠 서사시를 집필하였다. 그가 이 작품을 쓴 것은 완전히 장님이 된 후였다. 감리교의 창시자 웨슬리John Wesley가 이 고전을 인간이 쓴 시 중에서 최고라고 할 정도로 높이 평가했으니 그의 문학작품을 기독교의 적이라고 폄하하는 것은 어불성설일 것이다. 밀턴이 작품의 시작부분인 기원문에서 말하듯이 그는 "인류에 대한 신의 방도"가 정당함을 보이기 위해 인류의 타락과 죄, 구원에 대한 이야기를 시의 형태로 노래하고 있으니 그는 비록 설교단에서 설교하는 성직자는 아니지만 상상력의 사제로서 그의 소명을 다한 것이라고 할 수 있다.

같은 17세기에 살았지만 초기 청교도인 밀턴과 달리 후기에 청교도가 된 존 번연John Bunyan은 허가 없이 설교를 한다는 이유로 12년 이상을 감옥에 갇힐 정도로 설교에 열정적인 인물이었다. 그의 대표작 『천로역정*Pilgrim's Progress*』은 주인공이 멸망의 도시City of Destruction를 떠나 천도Celestial City(天都)에 이르는 과정을 그린 이야기로 알레고리 형식으로 되어 있다. 작품은 주인공이 동굴이 있는 곳에 와서 잠을 자고 꿈을 꾸게 되는 것으로 시작한다. 일종의 몽상 혹은 환상을 보여주고 있는 셈이다. 문학을 부정적으로 보는 입장에서 본다면 이 작품이 허구의 세계를 펼친 것에 불과하겠지만 기독교인들에게 구원과 영적인 성숙에 이르는 험난한 과정에 대해 많은 교훈을 주는 책으로 평가받고 있다. 밀턴과 마찬가지로 어떤 성직자보다도 많은 사람들을 대상으로 시인의 자리에서 설교를 해 온 셈이다.

2. 문학은 필수품인가 사치품인가?

그렇다면 문학은 우리에게 무엇인가? 실용성이 강조되는 시대에 문학은 사치에 불과한 것인가? 아니면 우리의 삶에 꼭 필요한 것인가? 먼저 문학이 무엇인가부터 짚어보자. 문학은 삶의 결을 구체적으로 제시한다. 시인/작가는 외부와 내면의 현실을 거울에 비추듯이 작품 속에 묘사한다. 아리스토텔레스는 『시학Poetics』에서 드라마가 인간들이 모방mimesis을 즐기는 것에서 시작되었다고 말한다. 이러한 모방은 원시단계에서는 매우 조야하고, 거의 본능적인 것이었을 것이고 예술형태의 드라마와는 거리가 멀었을 것이다. 그것은 몇 단계를 거쳐 예술의 수준에 이르게 되었을 것이다. 아리스토텔레스는 문학은 현실의 모방이라고 했고 이것은 다시 말해서 문학은 인간경험의 재현이라는 의미일 것이다. 작가/시인은 인간경험에 대한 예리한 관찰자이다. 그들은 세상에 대한 추상적인 아이디어를 내놓는 것이 아니라 이론으로 환원될 수 없는 구체적인 현실을 "제시"한다. 문학은 독자에게 철학적인 명제로서 세상을 알게 하는 것이 아니라 구체적인 경험으로서 삶의 진실을 알려준다. 눈이 내리고 낙엽이 떨어지며 비가 오는 것을 수없이 보지 않은 사람은 없다. 그러나 상상력이 풍부한 시인의 눈으로 본 자연현상을 읽고 난 후 독자는 자연에 대해 성찰을 하게 되고 자연과 세상, 그리고 자아에 대한 새로운 인식을 하게 된다. 콘래드Jospeph Conrad는 작가의 역할이 독자로 하여금 "듣게 하고 느끼게 하며−무엇보다도 보게 하는 것"이라고 하였다. 작가는 독자가 무심코 보며 지나쳤던 것, 육안으로는 보았지만 정신적인 깊이에서는 헤아리지 못했던 것을 보게 만들고 나아가서 삶의 진실을 깨닫게 한다. 그렇기 때문에 오스카 와일드Oscar Wilde에게 예술가는 거울을 들어 자연을 비춤으로써 현실을 모방하는 역할만 하는 자를 넘어선다. 그는 문학 같은 예술이 없다면 자연의 아름다움에 눈길이라도 주었겠는가 라며 극단적인 발언을 하기 까지 한다. 그는 「거짓말하기의 쇠퇴」The Decaying of Lying에서 다음과 같은 유명한 구절을 통해 그것을 강조해 준다.

> 단순히 보는 것은 의식하며 보는 것과 매우 다르다. 우리는 그 사물의 아름다움을 보기 전에는 그것을 보지 못한다. 사람들이 그 아름다움을 보게 되었을 때에라야 비로소 그 사물은 존재하게 된다. 요즈음에 사람들이 안개를 보게 되는 것은 안개가 존재하기 때문이 아니라 시인들과 화가들이 그러한 효과의 신비로운 아름다움을 가르쳤기 때문이다. 수세기 동안 런던에 안개가 존재했었는지 모른다. 감히 말하건대 존재했었다. 그러나 아무도 그것을 보지 못했고 그것에 대해 아무 것도 모른다. 그것은 예술이 창조해 낼 때까지 존재하지 않았다.

문학은 자주 눈 뜬 장님 신세인 독자로 하여금 새롭게 혹은 아름답게 보게 한다. 좀 더 이해하기 쉽게 비유해서 말하자면, 문학은 시력이 좋지 않은 일반인에게 안경 같은 필수품인 것이다. 문학은 자연의 아름다움뿐만 아니라 인간의 야망, 두려움, 죄, 본성, 인생의 의미 등에 대해서도 깊이 있게 성찰할 수 있는 기회를 제공한다. 이러한 것들을 이해하는 것이 필요하다면 문학도 필요하지 않겠는가? 철학자들이 추상적으로 논의하는 객관적 실체나 본질이 아니라 인간에 의해서 구체적으로 감지되고 경험되고 평가된 현실 말이다.

리얼리즘의 문학은 현실을 반영하여 독자로 하여금 자신을 보게 하고 사회를 비판적 시선으로 진단해 보게 한다. 아일랜드의 작가 제임스 조이스James Joyce는 『더블린 사람들*Dubliners*』을 집필한 동기에 대해서 "아일랜드 사람들로 하여금 잘 닦인 거울에서 자신들의 모습을 잘 볼 수 있게" 하는 것이라고 썼다(*Letters* I 64).[1] 그는 마비의 중심지로서의 더블린 사회를 있는 그대로 그림으로써 더블린 사람들로 하여금 그들의 실상을 보게 하고자 하였다. 이 작품에 들어 있는 15편의 작품이 거의 모두 시민들의 부정적인 측면을 가차 없이 그림으로써 그들로 하여금 스스로의 모습을 살펴볼 수 있게 한 것이다. 그는 "자기가 보고들은 것을 묘사(제시)할 때 그것을 감히 바꾸거나 심지어 왜곡시키는" 것이 작가의 본분에 어긋남을 암시하고 있다(*Letters* II 134). 이는 버지니아 울프Virginia Woolf가 「현대 소설Modern Fiction」이라는 에세이에서 주장한 것과 어느 정도 일맥상통한다. 울프는 "일상적인 날ordinary day"에 "평범한 사람의 마음ordinary mind"이 보여주는 "다양한, 미지의, 무제한적인 정신을. . . 가능한 한 외부적인 것을 섞지 않고 있는 그대로 전달하는 것이 작가의 의무"임을 강조한다(106). 물론 조이스는 그의 편지에서 어느 정도 리얼리즘적인 측면을, 울프는 에세이에서 조금 더 모더니즘적인 측면을 강조하고 있다는 점에서 차이를 보이고 있기는 하지만 둘 다

1 조이스는 모더니즘의 대표적인 작가로 알려져 있지만 특히 1914년에 출판된 이 작품에서 19세기 말/20세기 초의 더블린의 실제 남녀들과 그들의 세부적인 삶을 리얼하게 묘사하고 있다. 참고로, 그보다 앞서서 디킨스(Charles Dickens) 같은 빅토리아 시대 작가들은 주로 리얼리즘의 형식으로 소설을 써서 많은 대중적 인기를 누렸다.

일상적인 현실을 있는 그대로 보여주어야 한다고 주장한다는 점에서는 유사성을 보이고 있다. 독자는 문학작품의 다양한 등장인물들 중에서 자신을 만나게 되고 그들과 비교하면서 그들 가운데 자신의 모습을 보게 된다. 또한 자신이 속한 사회를 비판적인 시각으로 보게 되고 문제점도 파악하게 된다. 리얼리즘이 주로 외면적인 모습을 반영한다면 모더니즘은 내면적인 측면을 보여준다. 거울이 얼굴과 몸을 살피게 해주는 생필품이듯이 문학작품도 나와 내가 속해 있는 시대, 집단을 살펴보고 성찰하게 해주는 필수품이 될 수 있다는 이야기이다.

그렇다면 상상의 세계로의 여행은 어떤 의미에서 현실 도피가 아니라 현실 직면이라 할 수 있다. 물론 문학작품이 즐거움을 선물하는 것은 나를 나의 현실로부터 벗어나 새로운 영역으로 안내하기 때문이다. 하지만 상상 속의 현실은 현재 내가 머물고 있는 그 현실이 아닐 뿐이지 그것은 다른 종류의 현실에 불과하다. 그것은 공상적인 작품도 예외가 아니다. C. S. 루이스는 동물들이 등장인물로 나오는 작품들이 "음식, 운동, 우정, 자연, 심지어 (어떤 의미에서) 종교" 같은 현실을 제시해 주기 때문에 그 현실을 새롭게 이해할 수 있게 해준다고 말한다. 이러한 공상적인 작품의 "전체의 이야기가 역설적으로 현실을 좀 더 흥미롭게 대하게 만든다"는 것이다("On Stories" 100). 이처럼 상상력의 문학은 자연의 아름다움을 보게 하는 안경으로서, 또한 현실과 나를 비추어주고 비판하게 하며 새롭게 이해하게 하는 거울로서 일상용품 같은 것이다. 하지만 모든 안경과 거울이 나에게 유익할 수는 없을 것이다. 어떤 안경과 거울은 대상을 왜곡시키거나 색칠하여 비추기도 하기 때문이다.

3. 문학은 유익한 것인가?

문학작품을 많이 읽도록 권장하는 첫 번째 이유는 문학이 우리의 존재를 확장시켜 줄 수 있기 때문이다. C. S. 루이스는 문학의 이러한 능력을 다음과 같이 말하고 있다.

> 우리는 우리의 존재의 확장을 추구한다. 우리는 우리 자신을 넘어서기를 바란다. 우리 각각은 천성적으로 개인 특유의 편협한 시각에서 세상을 바라본다. . . . 우리는 우리 자신의 것뿐만 아니라 다른 다양한 시선으로 보고, 다른 다양한 상상력으로 상상하며, 다른 다양한 마음으로 느끼기를 원한다. . . . 우리는 창문을 원한다. . . . 내가 보기에 이것이 문학의 구체적인 가치이자 유익이다. . .; 문학은 우리 자신의 것과 다른 다양한 경험으로 우리를 안내한다. . . . 내 자신의 눈만으로는 충분치 않다. . . . 나는 다른 사람들의 다양한 눈을 통해서 바라볼 것이다.(*An Experiment* 137-39)

우물 안의 개구리는 우물에서 보이는 세상이 온 우주인 것으로 생각한다. 사람도 그가 눈으로 보는 것이 그의 사고를 제한한다. 어떤 의미에서 우리 모두는 장님이다. 몇 퍼센트 장님이냐가 다를 뿐이다. 50% 장님이 있고 25% 장님이 있을 수 있다. 이러한 장애를 극복하기 위해서 호기심 많은 개구리는 우물에서 벗어나 죽기 전까지 마음껏 멀리 도약하고 싶어 한다. 그러나 뛰어보아야 얼마나 뛰겠는가? 물론 여기서 본다는 것은 문자적인 의미로 육안으로 본다는 것만을 의미하지 않는다. 다양한 시각, 시선, 생각 등을 포함한다. 이 모든 한계를 극복할 수 있는 방법 중의 하나가 문학을 통한 간접경험vicarious experience이다. 문학을 통해 독자는 예민하고 통찰력 있는 시선으로 세상을 볼 수 있는 기회를 얻게 된다. C. S. 루이스의 말대로 "내 자신의 눈만으로는 충분치 않다"는 것을 인정하고 다른 사람들의 눈을 의지할 수 있을 때 우리는 우물 안의 개구리 신세에서 벗어나 존재의 확장을 이룰 수 있게 된다.

인종차별, 성차별, 계급차별이 생기는 것도 어느 정도는 다른 사람의 시선으로 볼 수 없기 때문일 것이다. 한국에서 동남아 노동자들에 대한 인종차별에 대해 자주 보도되곤 한다. 하지만 만약 이 차별주의자가 동남아인의 시선으로 쓴 문학작품을 접하고 백인이 아시아인을 황화yellow peril(黃禍)라 부르면서 두려워한다든지 찢어진 눈slit eyes으로 부르면서 차별하는 백인 인종차별주의자의 시선으로 쓰인 글을 접했다면 그의 편협한 시선은 조금 달라지지 않았을까? 좀 단순화시켜 말하자면, 한국인이 동남아시아 노동자를 멸시하고 백인이 아시아인을 멸시하는 것은 우물 안의 개구리의 시선에서 벗어나지 못했기 때문이 아니겠는가? 남성우월주의자 혹은 가부장적인 남자도 여성 입장에서 쓴 글을 자주 접하면 자신과 정반대편에 서 있는 여성의 눈으로 보는 법을 배울 수 있다. 반대편에 있는 사람의 처지를 이해하는 것도 자신을 확장하는 것이 아니고 무엇이겠는가?

그런 점에서 문학은 윤리와 밀접한 관련이 있다. 시는 무뎌진 감수성을 예민하게 하고 상상력을 자극한다. 영국 낭만주의 시인 쉘리Shelley는 『시의 옹호*A Defence of Poetry*』에서 시(모든 문학을 가리킴)는 상상력을 통해 동정심, 공감, 동료의식을 고취시키는 것이고 또 그것에 대한 위대한 표현이라고 말한다. 그에게 상상력은 자아중심과 이기주의에 맞서는 것이다. 문학의 공간이 축소되고 있는 현대인의 삶에서 타인에 대한 공감과 동정심의 설 자리는 갈수록 줄어들고 있다. 남의 입장을 이해한다는 것은 그 사람의 처지를 마치 내 처지인 것처럼, 그 사람이 당하고 있는 고통을 남의 것이 아닌 것처럼 상상력을 통해 느끼는 것이다. 로마서 12장 15절에서 사도바울은 "즐거워하는 자들과 함께 즐거워하고 우는 자들과 함께 울라"고 함으로써 감정이입의 중요성을 강조하고 있다. 문학은 다른 사람의 시선으로 그 사람의 입장을 이해시킬 뿐만 아니라 상상력의 자극을 통해 상대방에 대한 동정심을 불러일으킨다. 반즈Julian Barnes는 그의 소설 『10½ 장으로 엮은 세계사*A History of the World in 10½(Chapters*』(1989)에서 작가의 목소리로 상상력이 불러일으키는 공감능력을 강조한다. 그는 "상상력이 만들어낸 공감능력이 없다면, 다른 관점에서 세상을 보지 않고서는, 사랑할 수 없지요. 이러한 능력이 없다면 좋은 연인도 좋은 예술가도 혹은 좋은 정치가도 될 수 없어요. . . . 폭군이면서 훌륭한 연인이기도 했던 사람이 있다면 대보세요"라고 주장한다. 이것은 기독교인에게도 동일하게 적용될 수 있다. 공감능력이 없다면, 타인을 사랑할 수 없다면 좋은 기독교인이 될 수 없을 것이기 때문이다.

4. 그렇다면 문학은 세상의 구세주가 될 수 있을까?

특히 낭만주의 시인들은 상상력을 중요하게 생각하였다. 블레이크William Blake는 자신이 만든 신화에서 상상력을 예수, 구원자에 비유했고, 워즈워드Willam Wordsworth 역시 상상력을 구세주 그리스도에 버금가는 존재로 여겼다. 매큐언Ian Mcwan의 소설 『토요일*Saturday*』(2005)에서 신경외과 의사인 아버지는 시인인 딸과 대조적으로 과학의 신봉자로서 문학을 이해하지 못하는 것을 넘어 싫어하기 까지 한다. 어느 날 강도가 집에 침입하여 식구들을 흉기로 위협하는 사건이 발생한다. 강도는 딸이 시인이라는 걸 알자 시 한편을 낭송하도록 명령하고 딸은 아놀드Matthew Arnold의 「도버 해협Dover Beach」을 낭송한다. 그리고 이 시는 강도에게 감정적인 동요를 일으키고 마침내 폭력의 위기는 해소된다. 이 작품에서 시 한편은 신경외과 의사의 과학이 할 수 없는 능력을 발휘하여 강도의 폭력성을 잠재우는 역할을 하게 된다. 위기상황에서 구원자가 된 것은 문학이었던 것이다. 유명한 비평가 이글턴Terry Eagleton도 문학의 위대한 능력에 대해 주목을 환기시킨 바 있다.

> 아브람스M. H, Abrams가 주장하듯이, 워즈워드의 경우에 상상력imagination은 밀톤Milton의 『실락원』의 구세주에 버금가는 역할을 한다. 그것은 구원과 화해를 이루는 그리스도 같은 능력이다. 성령을 받는 자처럼 예술가는 이러한 신적인 능력에 고취되어 그것을 다른 인간들에게 전달해야 한다는 성스러운 의무를 느낀다. 우리가 다른 사람들의 감정적 내면으로 우리 자신을 투사할 수 있는 것은 바로 이 능력에 의해서다. 그리하여 상상력은 사랑과 깊은 관계가 있다. 여기서 칸트적인 도덕과 미학의 경계선이 무너진다. 도덕적인 행위는 동료애에 토대를 두고 있고 동료애는 상상력의 공감력imaginative sympathy에서 나오기 때문이다(101).

상상력이 구세주에 비교될 수 있다면 이 혼란스러운 세상을 구원할 힘이 문학에 있다는 말인가? 그렇다면 문학은 과연 종교에 맞먹는 능력을 발휘할 수 있다는 것인가? 영국 빅토리아 시대의 시인이자 비평가인 아놀드는 문학의 구원의 능력에 많은 관심을 보였다. 19세기 말에 다윈Charles Darwin의 진화론 등 과학의 발전과 최대다수의 최대 행복이 도덕률의 기준이라는 공리주의 이론의 유행으로 기독교가 위협을 받는 시점에서 많은 사람들이 종교에 대한 대안을 찾고 있었고 문학은 훌륭한 후보처럼 보였다. 아놀드는 「도버 해협」이라는 시에서 신앙을 잃고 모든 것이 무너져버린 상황을 "아군과 적군도 구분하지 못하는 병사들이 밤에 전진과 퇴각의 혼돈된 나팔소리에 휩싸인 채 싸우는 어두운 전쟁터"에 비유하고 있다. 이러한 상황에서 믿고 의존할 무언가를 찾는 것은 그들에게 절박한 것이었을 것이다. 시로 대변되는 문학은 아놀드에게 새로운 믿음의 대상이 되는 것이었다.

> 시의 미래는 광대하다. 시가 자신의 드높은 소명에 값할 때 시에서 우리 인류는 시간이 갈수록 점점 더 탄탄한 버팀목을 발견하게 될 것이기 때문이다. 흔들리지 않는 신조가 하나도 없으며 의심스러운 것으로 드러나지 않는 공인된 교리나, 와해될 위험에 처하지 않은 기성 전통은 하나도 없다. . . . 점점 더 많은 사람들이 시가 우리를 위해 삶을 해석해주고 우리를 위로해주며, 우리를 지탱해 줄 것으로 믿고 시에 의존할 것이다. 시가 없다면 과학은 불완전하게 보일 것이고, 지금 종교와 철학으로 통하고 있는 대부분의 것들은 시로 대체될 것이다(161).

여기서 아놀드는 문학이 인간을 "지탱해" 줄 것이고 종교는 문학으로 대체될 것이라는 예언을 하고 있다. 그러나 21세기에 살고 있는 우리는 이 예언이 이루어지지 않았고 앞으로도 그럴 가능성이 높지 않다는 것을 알고 있다. 위에서도 이야기하였듯이 문학은 필요한 것이고 유익하기도 하지만 종교를 대체할 정도로 위세가 대단하지 않을뿐더러 오히려 점점 힘을 잃어가고 있는 추세에 있는 것도 사실이기 때문이다. 오히려 경시되고 있는 인문학에 끼인 채 홀대당하는 것에 익숙해졌고 노벨문학상 이니 맨 부커 상 수상자가 발표될 때나 일시적으로 그 중요성이 상기되고 있다.

문학이 인간에게 좋은 영향력을 미친다는 것은 부인할 수 없다. 위로를 주며 치유해 주기도 한다. 하지만 문학이 한 인간을 감정적으로 변화시킬 수는 있지만 사회 전체를 근본적으로 변화시킬 수는 없다. 또한 위에서도 말했듯이 문학이 인간을 윤리적으로 민감하게 만들 수 있다는 것도 틀리지 않는 말이다. 하지만 문학을 통한 도덕적 예민함이 인간의 타고난 성격을 이길 정도로 강력할 것인지는 의문으로 남는다. 다시 말해서 문학을 통해 깨달음을 얻는 것과 그 깨달음을 일상생활에서 행동에 옮기는 것은 별개의 문제라는 것이다. 만약 모든 사람이 시를 통해 상상력이 예민해지고 다른 사람들의 입장에 설 수 있다면 문인들은 성인군자들이 될 것이며 그들의 모든 모임은 평화와 화해의 분위기에 의해 지배될 것이다. 그러나 현실이 그렇지 않다는 것은 우리 모두가 알고 있지 않은가? 위에서 예로 든 『토요일』에서 강도는 잠시 시로 인해서 감정적으로 동요되지만 그의 인격이 변화된 것이 아니며 감정적 변화도 일시적인 것에 불과했다. 가족들은 그의 폭력을 통제하기 위해 그를 무력으로 제압하지 않으면 안 되었다. 문학작품이 인간을 더 인간답게 만들 수 있고 윤리적으로 더 예민한 사람으로 만들 수는 있지만 반드시 훨씬 더 윤리적인 사람으로 변화시키는 것은 아니다. 이런 맥락에서 테리 이글턴이 예로 든 아우슈비츠 수용소의 나찌 사령관의 이야기는 흥미롭다. 이 사령관은 대규모 인간 살상을 감독하며 하루를 보낸 후 괴테Goethe를 읽으며 휴식을 취했다는 것이다. 또 다른 학자인 준 굳필드John Goodfield는 다음과 같이 쓰고 있다.

> 인간들의 행동양식에 대한 거의 신적인 통찰력이 들어있는 셰익스피어의 작품들이 사람들을 좀 더 잘 이해하게 하고, 좀 더 잘 행동하게 하고, 좀 더 기분 좋게 느끼게 했는지--요컨대 그 작품들이 사람들을 좀 더 인간적으로 만들었는지 자문해 보자. . . . 극장에 가서 풍요로운 시와 인간에 대한 이해가 가득 차 있는 그 놀라운 드라마를 보았던 사람들은 같은 장소에서 같은 날 오후에 말 등에 묶여있는 원숭이를 구경했을 것이다. 개들이 그 원숭이를 좇으면서 서서히 물어 죽이는 장면을 말이다. 나는 인문학의 치유 능력의 신화를 창조하는 것은 옳지 않고 현명하지 않는 처사라고 생각한다(3).

위대한 작품을 읽는 것이 반드시 우리를 좀 더 사랑 많은 존재로 만드는 것은 아니다. 요컨대, 문학 옹호자들이 문학의 구원의 능력을 과대평가함으로써 그것을 신화화하고 있는 것을 경계해야 한다.

5. 하지만 문학이 없는 세상에 살 수 있을까?

다윈 등의 과학자들에 의해 기독교가 도전을 받을 때, 문학이 잠시 의지할 수 있는 대상으로 기대를 받기도 했지만 문학 역시 과학 등에 밀리기는 매일반이었다. 뉴톤 시대의 과학사가 스프랫Sprat은 이야기와 시적 이미지가 세상에 대한 허상을 주기 때문에 문학이 해롭다고 주장할 정도였다. 그는 그의 시대의 과학적 발견이 "사람들의 마음을 놀라게 했던 미신"을 세상으로부터 제거했기 때문에 안도감을 느꼈다고 했다(Abrams 266). 한 때 기독교를 대체할 대안으로 기대를 한 몸에 받았던 문학이 어떤 과학자들에게는 "미신"으로 전락한 것이다. 그러나 이들은 그야말로 인문학에 문외한인 과학신봉자들이었다. 그들에게 "미신"으로 보이는 상상력의 세계가 이 세상에서 없어진다면 어떻게 될까? 시인 키츠John Keats가 아래의 시에서 보여주듯이 과학적인 시각이 세상의 아름다움을 볼 수 있는 우리의 능력을 파괴할 수 있을 것이다. 키츠는 신화와 시적 비전이 사라진 세계는 매력이 없는 불모의 장소가 될 것을 두려워했다. 『레이미어Lamia』에서 키츠는 마법에서 깨어나게 하는 과학(여기서는 "철학"이라 부름)의 파괴적인 힘에 대해서 우려하였다:

모든 마법은
냉엄한 철학에 건드려지기만 해도 날아가 버리지 않는가?
한때 하늘에는 휘황찬란한 무지개가 피어올랐다.
우리는 그녀의 본질과 됨됨이를 잘 안다,
그런데 그녀는 이제 흔해 빠진 무감동의 사물들 사이에 놓이게 되었다.
철학은 천사의 날개를 잘라낼 것이요,
엄밀한 규칙과 법으로 모든 신비로운 것을 정복할 것이며,
정령과 요정들로 가득 찬 대기와 광산을 텅 비워놓을 것이고—
무지개를 한 올, 한 올 풀어버릴 것이다.

과학의 힘을 가리키기 위해 키츠가 사용한 동사들을 주목하자. 과학은 세상의 신비를 "잘라내고clip", "정복하고conquer", "비워버리고empty", " (그 실을) 풀어버린다unweave". 그리하여 우리를 무감동의 세상에 남게 한다. 키츠는 기계적인 법칙이 모든 것을 설명해버리는 세상에서 어떻게 우리가 세상의 경이 앞에 공손한 태도를 취할 수 있을 것인지 의아해 한다. 종합대학에서 공대와 경영대만 있고 인문대가 없어져서 캠퍼스에서 문학의 향기가 사라진다면 대학은 얼마나 황량한 곳이 될지 상상하고도 남지 않는가? 기계의 작동과 경영의 효율성만이 인생의 목표라면 그는 로렌스D.H Lawrence의 소설 『연

애하는 여인들*Women in Love*』(1921)에 나오는 제랄드Gerald 같은 인물이 되고 말 것이다. 제랄드는 잘 생겼고 부유한 기업인이지만 그의 내면은 공허하고 결국에는 비극적 결말을 맞이하게 된다. 어느 날 그는 거울을 보고 자신의 푸른 눈이 곧 터져 사라져버릴 거품 같다고 느낀다. 그는 한 쪽으로만 발전하여 균형과 조화가 결여된 인간, 그래서 로렌스가 자주 비판하듯이 막다른 골목cul de sac에 이르게 된 인간이고 문학이 없는 세상은 이런 인간들로 가득 찬 우울한 세상이 될 것이다.

6. 문학이 유해할 수도 있을까?

오스카 와일드는 『도리언 그레이의 초상*The Picture of Dorian Gray*』(1891)이라는 소설 서언에서 자신의 예술철학을 제시하면서 "도덕적인 책이나 부도덕적인 책이란 없다. 책은 잘 썼거나 못 썼을 뿐이다. 단지 그것뿐이다. 모든 예술은 완전히 무익하다"라고 쓰고 있다. 여기서 그는 예술을 도덕적인 잣대로 잴 수 없다는 것과 또한 예술이 사람에게 아무런 영향을 미치지 않는다고 말하고 있다. 그러나 흥미로운 것은 작품이 그의 이러한 진술과 다른 내용을 보여주고 있다는 것이다. 주인공인 도리언Dorian은 헨리Henry가 빌려준 선정적인 책의 영향을 받아 타락의 길을 걷게 되고 작품의 말미에서 그는 예술이 인간에게 나쁜 영향을 줄 수 있고 자신이 그것을 직접 체험했다는 것을 고백한다. 위에서 언급한 로렌스 소설의 제랄드가 현대산업사회의 기계화된 인간을 나타낸다면 도리언은 젊음과 아름다움만 유지할 수 있다면 보이지 않는 영혼은 어떻게 되어도 상관없다는 외모/동안 지상주의자를 나타낸다고 할 수 있다. 도리언은 인생의 막다른 골목에 이르러서야 영혼의 존재를 인정하고 그 중요성을 깨닫지만 그의 삶의 궤도는 이미 돌이킬 수 없는 지경에 이르러 있었다.

작가들은 객관적으로 경험을 중립적으로 제시하지 않는다. 그들은 현실을 그들 자신의 관점에서 보며 자신들의 견해에 대해서도 집요한 편이다. 소설가 그레엄 그린Graham Green은 "우리가 주목할 만한 가치가 있는 모든 창작가는 자신의 생각에 사로잡혀 있다"고 했다(79). 바로 위에서 언급한 와일드의 작품에서 헨리Henry는 신쾌락주의에 사로잡혀 있었고 도리언은 그의 영향을 받아 나중에 후회하게 되는 인생을 살다 스스로 인생을 마감하게 된다. 비록 헨리는 직업상 작가는 아니었지만 그의 언어와 그가 빌려준 책 등을 통해 한 사람의 인생에 지대한 부정적 영향을 미친 것이다. 작가들에게는 자신들만의 세계관이 있고 철학이 있다. 독자는 다양한 작가들의 안경과 거울을 통해 자신이 보지 못한 세상을 볼 수 있지만, 굴절이 심한 거울이라든지 지나치게 색이 진한 안경은 독자를 오도할 가능성이 없지 않다. 예컨대, 물질주의나 자기중심주의를 조장하거나 폭력을 미화하는 작품들이 그런 부류에 속한다고 할 수 있다.

우리가 피하는 것이 좋은 책은 분명히 있다. 하지만 중요한 것은 선정적인 내용이 아니라 작가가 그것을 보는 태도일 것이다. 성경에도 다양한 죄에 대한 이야기가 나온다. 살인, 성도착, 고문, 노예소유, 매춘, 비인간화, 가난한 자들에 대한 착취, 교만, 질투 등 인간의 모든 죄가 사실적으로 묘사된다. 그러나 이런 내용 때문에 성경을 읽지 말라고 하지 않는다. 인간의 다양한 죄가 문학의 소재가 될 수 있지만 소재 자체가 문학을 비도덕적으로 만들지 않는다. 인간이 사는 세상이 천국이 아닌 이상 이런저런 죄들이 없을 수 없고 이 세상을 보여주는 성경이나 문학작품들에 이러한 요소가 들어가 있는 것은 어쩌면 당연한 것이다. 작가가 그 죄를 어떤 관점에서 보느냐가 그 작품의 도덕성을 평가하는 잣대가 될 것이다.

그렇다고 세상의 모든 작가에 대해 문을 닫아걸고 오로지 내 눈만을 의지하겠다고 하는 것은 우물 안의 개구리로 남겠다는 것이 아니고 무엇인가? 세상의 유혹과 죄가 두려워 세상과 담을 쌓고 사는 기독교인들과 유사하지 않겠는가? "세상으로 나가서"(막16:17) 복음을 전하기는커녕, 그리고 이웃에 대한 사랑을 위해 노력하기는커녕 이웃에 눈을 감아버리는 것이다. 세상의 함정은 특정 작가의 특정 작품에만 있는 것이 아니라 이 세상 도처에 깔려 있다. 그것은 동네의 골목에도 있고 직장과 학교에도 있으며 친구들과의 대화에도 있다. 요즈음에는 특히 광고와 TV 프로그램 등도 부정적인 영향을 미칠 수 있다. 이것이 두려워 피하고자 한다면 자신의 방에서 한 발자국도 움직일 수 없을 것이다.

7. 그렇다면 어떻게 하라는 얘기인가?

문학 속에 내재된 반기독교적 가치관 혹은 세계관이 우리에게 부정적인 영향을 끼칠 수 있는 것은 사실이다. 하지만 이러한 영향에 대한 두려움이 우리를 문학으로부터 도망가게 하지 않아야 할 것이다. 그것은 삶의 다른 영역에서 잠재적인 악이 도사리고 있다고 해서 우리가 그 영역에 발걸음을 끊지 않아야 하는 것과 유사하다. 문학은 삶에 대한 이해를 돕고 이웃의 입장을 깊이 이해할 수 있게 해주기 때문이다. 되풀이해서 말하지만, 문학은 잠재적으로 부정적인 요소도 있지만 그보다도 훨씬 더 많은 긍정적인 요소를 지니고 있다. 다만 문학작품을 읽을 때 항상 경계하고 비판적인 입장을 견지해야 하는 것이 중요할 것이다. 매우 유명한 소설가라 해서 그의 관점과 말이 진리에서 나온 것으로 설득당하지 않아야 한다. 또한 그 동안 접한 적이 없는 신선한 새로운 관점이라 해서 무조건 감동받지 않아야 한다. 프랜시스 쉐퍼Francis Shaeffer는 우리가 문학을 대할 때 이러한 점에 주의해야 함을 강조한다.

> 기독교인으로서 우리는 예술가가—심지어는 위대한 예술가가—글이나 캔버스에 세계관을 제시했다고 해서 자동적으로 그 세계관을 받아들여야 하는 것은 아니라는 것을 알아야 한다. . . . 예술가에 의해서 제시된 세계관의 진실은 예술적 위대함과는 다른 근거에서 판단되어야 한다(61).

한 작가가 예술적으로 위대할 수 있지만 그렇다고 해서 그의 세계관도 반드시 옳다고 할 수는 없을 것이다. 문학은 우리가 삶과 이웃을 이해하기 위해서 가까이 해야 하는 만큼이나 곁에 두어야 할 대상이지만 작가의 시각에 대해서는 항상 경계의 고삐를 늦추지 않아야 한다. 작가도 어떤 의미에서 창조자creator이지만 그가 창조주 하나님Creator과 다른 점이 바로 여기에 있다. 작가가 항상 진리를 말하고 있다고 할 수 없기에 그의 언어를 하나님의 말씀처럼 "온유함으로" 받을 수 없는 것은 당연하다고 하겠다(약 1:21).

인용문헌

Abrams, M. H. *The Mirror and The Lamp: Romantic Theory and the Critical Tradition.* London: Oxford UP, 1953.

Arnold, Matthew. "The Study of Poetry" in R. H. Super, ed., *The Complete Prose Works of Matthew Arnold*, vol. 9. English Literature and Irish Politics. Ann Arbor:

U of Michigan P, 1973.

Eagleton, Terry. *Culture and the Death of God*. Yale UP, 2014.

Goodfield, June. "Humanity in Science: A Perspective and a Plea." *The Key Reporter* 57 1977.

Green, Graham, *The Lost Childhood*. New York: Viking Press,1952.

Joyce, James. *Letters of James Joyce*, Vol Ⅰ. Ed. Stuart Gilbert. New York: Viking Press, 1957. Vols Ⅱ and Ⅲ, Ed. Richard Ellmann. New York: Viking.

Lewis, C. S. *Reflections on the Psalms.* New York: Harcourt, Inc., 1958.

___________. "On Stories," in *Essays Presented to Charles Williams.* London: Oxford UP, 1947.

___________. *An Experiment in Criticism.* Cambridge: Cambridge Univ. P, 1961.

Ryken, Leland. *Triumphs of Imagination: Literature in Christian Perspective*. Downers Grove, InterVarsity Press, 1979.

Schaeffer, Francis. *Art and the Bible.* Intervarsity Press, 2009.

Woolf, Virginia. *Collected Essays.* Vol. 2. New York: Harcourt, Brace & World, INC., 1925. Print. 4 Vols.

민태운 (인문대학 영문학과)

역사와 기독교

1. 역사란 무엇이며, 역사가란 어떤 사람일까?

역사란 무엇일까? 프랑스의 유명한 역사학자 마르크 블로흐는 역사란 말은 싫증날 정도로 오래되고 낡은 말이지만, 부인할 수 없는 매력이 있다고 하였으며, 쿨랑주는 역사야말로 가장 어려운 학문이라고 하였다. 또 잘 아는 것처럼 E. H. 카는 역사란 '과거와 현재와의 대화'라는 명언을 남겼으며, 크로체는 '모든 역사는 현재사'일 수밖에 없다고 보았다. 토인비는 역사란 인간의 본성과 운명을 조명, 탐구하는 것이라 하였다.

하나님을 믿는 여러 사람들도 다양하게 역사를 정의하였다. 고대의 신학자 아우구스티누스는 역사야말로 하나님의 섭리를 드러내는 하나님의 예술 작품이라 하였으며, 현대의 신학자 로렐은 역사는 하나님의 약속들이 펼쳐지는 무대라고 보았다. 니부르는 자연과 시간의 가로줄과 인간 활동의 세로줄이 만나서 역사를 엮어내는데, 역사란 궁극적으로 하나님과 부패한 인간 사이의 끊임없는 투쟁이라고 표현하였다.

루터가 역사를 멸시하는 것은 조잡한 야만주의와 같다고 하였듯이, 사실 기독교야말로 가장 역사적인 종교라고 할 수 있다. 성서 자체가 역사책이기 때문이다. 창세기에서 시작하여 요한계시록으로 끝나는 성서는 천지 창조로부터 인류 최후의 심판에 이르기까지의 역사의 대장정을 기록한 책이라 할 수 있다. 하나님으로 시작하여 인간과 우주와 자연까지 포함하는 통전적인 역사책인 셈이다.

흔히 역사를 연구하는 역사가를 여러 직업에 견주어서 비교하기도 한다. 헥스터는 역사가를 요리사에 비유하였다. 온갖 재료를 넣어서 맛난 음식을 만들어내는 요리사처럼, 여러 역사적 사료를 종합, 탐구하여 역사를 서술한다는 뜻일 것이다. 혹은 역사가를 탐정이나 수사관에 비유하는 사람도 있다. 수사관처럼 증거를 면밀하게 분석, 즉 사료를 살펴보아야한다는 말이다. 혹은 여러 증상을 토대로 진단을 내리는 의사나, 사물을 있는 그대로든, 자신의 인상을 섞어서든 그려내는 화가, 혹은 여러 악기를 조화롭게 지휘하여 아름다운 화음을 이루어내는 오케스트라 악장으로 비유하기도 한다.

그것이 맛있는 한 접시의 음식이든, 아름다운 교향악이든, 인상적인 그림 한 점이든, 이를 제대로 해내는 좋은 역사가가 되기 위해서는 어떤 자질이 필요할까? 역사가 블로흐는 역사가에게는 무엇보다도 '살고 있는 것에 대한 이해 능력'이 요구된다고 하였다. 사상사로 유명한 콜링우드는 역사학은 남에 대한 공감을 바탕으로 자기 발견에 이르는 길이라고 보았다. 이들의 견해에 따른다면, 역사가에게 가장 중요한 능력은 결국 인간에 대한 깊은 통찰력이 될 것이다. 좀 더 구체적으로는 올바른 사관, 지적 성실성, 통전성intellectual integrity을 바탕으로 문제

제기 능력, 깊은 시간 의식, 탄탄한 구성력 등을 함께 갖추면 좋을 것이다. 또한 역사가는 하나하나의 개별 그 자체에 대한 관심과 흥미를 가짐과 동시에 보편을 향한 눈도 열려 있어야할 것이다.

그러나 '여호와를 경외하는 것이 지식(지혜)의 근본이요 거룩하신 자를 아는 것이 명철이니라(잠언 9장 10절)'이라는 말씀처럼, 가장 진실한 역사학에 이르는 길, 가장 좋은 역사가가 되는 길은 먼저 하나님을 경외하는 것, 하나님과 하나님 나라에 대해서 아는 것이라고 생각한다. 어렸을 때, 이해하기 힘들었던 성경 말씀 가운데 하나가 바로 '여호와를 경외하는 것이 지식의 근본'이라는 말씀이었다. 학문하는 것, 지식과 지혜를 간구하는 것과 하나님 경외하는 것 사이의 관계에 대해서 미처 이해하지 못하였던 것이다. 그러나 역사학으로 박사학위를 받고 연구를 계속 하면 할수록, 하나님의 말씀이야말로 역사학을 비롯한 모든 학문의 정수이며, 토대가 된다는 것을 더욱 더 깨닫게 된다. 유명한 기독교 역사가인 라토렛 교수도 인간의 이성만 가지고서는 진리에 도달할 수 없으며, 신앙에 근거한 통찰력을 통해서만 진리의 조명을 받을 수 있고 지성의 문을 활짝 열어 진정한 역사 이해를 가능하게 한다고 말한 바 있다.

이러한 역사학의 주된 탐구 대상은 아마도 각 시대와 나라, 민족, 지역, 사람 등 모든 것들의 역사를 연구하는 것일 것이다. 다른 한편, 역사학의 이론적 측면에서는 크게 역사철학적 영역, 역사 방법론적 영역, 사학사적 영역이 있다. 역사방법론은 사료 비판이 중심이 되며, 역사철학적 영역은 역사를 움직이는 기본 동인, 역사가 움직이는 방향 등의 철학적 문제들이 포함되어 있다. 사학사적 영역은 고대로부터 지금까지 여러 역사가들의 기록을 연구하는 것, 즉 역사 기록의 역사History of Historiography를 살피는 것이라 할 수 있다.

2. 성서는 역사 사료로서 믿을 만할까?

기독교의 메시지의 핵심은 역사성이다. 이는 역사적 사건에 견고히 기초하며 전적으로 역사적 사건에서 비롯되었다. 기독교 신앙은 완전히, 전적으로, 순전하게 특히 나사렛 예수님이라는 역사적 인물과 그 분에 관한 진실에 근거한다. 예수 그리스도의 삶과 죽음과 부활은 절대적 기초이며, 중심이다. 이 사건들이 일어나지 않았다면, 메시지도 구원도 없다고 M. 로이드 존스 목사님은 말한다.

그러면 성서는 역사적 사건을 기록한 책으로 믿을 만한가라는 질문을 던질 수 있다. 이 질문에 대한 한 역사가로서의 대답은 성서야말로 사료 비판적인 측면에서 믿을 수 있는 책이라는 것이다. 예를 들어서, 어떤 사람이 자기 조상의 일대기를 쓴다고 할 때, 좋지 못한 추문이나 부끄러운 부분 등은 웬만하면 생략하고 기록하지 않으려 할 것이다. 하지만 성서는 꾸밈없이 그대로 기록되어져 있다.

유대인들이 가장 존경한다고 할 수 있는 아브라함, 유다, 모세, 다윗 등의 경우도 마찬가지이다. 믿음의 조상이라 불리는 아브라함은 비겁하게 자기 아내를 동생이라 부르는 거짓말을 거듭하였음을 우리는 알고 있다. 열두지파 가운데 가장 자손이 번성하였던 유다 지파가 유다와 그의 며느리 다말 사이의 후손들이었다는 것도, 또 그들이 가장 이상적으로 생각하는 왕 다윗이 어느 날 어떻게 남의 아내를 침대로 끌어들였으며, 또 이를 감추기 위하여 어떻게 그녀의 충직스러운 남편 우리야를 죽음에 이르게 하였는지도 우리는 알고 있다. 있었던 그대로 성서에 기록되어 있기 때문이다. 오히려 이들 여성들의 이름들은 마태복음 맨 처음의 예수 그리스도의 가계도에서 특별히 기록되어 있다. 성서는 이를 감추기는커녕 오히려 더욱

환하게 드러내어 지표로 삼고자 하였던 것을 알 수 있다.

그런 점에서 하나님의 말씀이 기록된 성서는 중요한 역사 사료이기도 하다. 예를 들어서, 아주 오래전 역사를 다룬 구약 성서에는 고대 오리엔트 지역에 살았던 수많은 민족, 나라, 역사적 사건이 기록되어 있다. 오늘날은 이집트의 상형문자나 메소포타미아의 설형문자, 히타이트 문자 등이 해독되어서 그들의 언어로 고대 역사를 재구성할 수 있지만, 이들 문자들의 해독은 19세기 고고학의 발달 이후에야 이루어졌다. 그 이전에는 고대 오리엔트 지역의 거의 유일하다시피한 역사 기록이 바로 성서였다. 그러나 이에 대해서 회의적이고 비판적인 사람들이 많았다. 예를 들어서 성서에는 요나가 회개하라고 외쳤던 니네베 성 이야기가 나온다. '니느웨는 사흘 동안 걸을 만큼 하나님 앞에 큰 성읍이더라(요나서 3장 3절)' 이를 두고 니네베라는 도시가 어디 있었으며, 더구나 사흘 길을 걸을 만큼 큰 성읍이 고대에 어디 있었겠느냐고, 성서가 엉터리라고 비판하던 이들이 있었다. 하지만 '아시리아학' 고고학의 발달로 니네베 등의 고대 아시리아 도시 유적이 속속 발굴되면서 이러한 비판은 사라졌다. 엄청난 유적과 유물이 이를 선명하게 증명하였기 때문이다. 지금은 중등학교 세계사 교과서에도 강력하였던 아시리아 제국에 대한 것은 당연한 역사적 사실로서 기록되어 있다.

또 성경에는 바빌로니아 왕국의 마지막 벨사살 왕에 대한 언급이 있다. 이에 대해서도 문헌 사료에 나보니두스 왕이 마지막 왕이고 벨사살 왕에 대해서는 기록이 없다는 이유로 성서가 부정확한 것으로 비판받았다. 그러나 이후 발굴된 비문 자료에서 벨사살 왕이 아버지 나보니두스 왕과 마지막에 공동 통치하였다는 것이 밝혀짐으로써, 오히려 성서의 기록이 정확했음을 다시 한 번 보여주었다.

한 가지만 더 흥미로운 예를 들어보자. 고대 메소포타미아 지역에서 설형문자가 새겨진 수많은 점토판이 발굴되면서, 설형문자의 해독과 함께 <길가메쉬 서사시>라는 것이 알려지게 되었다. 이를 간단하게 이야기한다면 다음과 같다. 길가메쉬는 우룩이라는 도시국가의 왕이었다. 사랑의 여신의 구애를 뿌리쳤던 그는 그녀의 원한을 사게 되었다. 상처받은 여신의 간청으로 신들은 길가메쉬를 죽이기 위해서 엔키두라는 거인을 보냈다. 하지만 길가메쉬는 엔키두를 친구로 삼는데 성공하고 둘이는 함께 여러 모험을 다녔다. 결국 엔키두는 신들의 분노를 사서 죽게 되고, 친구의 죽음에 충격을 받은 길가메쉬는 죽지 않는 방법을 찾아 길을 떠난다. 당시 영생을 누리고 있던 노인 우트나피슈팀을 만나기 위함이다. 우트나피슈팀은 홍수가 세상을 휩쓸었을 때 방주를 만들어서 살아남았던 사람으로 '메소포타미아 판 노아'라고 할 수 있었다. 길가메쉬는 결국 그의 부인으로부터 영생을 얻는 풀을 얻는 데 성공하지만, 채 먹기도 전에 뱀이 훔쳐가게 된다는 이야기이다.

수천 년 전에 쓰여진 점토판에 쓰여진 <길가메쉬 서사시>가 알려지자, 노아의 홍수 이야기를 엉터리라고 주장하던 이들도 고대에 큰 홍수가 일어났다는 사실을 인정하지 않을 수 없었다. 그러자 이번에는 성서가 <길가메쉬 서사시>를 모방한 것이라고 주장하기 시작하였다. 이는 유대교나 크리스트교가 페르시아의 조로아스터교의 영향을 받았다는 주장과 같은 맥락이다. 그러나 이러한 주장들은 모두 한 가지 중요한 사실을 잊고 있는데, 그것은 고대 사료의 대부분이 현재 사라졌다는 사실이다. 따라서 오늘날 남아있는 사료를 기준으로 어느 것이 더 오래되었는가 하는 논의는 유치하다고 밖에 할 수 있다. 대부분의 사료가 사라진 상태에서 현전하는 것을 두고, 누가 영향을 주었다느니 하는 논쟁은 무의미하기 때문이다.

여하튼 <길가메쉬 서사시>에 나오는 홍수 이야기는 메소포타미아 판 짝퉁 성경 이야기라고 할 수 있다. 하지만 짝퉁은 짝퉁에 불과하다. 예를 들어서 홍수가 일어나게 된 배경-이것은 인간의 창조와도 연관이 되는데-에 대한 이야기는 성서에서 말하는 것과는 매우 다르다. 메소포타미아 신화에 의하면, 원래는 신들만 살고 있었는데, 상급 신과 하급 신 두 부류가 있었다. 하급신이 상급 신들의 뒤치다꺼리를 맡아서 온갖 일을 하던 어느 날, 이에 싫증난 하급 신들이 반란을 일으켰다. 상급 신들은 이들의 반란을 진압하고 그 대장을 포로로 잡은 다음, 대책 회의를 하였다. 여러 의견 가운데 인간을 만들어서 하급 신들 대신 일을 시키자는 의견이 채택되었다. 그리하여 반란을 주동한 신을 죽여 그의 피와 흙을 섞어서 만든 것이 인간이었다. 이렇게 인간들이 신들의 잡일들을 도맡아 하게 되었는데, 인간들이 술을 먹고 시끄럽게 난동을 피우자 귀찮아진 신들은 인간들을 홍수로 멸절시키기로 하였다. 이때 인간 우트나피슈팀을 좋아한 지혜의 신이 그에게 방주를 만들라고 귀띔을 해주어서 그와 부인만 살아남았다는 것이다.

<길가메쉬 서사시>의 홍수 이야기는 성서에 나오는 이야기와 비슷한 듯하지만, 부려먹기 위해서 인간을 창조한 메소포타미아 신들의 모습은, 자신과 교제하기 위해 인간을 창조하시고, 이를 참 좋아하신 성서의 하나님과는 판이하게 다른 것을 알 수 있다. 껍데기는 비슷할지 모르지만, 그 본질은 너무나 차이가 나는 것이다.

이와 비슷한 경우의 종교로 이슬람교가 있다. 처음 이슬람의 경전 쿠란을 읽었을 때의 충격이 생각난다. 두 종교 사이의 갈등이 워낙 커서, 이슬람교와 유대교는 매우 다를 줄 알았는데, 마치 구약성서를

읽는 것과 같은 느낌을 주었기 때문이다. 하나님 혹은 알라가 에덴 동산을 만들어 아담과 하와를 살게 하시고, 뱀이 이들을 유혹하여 타락하는 등등, 쿠란에 나오는 여러 이야기들은 성서와 흡사하였다. 아브라함도 자신들의 조상으로 계속 언급된다. 돼지고기를 먹지 않는 것도 유대인이나 무슬림이나 모두 구약 성서에 기인한 것인 것이다.

하지만, 가장 중요한 면에서 이슬람교와 크리스트교는 매우 다르다. 신관, 인간관, 구원관에서 특히 그러하다. '모든 인간은 죄인이며, 의인은 하나도 없다'라는 로마서 말씀과는 달리, 그리하여 유일한 중보자이신 예수 그리스도를 통하여서만 구원을 얻을 수 있다는 크리스트교의 가르침과는 달리, 이슬람교는 5주 ('알라의 유일성과 무함마드가 그분의 예언자임을 믿는다'는 신앙고백, 하루 5번의 예배, 라마단 한 달간 해 있는 동안의 단식, 순수입 일부를 가난한 사람들을 위해 내는 자카트, 메카 성지 순례)라는 다섯 가지 행함이 구원을 보장해주는 기둥이 된다. 그러니 자연히 예수 그리스도의 십자가도 필요가 없다. 이슬람교에서 예수 그리스도를 위대한 선지자 가운데 한 사람으로 보고, 십자가에서 돌아가신 것이 아니라 하늘로 바로 승천하였다고 하는 것 자체가 크리스트교의 구원관과 정면으로 대치되는 것이다.

그런 점에서, 이 세상에 수많은 종교들, 종교라는 이름을 가진 수많은 믿음들이 있지만, 결국에는 두 종류의 종교만 있다고 한 칼뱅의 친구 올리베땅의 말이 맞는 듯하다. 자신의 힘으로 구원을 얻고자 하는 종교와, 자신의 죄악성을 깨닫고 하나님의 은혜로 구원을 얻는 종교의 두 가지이다. 당시 가톨릭 문화권에서 살던 칼뱅은 올리베땅의 권유를 듣고 크게 깨닫고 결국 종교 개혁의 선봉에 서기에 이른다. 크리스트교 안에서도 예수 그리스도의 은혜의 십자가의 대속의 길이 아니라, 자신의 공로나 선행이 우선되면 무늬만 크리스트교가 되는데, 당시 중세 가톨릭교회의 주류가 그 대표적인 경우였다.

이는 마치 불가의 스님들이 고기나 여인이나 술을 가까이 아니하고, 깨달은 사람, 즉 부처가 되기 위하여 그렇게 노력하지만, 고행이나 선행 등 자신의 노력에 기반하고 있어서 결국 궁극적 진리에 도달하지 못하는 것과 같다. 그러므로 인간으로서 감탄할 만한 고행생활에 정진하였던 성철 스님도 '나는 중생을 속였다. 나는 지옥으로 떨어진다'고 일갈하시면서 돌아가셨을 것이다. 또한 무슬림들이 자살폭탄을 감행하면서까지, 즉 죽음까지 불사하고 알라에게 가까이 가고자 하지만, 이는 결국 자신들의 행위에 기반을 둔 안타까운 종교 행위, 그것도 남의 생명까지도 앗아가는 반인륜적 종교 행위에 불과하게 되는 것이다.

3. 사관이란, 또 기독교 사관이란 어떤 것일까?

앞에서 성서가 있었던 바를 그대로 기록하였다고 해서, 성서 자체의 관점이 없었다는 말은 아니다. 역사를 '있었던 그대로' 다 쓴다는 것은 불가능하기 때문이다. <요한복음>을 기록한 저자도 다음과 같이 끝맺는다. "예수께서 행하신 일이 이 외에도 많으니, 만일 낱낱이 기록된다면 이 세상이라도 이 기록된 책을 두기에 부족할 줄 아노라". 즉 요한복음 저자는 수많은 일들 가운데서 더 중요하다고 생각된 것을 뽑아서 기록한 것이다. 그런데 어떤 것이 더 의미가 있는가 하는 것은 결국 자신의 주관, 가치관, 즉 사관에 따라 달라지게 마련이다. 맥피D. Macphee 교수가 역사가의 방법론 속에는, 무한히 다양한 자료들로부터 중요하고 의미 있는 것을 사료를 선택해야만 하므로, 역사가의 가치 판단이 깊이 내재하여 있다고 함과 같다.

사관Geschichtsauffassung(史觀)은 '역사를 보는 눈'이란 뜻이다. '눈', 혹은 '본다'라는 단어 안에는 관점, 견해, 이념, 신념, 가치체계 등이 포함되어 있다. 한마디로 사관은 조망의 기본 틀이자 역사 서술의 기본 전제라고 할 수 있다. 과거의 수많은 사실과 사건 가운데서, 무엇을 선택 기준으로 선택할 것인가, 또 어떻게 그것을 이해하고, 해석하고 서술할 것인가 하는 것은 사관에 따라서 달라질 것이다. 오늘날 유물사관, 유심사관, 민족사관, 식민사관, 문명사관, 환경사관, 민중사관, 기독교사관 등등, 개인이나 집단과 관계되는 수많은 사관이 있다. 어떻게 역사를 배우고 바라보는가에 따라서 국가관, 민족관은 물론이고 개인적인 인생관, 세계관도 결정될 수 있으므로 사관의 역할은 참으로 중요하다 할 것이다.

사실 역사라는 것은 과거를 대상으로 하지만, 단순히 과거만 문제가 아니다. 과거의 사건이나 사실의 기록을 읽어내는 것은 현재의 우리이므로, 현재를 사는 우리의 가치관이나, 신념 체계 등이 함께 작동하게 마련이다. 그래서 E.H. 카는 역사는 '과거와 현재의 대화'라고 하였으며, 크로체는 '모든 역사는 현재의 역사'라고 하였을 것이다. 그런데 이는 또한 미래에도 영향을 끼치게 마련이다. 얼마전 우리나라에서 국사 교과서 국정화 논란이 심하게 일어났던 것도 바로 앞으로 우리가 구축해 나갈 사회의 방향, 가치관과도 연관되어 있기 때문이다. 즉 역사는 과거를 축으로 현재와 미래가 함께 움직인다고 할 수 있어서, '과거와 현재와 미래의 대화'라고 하는 편이 더 옳을 것이다.

따라서 누가 어떤 입장에서, 즉 어떤 사관에 의해서 기록했느냐

하는 것이 매우 중요한 것임은 말할 나위도 없다. 기독교적 사관에 대해서 라토렛 교수는 세상 사람들이 가진 관점과 전혀 다른 가치체계를 가지고 있다고 하면서, 이는 개인을 존중하는 예수 그리스도의 인간 이해를 토대로, 영원한 하나님 나라를 바라보되, 인간의 사회구조도 무시하지 않아야한다고 말하였다.

실제로 하나님의 관점에서 보는 역사와 세상적인 관점에서 보는 역사는 매우 다를 수 있다. 예수 그리스도의 탄생을 생각해보자. 예수 그리스도가 태어날 당시 세계는 로마 제국의 탄생을 맞이하고 있었다. 줄리어스 시저의 양자 옥타비아누스가, 클레오파트라와 손을 잡았던 정적 안토니우스를 제거하고 로마 최초의 황제가 되어 권력을 휘두를 무렵, 거대한 로마 제국의 한 변두리 베들레헴이라는 마을에서 한 아기가 태어났던 것이다. 이 아기는 태어나 있을 곳조차 마땅치 않아 말구유에 뉘어졌다고 전해진다. 로마 최초의 황제가 되어 강력한 권력을 휘두르던 옥타비아누스와 변방에서 태어난 이 가난한 아기는 극적인 대조를 이루고 있다.

당시 이 아기를 탄생을 눈여겨보는 세상의 역사가가 있었을까? 누가 이 둘을 비교조차 하고자 하였을까? 하지만 이천년이 지난 오늘날 이 아가의 이름을 모르는 이들은 지구상에 거의 없고, 그를 위해서 생명도 바치려는 사람들은 수많이 있지만, 옥타비아누스를 기억하는 사람은 소수이며, 더구나 그를 위해서 죽겠다는 이들은 하나도 없을 것이다. 존 스토트는 역사는 무작위로 펼쳐지는 사건의 흐름이 아니고, 시간 속에 완성될 하나의 계획을 정확한 시간에 이루어가고 계시는 중이라고 했는데, 정말 중요한 것은 지금 세상 사람들의 평가나 관점이 아니라, 하나님의 관점과 평가일 것이며, 그 평가는 십년 뒤, 백년 뒤, 천년 뒤에 나올 수도 있다. 무엇보다도 하나님 앞에

섰을 때 가장 정확한 평가가 나올 것이다.

또 예수 그리스도의 재판을 담당한 빌라도 총독이 예수님을 놓아 줄 권세가 자기에게 있음을 알지 못하느냐고 하였을 때, 예수 그리스도는 모든 권세는 하나님께로부터 나올 따름이라고 대답하셨다. 당시 주변인들의 눈으로 볼 때는 지금 참혹한 사형집행을 당하려는 죄인과 그를 심판하는 권력자는 그야말로 하늘과 땅 차이의 인간관계로 보였지만, 그것은 껍질에 불과하였고, 실상은 비교할 수도 없는 고귀한 하나님의 아들과 권력의 비겁한 꼭두각시와의 대면이었던 것이다.

그런 면에서 G.E. 래드가 말한 바, '인간 역사를 위한 하나님의 목적이란 관점에서 볼 때 한 명의 기독교인이 전 유엔보다 더 중요할 수 있고, 어떤 강력한 황제보다 한 선교사가 더 중요할 수 있다'는 말은 진실을 담고 있다. 하나님 눈에는, 내가 비록 지금 형편없는 처지에 있을지라도 가장 아름다운 삶을 살고 있는 것일 수 있으며, 반면에 지금 출세가도를 성공적으로 달리고 있다 할지라도 가장 불쌍한 존재일 수 있는 것이다.

성서의 관점을 한 마디로 표현한다면, 당연히 '하나님이 어떻게 보시는가'가 될 것이다. 모든 성서 내용에 적용이 되겠지만, 특히 다윗 왕 이후의 역사를 기록한 <열왕기 상,하>나 <역대 상,하>를 읽어보면 반복하여 일어나는 동일한 패턴을 쉽게 발견하게 된다. 하나님을 진심으로 믿고 우상을 제거한 왕들이 이끄는 시대에는 하나님의 축복이 함께 하여 번영하였으나, 하나님을 버리고 우상을 섬긴 왕들이 이끄는 시대는 이민족의 침입이 끊이지 않고 패망이 함께 하였다는 단순한 진리이다.

이것은 비단 유대인의 지나간 역사에서만 해당되는 것이 아니다.

지금의 역사에도 그대로 적용된다. 왜 가톨릭 국가이던 프랑스에서 1789년 프랑스 대혁명이 일어나서 수많은 사람들이 피를 흘리고 죽어갔던가? 무엇보다도 당시 혁명의 일부 주체 세력들은 가톨릭교를 없애고, 하나님 대신에 <최상자Supreme Being>을 예배하는 새로운 종교를 만들고자 하였다. 또 왜 그리스 정교 국가이던 러시아에서 공산주의 혁명이 일어나서 그렇게 많은 이들이 피를 흘리고 죽어갔으며, 하나님을 믿는 신앙이 억압당하게 되었을까? 그 영향은 전 세계에 고스란히 전해져서, 우리나라도 38선이 그려지고, 6.25라는 내전이 일어났으며, 지금도 남북한이 대치상태에 있다.

그 이유를 단순하게 요약하자면, 하나님을 믿는다고 하면서도, 제대로 믿지 못하고 부정과 죄가 극심했기 때문이었다. 유대인들이 하나님 말씀을 맡은 백성이었으면서도 우상 숭배가 극심하였을 때 멸망에 이르게 되었던 것처럼, 프랑스나 러시아에서 혁명이 일어났을 당시 모든 분야에서 부패와 죄악이 관영하였지만, 특히 고위 성직자들이 세상의 빛과 소금이 되기는커녕, 세상 권력과 결탁하여 불의가 강물처럼 흘렀기 때문이다. 의인 열 명이 없어서 심판을 막을 수 없었던 소돔과 고모라처럼, 성경을 읽고 하나님의 뜻을 헤아려 그 뜻을 이루고자 하는 사람들이 그 땅에 충분치 않았던 것이다.

에티오피아의 역사도 이를 증명한다. 사도행전에 나오는 것처럼, 빌립에 의하여 세례 받고 돌아간 왕실 시종 간다게의 영향 덕분인지 에티오피아는 하나님을 믿는 나라로 이어져왔다. 그리하여 20세기 초가 되면, 모든 아프리카 국가들이 서구 제국주의 열강의 침탈로 분할 점령되었지만, 에티오피아와 리베리아 단 두 나라만은 독립을 유지할 수 있었다. 하지만 에티오피아를 향한 하나님의 긍휼하심이 이렇게 컸음에도 불구하고, 20세기 에티오피아 권력층이 몹시 부패

하면서, 하나님의 진노가 임하게 되고, 이제는 아프리카에서도 가장 못사는 나라 가운데 하나가 되어버렸다.

여기서 그리스 정교, 가톨릭교, 개신교를 나누어 우열을 다투자는 소리는 아니다. 그리스 정교는 자신들이야말로 정통적인 종교라고 믿으므로 그리스 정교라 부르고 있고, 가톨릭교는 가장 보편적인 종교로 발전하였다고 간주되었으므로 'catholic', 즉 보편적이라는 이름을 쓰고 있다. 종파가 문제가 아니라, 어느 정도로 우상을 제하고 하나님을 진심으로 믿는가가 관건이라고 할 수가 있는데, 그런 점에서는 아무래도 말씀을 접할 기회가 많은 개신교가 유리한 점이 많은 듯하다.

그리스에서 유학 생활 하였을 때 느꼈던 점인데, 그리스 대부분의 국민들이 그리스 정교 신자라는 통계가 있고, 지역 중심지마다 자리 잡은 아름다운 정교회 건물에, 길거리 곳곳에서 (냉장고만한) 작은 예배소를 볼 수 있었지만, 정작 성경을 가까이하는 사람들은 별로 보지 못하였다. 우리나라의 가톨릭의 경우도, 20세기 중반까지도 라틴어로 미사를 보았다고 한다. 당시 우리나라 사람 가운데 도대체 몇 명이나 그 말을 이해할 수 있었을까? '믿음은 들음에서 나며, 듣지 않고 어떻게 믿을 수 있겠느냐'고 반문한 로마서 말씀처럼, 하나님의 말씀은 먼저 들려지고 읽혀져야 하는 것이다.

아메리카 대륙의 경우, 그 차이가 선명하게 잘 드러나는 것이 아닌가 한다. 크게 보아서 개신교도들이 주로 이주하였던 북미 대륙은 오늘날 가장 선진한 곳으로 발전한 반면, 스페인이나 포루투갈 등 주로 가톨릭교도들이 진출하였던 남미 대륙은 오늘날 혼란한 정치 정세에 경제적으로도 문제가 많은 곳이라 할 수 있다. 하지만 물론 이를 단순하게 공식화할 수는 없으며, 미국이란 나라에 문제가 없었다는 것은 절대로 아니다. 토착민 인디언들의 문제, 서부 개척, 노예 문제, 남북 전쟁 등등이 매우 복잡하게 얽혀있었기 때문이다. 그럼에도 불구하고 하나님을 믿는 신실한 백성들이 그나마 있었기 때문에 하나님의 축복을 끌어올 수 있었던 것이라 생각된다.

오늘날 세계 개신교인의 87%가 선진국 혹은 중진국에 살고 있다고 한다. 우리나라도 정말 이렇게 발전한 때가 있었던가 싶다. 한류가, 여러 세계적 기업들이 어떻게 이렇게 발전할 수가 있었을까? 이것은 믿음의 선진들의 유산들, 일제 치하에서, 공산주의의 창검 아래서 순교하면서까지 신앙을 지켰던 그들이 맺은 열매를 우리가 따먹고 있다고 밖에는 설명할 수가 없다. 하나님을 믿는 백성들이 늘어나고 선교사 파송이라는 아름다운 일로 인해서 하나님께서 그만큼 경제, 정치, 문화발전을 이루게 하신 것이다.

하지만 오늘날 영국이나 미국의 돌아가는 상황이나, 한국 개신 교회의 추태를 통하여 볼 때 하나님의 촛대가 그 자리에 항상 있는 것은 아니라는 것, 처음 사랑을 잊어버릴 때 무서운 꾸지람을 받을 수 있다는 것을 실감하게 된다. 1907년 평양 대부흥 운동을 체험한 길선주 목사님이 당시 미국에 가 있던 게일 선교사에게 썼던 편지 구절이 생각난다. “만약 하나님이 그의 영을 현시하시지 않았다면, 한국 교회는 단지 외형적으로만 대교회가 되었을 테고, 그러면 자연히 사탄이 지배했을 것입니다. 나는 극소수만이 구원을 받을까봐 두려웠습니다. 어떤 힘으로도 그 축복을 말할 수 없고, 나 역시도 하나님이 행하신 모든 것을 펜으로 다 쓸 수 없습니다. 다만 나는 그가 여기 현시하셨던 것처럼 성령께서 당신 위에도 충만히 부어지기를 기도합니다.” 그의 글 가운데, 하나님이 그의 영을 현시하지 않으셨더라면, 한국 교회는 단지 외형적으로만 대교회가 되었을 테고, 그러면 자연히 사탄이 지배했을 것이라는 말이 마음을 아프게 한다. 마치 오늘날 우리 교회의 모습이 아닌가 해서...

이상에서, 사관에 대해서 역사 속에서의 실제적, 구체적 상황을 통하여서 살펴보았다. 도슨은 기독교 역사관이란 '역사의 시간과 공간 속에서 하나님께서 직접 인류의 삶 속에 개입하신다는 사실을 믿는 것'이라고 하였다. 역사를 보는 눈은 지나간 역사 사건의 해석에도, 앞으로 교회의 나아갈 방향, 미래의 지표를 성찰하는 데도 도움이 될 것이다. 그리고 그리스도인들의 올바른 역사인식과 세계관의 형성에는 역사의 동인이나 진행 방향에 대한 올바른 역사 인식도 포함하고 있을 것이다.

4. 역사는 어떻게 이루어질까? 우연하게 혹은 필연적으로?

우리 주변에 일어나는 사소한 것처럼 보이는 일들로부터 인류 역사상의 큰 사건에 이르기까지 수많은 일들은 우연하게 일어나는 것일까? 아니면 필연적인 이유로 인하여 일어나는 것일까?에 대한 논쟁이 있다. 가장 대표적인 것은 '헤겔의 교지론List der Vernunft'과 '클레오파트라의 코' 이론이 있다.

헤겔의 교지List란 교활한 지혜, 간교한 지혜를 뜻한다. 헤겔은 세상의 모든 일들의 배후에는 이 세상을 움직이는 세계 이성, 세계정신이라는 것이 있다고 하면서, 이 세계정신이 자신의 뜻하는 바 목적을 위하여 모든 일을 이끌어나간다고 보았던 것이다. 따라서 우연하게 일어나는 일은 아무 것도 없다. 영웅도, 덜 중요한 듯 보이는 사람들도, 사건 사고들도 모두 세계 이성이 뜻하는 방향을 향해서 일하고 나아가고 있는 것이다.

반면에 '클레오파트라의 코' 이론은 클레오파트라의 코가 한 치만 더 낮았더라도 인류의 역사가 달라졌을 것이라는 파스칼의 말을 응용한 것이다. 클레오파트라가 코가 조금 더 낮아서 그리 미인만 아니었더라도 안토니우스가 그리 반하지 않았을 것이며, 만약 안토니우스가 옥타비아누스 대신에 승리하였더라면 로마 역사가 달라졌을 것이며, 오늘날 서구 사회가 로마 제국의 후손임을 감안하면 이후의 역사도 확 달라졌을 것이라는 것이다. 즉 우연한 사건이나 사람이나 일이 인류 역사의 방향을 바꾸고 이끌어나간다는 생각이다.

톰 크루즈가 나왔던 영화 <작전명 발키리>는 2차 세계 대전 가운데 일어났던 실화를 다룬 것이다. 주인공인 슈타우펜베르크 소령은 실제로 히틀러를 암살하기 위해서 히틀러의 작전 참모회의가 열리는 곳에 시한폭탄 가방을 두고 나왔다. 그 가방은 예상하였던 시간에 터졌으나, 히틀러를 죽이지는 못하였다. 왜냐하면, 그 자리에 참석한 한 장군이 우연하게 자기 발밑에 걸리는 가방(시한폭탄이 든)을 발로 미는 바람에 책상다리로 막히게 됨으로써 그 폭탄이 히틀러에게 치명적으로 미치지 못하였던 것이다. 만약 그 장군이 우연하게 가방을 책상다리 너머로 밀지 않았더라면, 그 때 히틀러가 예상처럼 죽었더라면, 2차 세계 대전은 훨씬 빨리 끝났을 것으로 추측된다. 그렇다면 많은 것이 달라졌을 것이다. 우리나라의 삼팔선도 없게 되었을지 모른다.

인류 역사는 덩어리가 크니까 그렇다고 하고, 우리 개인의 삶은 어떨까? 어떤 학생이 우리의 삶은 우연한 일로 결정되는 것 같다고 하면서, 자기는 고등학교 삼학년 때 어떤 대학에 미리 서류를 넣으려고 하였는데, 담임선생님이 깜박하고 그 대학에 서류를 넣지 않음으로써 다른 대학에 오게 되었다고 하면서, 만약 자신이 원하는 대학에 갔더라면 자신의 삶이 달라졌을 것이라고 하는 이야기를 들었다. 또 '우연한' 실수로 자동차 사고를 내고 크게 다침으로써 인생이 달라졌다고 생각할 수도 있을 것이다.

그렇다면 정말 인류의 역사는, 우리의 삶은 우연하게 일어나서 우연하게 흘러가는 것일까? 과거에 우연히 발생한 사건들의 총합이 역사인 것일까? 성서는 이에 대해서 어떻게 이야기하고 있을까? 예수 그리스도께서는 참새 한 마리가 땅에 떨어지는 것도 하나님의 허락 없이는 이루어지지 않으며, 우리의 머리카락이 몇 개 인지도 다 헤아리고 계신다고 말씀하셨다. 로마서에서는 하나님을 사랑하는 자 곧 그 뜻대로 부르심을 입은 자들에게는 '모든 것이 합력하여서 선을 이룬다'고 말씀하신다. 그런 점에서 성서적 관점은 '클레오파트라의 코' 이론 보다는 헤겔의 자유정신, 혹은 절대 정신 대신에 보다 가깝고, 그의 절대 정신이라는 존재에 하나님을 대입하면 될 것 같기도 하다.

하지만 하나님은 헤겔의 자유정신 혹은 절대 정신으로 수렴될 분이 아니시다. 무엇보다도 우리의 삶이나 역사는 우연과 필연을 떠난 것, 이러한 관점을 초월한 것, 통전적인 것이다. 다양하고 복잡한 이 세상의 모든 것들이 모두 하나의 통일적인 전체성 속에서 조화를 이루고 있으며, 그 전체성 속에 내포된 모든 사건이나 모든 것들은 하나하나 의미 있는 것이라 할 수 있다. 그것을 우리는 하나님의 섭리라고 부른다. 이 세상을 창조하신 하나님께서는 지금까지 창조를 유지하고 계신데, 그것을 섭리라고 볼 수도 있을 것이다. 하나님은 역사 저편에 서 계신분이 아니라 인간이 만드는 역사에 정의롭게 섭리하고 계시므로, 인간의 모든 삶, 역사적 행위들은 하나님의 현존에서 피할 수 없는 것이다. 흔히 역사를 움직이는 원동력이 있는지 없는

지, 있다면 무엇인가에 대해서도 논란이 있다. 마르크스는 그것이 물질이라고 하였고 헤겔은 자유이성이라고 하였으나 우리는 그것을 하나님의 섭리라고 믿는 것이다.

5. 역사는 어떻게 진행되어 왔을까? 진보, 퇴보, 순환?

역사의 진행 방향에 대해서는 여러 이론들이 있다. 진보론, 퇴보론, 순환론, 정체론, 미로론 등이 그것이다. 먼저 퇴보론은 역사는 퇴보해왔다는 것으로 처음의 황금시대에서 점차 나빠져 왔다는 것이다. 대표적인 것이 헤시오도스의 이야기로서, 그는 <노동과 나날> 이란 글에서 인류의 역사가 황금의 시대 → 은의 시대 → 동의 시대 → 영웅의 시대 → 철의 시대로 진해되어 왔다고 한다. 오늘날 우리가 사는 시대는 가장 험악한 철의 시대이다. 공자가 주나라를 예정일치의 사회로 이상적으로 생각한 것도 이전 시대가 더 좋았다는 일종의 퇴보관을 반영한다고도 할 수 있을 것 같다.

다음으로는 순환관이 있다. 고대 그리스의 역사가 투키디데스를 비롯한 여러 역사가에게서 볼 수 있는 생각으로, 인류의 역사는 비슷한 형태로 진행해나가며, 돌고 돈다는 관점이다. 20세기에 살았던 역사가 토인비도 투키디데스의 생각에 공명하였다고 전한다. 1차 세계 대전의 전쟁이 먹구름이 몰려들던 어느 날, 투키디데스의 역사책 <펠로폰네소스 전쟁사>를 읽던 토인비는 기원전 5세기 아테네와 스파르타 사이 갈등이 고조되면서 전쟁의 기운이 커져가던 상황과 20세기 초 영국과 독일 사이의 갈등이 고조되면서 전쟁이 임박해져 가는 상황이 매우 동일하다는 것을 깨달았다고 전한다.

그런데 같은 순환관이라도 나선형적 순환관이라는 관점도 있다.

근대 이탈리아 사상가 비코는 역사는 순환하되, 과거와 같은 동일한 지점으로 되돌아오지는 않고, 발전적으로 순환한다고 보았는데, 이를 나선형적 순환관이라고 부른다.

퇴보관이 고대에서, 순환관이 고대에서 현대에 이르기까지 인기였다면, 근대 이후로 인기 있는 사관은 진보관이라 할 수 있다. 특히 계몽주의 시대 사가들은 진보관을 선호하였다. 계몽주의 사상가들은 서양 중세를 인류의 이성이 억눌려져있던 시대로 규정하고, 억압되었던 인류의 이성이 깨어나면, 인류의 역사는 바람직한 방향으로 나아갈 것이라고 믿었다. 프랑스 혁명기와 과학 혁명의 시기에 살았던 그들은 프랑스 혁명으로 인간의 자유와 인권이 향상되고 과학기술이 발달하게 되면 점차 인간은 유토피아적인 시대로 들어갈 것이라 믿어 의심치 않았던 것 같다. 예컨대 콩도르세는 인류의 역사를 열 개의 시기로 나누면서 미래 유토피아적인 사회로 나갈 것이라 보았다. 실제로 과학 기술은 놀랄 만큼 발달하게 되었고, 인권도 어느 시대보다 향상되어가는 것처럼 보이는 시대가 되었다.

하지만 20세기 초반부터 터진 1차 세계 대전 및 2차 세계대전을 겪으면서는 인류 미래에 대한 진보관, 유토피아적 사회의 도래에 대한 회의주의가 강하게 등장하였다. 미래의 인류 사회는 유토피아가 아니라 거꾸로 디스토피아가 될 것이라는 전망이 강하게 나타나게 된 것이다. 1932년에 나온 올더스 헉슬리의 <새로운 신세계*The Brave New World*>라든가 2차 대전을 겪은 다음인 1949년 출판된 조지 오웰의 <1984년> 등의 작품들은 이러한 생각을 대변한다. 여기서 인류의 미래는 유토피아적인 것이 아니다. 미래 과학 발달 사회를 다루는 <새로운 신세계>에서 인류는 어머니라는 단어를 잊어버리고, 아기들은 실험실에서 태어난다. 이 아이들은 미래에 맡을 직무에 따라서 실험실에서 알맞게 배양된다. 또 미래 사회의 정치 체제와 관련된 <1984년>에서 인류의 미래는 평등과 자유와 우애가 확산된 인권사회가 아니라, 빅 브라더Big Brother에 의하여 감시받고 인간성은 말살되는 사회로 그려진다. 이러한 종류의 책이나 영화들은 요즘 더욱 쏟아지고 있는 편이다. 최근 재미있게 본 <블레이드 러너>, <터미네이터>, <가타카>, <메이즈 러너>, <헝거 게임>, <다이버전트> 등의 수많은 영화들은 모두 디스토피아적인 암울한 미래에 대한 세계관을 반영하는 것이다.

분명히 인류의 역사는 과학기술의 진보라든가 정치 체제의 변화라는 측면에서 본다면, 근현대에 이르면서 놀랄만큼 진보해왔다. 하지만 인류가 안고 있는 가장 본질적 문제, 죄의 문제는 그대로 있다는 점이 문제일 것이다. 굿자드B. Goudzwaard는 사회의 근본적인 문제는 사회구조에서 발생하는 것이 아니라, 그런 구조를 만드는 사람들의 마음에서 흘러나온다고 한 적 있으며, 칼 브라텐은 '죄는 너무나 심원한 파멸의 상태이므로, 빈곤이나 탄압, 질병, 인종, 계급, 남녀차별을 제거하는 것만으로는 인간의 죄악된 상태를 근본적으로 변화시킬 수 없다'고 간파한 적이 있었거니와, 빵문제의 해결이나 인권에 대한 강조만으로는 절대로 이 세상을 변화시킬 수는 없을 것이다.

우리는 공평하고 아름다운 사회, 정의가 하수처럼 흐르는 사회가 되기를 노력해야하겠지만, 이는 정치체제나 기술적 진보만으로 이루어질 수 있는 것이 아니다. 만약 그랬다면 예수님은 정치가의 길이나 과학자의 길을 걸으셨을 것이다. 버터필드 경은 역사적으로 볼 때 기독교인들은 기존질서를 뒤엎으려는 '의도적' 전략을 통하여 세상에 영향을 미친 것이 아니라, 그리스도가 명하신 바, 제자의 삶을 영위함으로써, '간접적' 사회 발전을 촉진시키는 방법을 통하여 영향을 끼쳐왔다고 통찰한 바 있다. 기독교의 최고 유일의 무기는 복음전파와 사랑의 실천이며, 이를 실천하는 기독교인들이야말로 문명의 여러 문제를 그 근원에까지 추구하면서 진리의 근원, 새로운 진리들이 계속하여 샘솟는 근원을 활짝 열고 지키고 있다는 것이다.

사실상, 오늘날은 인간의 심원한 죄 문제는 그대로인 채, 과학기술이 눈부시게 발전함으로써, 오히려 대량살상이라든가 하는 점에서 더 위험할 수 있는 상황에 이르게 되었다고도 볼 수 있을 것이다. 예컨대 이전의 나쁜 정치가는 국지적으로만 피해를 입힐 수 있었던 반면에, 이제는 한 나쁜 정치가가 세계 전체의 수많은 이들에게 피해를 입힐 수도 있는 사회에 이르게 되었기 때문이다. 히틀러 같은 이가 대표적일 것이다. 하지만 그 때는 아직 핵무기까지는 그의 손에 들려있지 않았다. 앞으로의 미래는 그런 점에서 매우 위험하다고 볼 수 있다. 특히 지금은 인공지능 AI의 시대로 급속하게 들어가고 있는 시점에 와있다. 성서는 이천년 전 쓰여진 요한계시록을 통해 이미 이를 예언하였다. 다양한 영화나 만화 콘텐츠로 우리에게 익숙한 아마겟돈 전쟁은 요한계시록에서 예견된 인류 마지막을 상징하는 전쟁인 것이다.

이상의 퇴보론, 순환론, 진보론 외에도 서구와 달리 변화 없는 아시아 사회를 지칭하기 위해서 나타났던 이론의 정체론과, 역사의 진행과정을 시작도 중간도 끝도 알 수 없는 모호한 것으로 보는 미로론 등이 있다.

그렇다면 성서적 관점에서의 역사의 진행과정은 어떤 것일까? 성서는 퇴보론, 진보론, 순환론 등 모두를 포함하고 있는 것처럼 보인다. 즉 최초로 하나님이 창조하신 모습은 완전 그 자체였다. 보시기에 좋으신 우주만물과 보시기에 참 좋으셨던 인류가 살고 있었던 에덴동산은 그야말로 헤시오도스의 '황금시대'였을 것이다. 하지만 아담과 하와의 타락 이후 인류는 에덴동산에서 쫓겨나고, 험난한 인류 역사의 길을 걷게 되었다. 하지만 단순한 퇴보가 아니다. 하나님께서는 인류를 위한 새로운 계획을 세우시고 때가 이르매 인류를 구원한 메시야 예수 그리스도를 보내셨으며, 또 다시 때가 차면 다시 오셔서 새로운 예루살렘을 세우실 것이기 때문이다. 즉 성서적 역사 진행관은 퇴보론과 발전론적 진보론을 동시에 가지고 있는 것처럼 보인다.

그런 점에서 성서적 시간관과 크리스트교가 전해졌을 당시 주된 문화양식이었던 그리스 로마적 시간관의 비교는 흥미롭다. 로마 제국 말기에 살았던 바실레오스라는 학자는 헬라적 세계관과 크리스트교적 세계관을 비교하면서, 헬라적 세계관에는 창조와 종말이 없는, 끊임없이 계속되는 시간과 공간이 있는데 비해서, 성서적 세계관은 창조의 시점과 종말의 시점이 있다는 점이 다르다고 한 바 있다. 바실레오스 이전에 살았던 로마의 클레멘트도 고린도교회에 보내는 첫 서신에서 당시 유행하던 역사 패턴이었던 그리스의 순환론을 거부하고 구원의 역사의 종말 등 직선상의 역사관을 주장한 바 있었다. 그러는가 하면 '해 아래 새 것이 없다'는 전도서 말씀처럼 되풀이되는 순환론적인 면도 우리는 찾아볼 수 있다.

그런데 역사의 마지막 날이 오면, 어떤 이에게는 무서운 심판의 날이 될 것이며, 어떤 이에게는 아름다운 회복의 날이 될 것이다. 그러니 역사의 발전론은 모든 이들에게 일률적으로 일반화될 수는 없을 지도 모른다. 역사가 퇴보하든, 진보하든, 순환하든, 정체하든, 어떤 시대, 어떤 유형의 사회, 어떤 체제 아래서 살든지, 우리에게는 하나의 길 '예수 그리스도가 걸으신 길'이 있다고 생각된다. 즉 인류의 가장 아름다운 길은 예수 그리스도가 말하신바 '회개하라 천국이 가까이 왔다' 라는 말씀처럼 나 자신의 회개와 돌이킴, 그리고 난 다음에 천국을 지향하는 삶 - '하나님을 사랑하고, 이웃을 사랑하는 것'을 사는 것이 가장 좋은 길임에 틀림없다.

3차 원 세계에 사는 우리에게 과거와 현재와 미래는 분리된 개념으로 인식할 수밖에 없지만, 하나님 앞에서는 과거와 현재와 미래가 동시에 있다고 보는 편이 옳을 것이다. 하나님의 나라는 단순히 미래지향적인 것이 아니라, 과거와 현재, 그리고 미래를 포함한 전 역사의 과정을 의미한다. 아우구스티누스는 이러한 하나님의 신비한 역사 개입을 '역사에 있어서의 하나님의 비밀'이라고 하였다. 이 모든 하나님의 비밀은 예수 그리스도로 수렴된다. 우주와 역사는 하나님에 의하여 창조되었으며 하나님의 아들 그리스도가 파괴된 창조질서의 회복을 위해 이 세상에 태어나셨다. 하나님은 역사의 처음Alpha이요 마지막Omega이시며, 예수 그리스도는 역사의 로고스Logos of history이시다. 예수 그리스도는 역사회복의 열쇠를 쥐고 있으신 분이다. 한손에는 예수 그리스도의 십자가를, 다른 한손에는 성령님을 붙잡고 하나님 나라를 바라보는 역사의식을 잊지 말아야겠다. 그리고 역사를 연구하는 이유 역시 궁극적으로는 하나님을 사랑하고 이웃을 사랑하는 것으로 수렴된다는 것을 잊지 말아야겠다.

최혜영 (인문대학 사학과)

기업의 윤리경영과 경제윤리의 삶

1. 기업경영의 전반적 개요

1) 기업의 개념과 다양한 모습

(1) 기업의 개념

기업은 자본주의사회에서 이윤 추구를 목적으로 하는 생산경제의 단위체를 의미한다. 이러한 기업은 기업가의 지배하에 집합된 자본설비 또는 원자재 등을 구입하고 구입한 원자재를 생산과정을 통하여 가치를 부가시킨 후, 시장에서 제품 또는 서비스를 판매하고 있다. 기업은 다른 경제주체, 예를 들면 가계나 정부와는 달리 이윤을 추구하고 있다는 점이 다르다. 기업은 이것을 구성하고 있는 주체에 따라서 그 기업의 형태와 종류가 다르며, 기업형태는 기업주체의 단

수·복수여부 및 책임의 종류에 따라서 결정된다. 따라서 기업형태는 공기업(국영기업·공영기업), 공사합동기업, 사기업(개인기업·집단기업-합명회사·합자회사·익명회사·유한회사·주식회사·협동조합)으로 분류된다. 기업은 국민경제를 구성하는 기본적 단위이며, 생산수단의 소유와 노동의 분리를 기초로 하여 영리목적을 추구하는 독립적인 생산경제단위를 이루며, 몇 가지 특성을 가진다.

첫째, 소유와 노동의 분리이다. 오늘날 기업은 생산수단의 소유와 노동의 분리를 기본적인 특징으로 하고 있다. 소유와 노동의 분리에 의하여 한편에서는 임금노동(타인노동)의 이용이 행해지면, 다른 한편에서는 독립된 개별단위로서의 기업이 성립한다. 둘째, 기업은 영리목적을 추구하는 경제사업이다. 기업은 소유와 노동의 분리에 의하여 기업가의 가계와는 별도로 독립된 자본계산단위를 이루고, 자본의 가치증식을 위하여 영리를 추구한다. 현재의 기업은 생존에 필요한 만족 이윤(滿足利潤)을 유지하면서 장기간에 걸친 이익의 증대와 사회적 책임의 수행을 행동원칙으로 삼고 있다. 셋째, 기업은 일정량의 자본단위로서, 즉 개별성으로서 파악되어진다. 자본은 이윤획득을 동기로 하는 사회적 생산을 위하여 사용되는 갖가지 생산요소이다. 건물·기계·재료, 그 밖에 노동력(인간)까지가 이윤획득이라는 목적에 따라서 통일적으로 이용 및 규제되고 있다. 일정량의 자본이 축적되어야 생산요소들이 다양한 형태의 결합으로 사회적인 생산을 담당하고, 이를 통하여 궁극의 목적인 이윤을 극대화하려 한다. 넷째, 기업은 독립성을 갖고 있다. 기업은 생산·유통을 통하여 사회적 수요를 충족시키며, 여기서 얻어진 수익을 생산에 대한 대가로서 대금·임금·세금·배당·이자 등의 형태로 분배하고 있다. 이러한 시장경제의 메커니즘 안에서 기업이 존재하느냐 않느냐는 자기책임에 맡겨지므로 조합구성원인 생산자나 협동조합과 구별된다. 다섯째, 기업은 생산경제의 단위체이다. 기업은 사회가 필요로 하는 재화 또는 서비스를 생산, 배급하는 경제적 조직의 단위체이므로 소비경제의 단위체인 정부·가계와 구별된다.

(2) 기업의 다양한 모습

현대 사회에서 기업은 물건과 서비스를 만들어 돈을 버는 경제단위들이다. 사회에는 정말 다양한 종류의 기업들이 있고 각 기업들이 돈을 버는 방법도 각각 다르다. 거리에 나가면 철강회사, 대형마트, 은행 등 규모가 크고 직원이 많은 대기업도 있으나, 동네에는 공방, 예술가, 장인 등이 작품을 제작하기 위한 방 혹은 작업장, 반찬가게, 이발소 등 소규모 기업도 존재한다.

첫째, 제조업으로서 물건을 만들어 돈을 버는 기업이다. 사람은 일상생활에 수 많은 물건들이 필요하며, 기업은 이러한 물건들을 생산하여 판매한다. 예를 들면, 집을 짓는 기업, 커다란 선박이나 자동차를 만드는 기업, 텔레비전이나 냉장고 등 전자제품의 제조업체, 의류제작업 등 많은 기업들이 있다. 둘째, 판매업은 물건을 팔아 돈을 버는 기업이다. 판매업은 다른 기업들이 만든 물건을 받아서 판매하는 일을 한다. 예를 들면 백화점, 대형 할인매장, 인터넷 쇼핑몰, 서점 등이다. 셋재, 서비스업으로서 서비스로 돈을 버는 기업이 있다. 서비스란 물건을 배달, 판매하거나 물건을 만들고 파는 데에 필요한 노동력을 제공하는 일이다. 이를 테면, 서비스업에는 택배회사, 운송회사, 학원, 여행사 등을 볼 수 있다.

2) 기업경영의 개념과 내용

경영은 규모(規模)를 정하고 기초를 세워 일을 해나가며, 계획을 세워서 사업을 해나가는 것이다. 경영은 계속적인 사업을 경제적으로 해나가기 위한 작업상의 조직을 의미한다. 경영management은 조직의 목표를 설정하고, 고도의 업무수행을 위한 조직 등 제반자원의 효율적이고 효과적인 사용에 관한 의사결정을 행하는 행동을 의미한다. 경영한다는 것은 어느 경제단위를 그 설립목적에 부합하도록 의식적으로 계획·유도하고 지휘하는 것을 말한다. 예를 들면, 학교·병원·고아원 등과 같은 비영리적 경제단위나 영리적 경제단위인 주식회사를 경영한다는 것은 이들 경영체의 설립목적에 부응하도록 계획하고 낭비 없이 운영하는 것이다.

기업체는 영리를 목적으로 경영하는 경제단위이며, 기업체를 경영한다는 것은 기업체의 목적달성이 성취되도록 시도한다는 것을 뜻한다. 경영business management은 생존과 발전을 위한 목적을 달성하기 위한 최고의 효과를 내는 결정을 내리는 것이다. 기업과 경영의 내용을 보면, 기업은 영리 추구를 목적으로 경영 활동을 수행하는 개별경제의 단위이며, 경영은 기업의 목적을 수행하기 위해 갖추어야 할 기술 또는 수단이다. 다르게 표현하면 기업은 경영의 소유단위이며, 경영은 기업의 생산단위이다. 기업경영은 영리를 목적으로 필요한 자금을 조달하고, 인적 요소와 물적 요소를 결합하여 이것을 경제적으로 운용하는 생산 · 판매 활동이다.

3) 기업경영의 기초지식과 원리

(1) 기업경영의 기초지식

공업화가 진전되고 각 분야의 조직 활동의 규모가 확대되며 기업 조직의 제반현상에 관한 학술적 연구가 축적되어 경영은 과학으로 여겨지고 있다. 선진국에서는 시스템 공학의 원리를 응용하여 고도의 경영능률을 올리고 있는 것을 보면 경영은 과학이다. 경영을 체계적으로 이해하는 데 필요한 기초지식은 이론적인 측면과 경험적인 측면으로 구분한다.

첫째, 사람의 특질에 관한 것으로서 모든 경영체가 인간의 행위와 밀접히 연관되어 있다. 인간본질에 관한 이해는 인간의 심리에 대한 과학적 분석이며, 욕구·동기·행위·행태 등의 내용파악과 이들의 상호관계를 규명한다. 여기에서 가장 중요한 것은 인간욕구의 충족과 정인데 욕구의 충족이 바로 동기를 만들고 나아가서는 행위를 유발하며, 행위가 반복되어 행태가 된다. 따라서 경영의 요점이 사람을 다루는 것이라면 무엇보다도 인간의 본질에 관한 이해가 필요하다. 둘째, 경영이 현대수준에 있어 조직적 현상이므로 인간의 유기적 종합행위로서의 조직이 제시하는 다양한 상황에 관한 지식을 이용한다. 조직은 공통목적을 달성하기 위한 복수 인간의 조정 활동체로서 그 자체가 독특한 요소를 가진다. 따라서 조직의 특징인 경영계층구성·권한행사·의사소통·지도성·직계 및 참모기능·자생조직행위 등에 관한 이론과 실제를 알아야 한다. 이를 위하여 학문적으로는 조직이론이 발달되고 실무적으로는 조직관리가 마련되어 있다.

셋째, 경영기능에 관한 기본적 이해가 필요하다. 경영기능은 경영자가 작업자와는 달리 관리적 입장에서 수행하는 전문 활동을 가리키며, 계획·조정·평가·통제·인사배치·작업감독·기술지도 등이 있다. 경영자는 경영의 목적을 달성하기 위해서 기업임무를 사전에 계획, 만반의 준비를 갖춘다. 또한, 집행단계에서 부문의 활동이 시간적, 장소적으로 잘 부합이 되도록 조정하고, 집행결과를 평가하여 보다 능률적인 방안을 모색한다. 그리고 모든 경영지도가 반영되도록 적절한 통제를 하고, 이를 달성하기 위하여 적재적소에 인사배치 한다. 또한, 부하의 작업진행을 기술적으로 지도하고 성과를 달성하도록 감독에 필요한 전문지식이 있어야 한다. 넷째, 오늘날 경영은 전문지식을 구사해야 한다. 이를 테면, 보다 생산능률을 올리기 위해서는 생산제품의 종류와 규모에 적합한 생산방식을 알아야 한다. 더욱이 오늘날 기업의 국제화가 강조되어 무역은 정상적인 시장 활동으로 간주되며 수출입 업무는 일반경영의 지식범주 속에 들어간다. 조달·회계·재무·정보처리 등도 일정 수준의 전문지식을 요하는 경영의 부문으로 등장하여 이에 대한 전문지식을 구비할 필요가 있다.

다섯째, 오늘의 경영은 계량적 기초 위에서 논하며, 많은 연구와 사례가 마련되어 있다. 경영규모가 확대되고 상호경쟁이 심화될수록 경영은 경제성을 보여주고 더욱 효율성 또는 생산성이 높아지는 방향으로 유도해 나간다. 여기에는 일정한 원칙에 따른 계량적 평가가 요구되며, 이를 실무적으로는 사업성 검토라고 부른다. 따라서 오늘날 경영학도는 경영수학·계량분석·OR분석 등의 학문분야를 필수적으로 이수하게 되어 있으며, 실무적으로는 시뮬레이션simulation도 응용되고 있다.

여섯째, 현대경영은 기업의 환경여건을 잘 이해해야 한다. 기업은 경제사회에서 생산기능을 수행하여 분배·소비, 경제성장에 관한 사회적 요건과 부합되는 전제 하에 성립되는 것이다. 이를 위하여 경영은 대정부관계·노사관계·소비자 봉사, 그리고 종업원 복지 등을 무시할 수가 없다. 이를 학문적으로는 기업환경론이라 부르며 실무적으로 경영의 사회적 책임이라 칭한다.

(2) 경영의 3대원리

첫째, 선택성 원리이다. 경영활동에 있어서는 많은 물적 자원과 인적 자원을 동원하고 이를 합리적으로 결합시켜서 그 목적 달성에 유효하게 활용한다. 그러나 어느 목적을 달성하는 데는 여러 가지 수단·방법이 있으므로, 그 중에서 가장 유리한 것을 선택하게 된다. 이것이 경영자의 의사결정decision making이며 선택성의 원리이다. 둘째,

적응성 원리로서 기업이 유지되고 발전하려면 그 기업자체가 소속되어 있는 산업 및 국민경제의 변화와 국제정세의 변화에 잘 적응해야 한다. 기업은 항상 주위환경, 특히 시장수요(또는 소비구조)의 변화에 크게 영향을 받는다. 만일 경영활동이 시대적인 변화에 역행한다면, 오늘날의 치열한 기업경쟁 속에서 경영은 도태되고 만다. 산업사회의 장래의 변화를 예측하고 잘 통찰해서 기업을 변화하는 외부환경에 적응시키는 것이 적응성원리에 입각한 기업경영이다. 셋째, 창조성의 원리이며, 경영자는 기업의 유지·발전을 위해서 창조적 활동을 계속 수행해야 한다. 경영자는 의욕적, 적극적이며 혁신적인 활동을 통해서 기업을 생기 있게 만들고 수익성을 향상시키며 사회의 복지향상에 기여해야 한다.

2. 기업의 사회적 책임과 윤리경영

1) 윤리경영의 배경과 정의

(1) 윤리경영의 배경

21세기 세계경제는 하나의 거대한 블록화된 단위 구조로서 형성된 경제 기반 위에서 영위된다. 새로운 세계경제의 흐름은 우리나라로 하여금 국제화, 세계화를 지향하도록 기업과 국가환경을 변화시키고 있다. 국제경제의 틀 속에서 각국은 새로운 경제질서의 패러다임을 수용하며, 각국의 경제는 세계경제의 질서 속에서 상호 빈번한 교류접근은 물론 국제거래가 발생하고 있다. 세계화의 경제체제에서 각 국가는 새롭게 제시되는 국제적 기준에 의한 거래요건들이 나타나 있다.

환경문제를 무역 장벽과 연계한 그린라운드GR(Green Round), 노동여건과 근로기준을 무역 장벽과 연계한 블루라운드BR(Blue Round), 과학science과 기술정책을 연계한 테크노라운드TR(Technology Round), 규제라운드라고 불리는 경쟁라운드CR(Competition Round), 비윤리적인 기업의 제품 및 서비스를 규제하고자 하는 윤리라운드ER(Ethics Round) 등 무역거래에 있어서 새로운 기준들이 국제거래에 있어 중요한 거래기준들이 되고 있다. 만약 이를 충족시키지 못하면, 국제경쟁에서 낙오자가 되는 신환경에 노출되어 있다. 특히 최근에는 뇌물, 부정부패 등을 강력하게 규제하는 부패라운드CR(Corruption Round)의 전개로 국제거래에서 윤리적 기준을 갖춰가는 것이 매우 중요하다.

미국은 1976년부터 해외부패행위법foreign corruption practice act, U.S.A 등을 통해서 외국에서의 뇌물행위는 비록 현지 국가에서 문제 삼지 않더라도 미국 국내법에서 처벌하고 있다. 부패라운드의 전개는 국제거래 관계에서 윤리경영을 가장 중요한 거래기준의 하나로 제시한다. 이것은 결국 윤리라운드ER로 발전해 모든 기업이 윤리강령을 갖도록 하는데 영향을 미쳤다. OECD에서는 1992년 2월에 외국 공무원 뇌물방지협약을 발효했으며, 2000년에는 국제 공통의 기업윤리강령을 발표하는 등 윤리경영을 가장 중요한 국제거래기준의 하나로 삼고 있다. 우리나라에서도 1999년 2월에 전경련이 기업윤리강령을 발표함으로써 본격적인 윤리경영의 시대를 열었다.

(2) 윤리경영의 정의

윤리경영ethical management은 회사경영 및 기업활동에 있어 '기업윤리'를 최우선 가치로 생각하며, 투명하고 공정하며 합리적인 업무수행을 추구하는 경영정신을 의미한다. 이는 기업경영에 있어서 무엇보다도 윤리, 즉 이익을 추구하는데 투명한 가치관으로 무장하고 공정한 업무를 수행하는 것을 의미한다. 유사한 의미로 기업이 시장의 윤리, 즉 시장의 질서를 준수하는 동시에 사회적 실체로서 권리와 의무를 다하는 경영이다. 이것은 윤리경영의 개념은 사회적 책임까지를 포함하여 국민권익위원회의 정의보다 좀 더 광의의 의미를 포함하고 있다. 즉, 기업의 사회적 책임인 경제적 책임과 법적 책임, 윤리적 책임, 자선적 책임까지를 포함하는 개념으로 본다.

2) 윤리수준의 단계와 주요 연구영역

(1) 윤리수준의 발전단계

기업의 윤리수준(윤리경영)의 발전단계는 크게 5가지 단계로 구분된다. 첫째, 무도덕한 단계이다. 무도덕한 단계에서 윤리적인 문제는 고려 대상이 아니다. 기업경영의 모든 원칙이 이윤의 극대화라는 한 가지 원칙 하에 모든 행동이 정당화되는 단계이다. 비윤리적인 행위로 인해 처벌을 받는다 하더라도 상대적으로 이익이 크면 비윤리적인 행위로 인한 처벌도 감수하는 비윤리적인 단계이다. 둘째, 준법단계이다. 이 단계에서 기업윤리는 적극적인 윤리수준보다 법규상의 정해진 윤리수준은 최소한 지키고자 하는 단계의 윤리수준을 뜻한다. 따라서 법규 준수 그 이상의 윤리적 행위는 최소화하거나 아예 하지 않는 단계를 의미한다.

셋째, 대응단계에서는 기업이 윤리적인 문제를 보다 근본적으로 생각하고 이를 규범화하려 노력하는 단계이다. 기업을 둘러싼 각종 이해관계자 집단과의 조화로운 관계를 유지하려고 노력하는 단계를 의미한다. 넷째, 윤리관 태동단계는 기업이 자사가 획득한 이윤과 기업의 지향해야 될 윤리수준과 균형을 이루고자 노력하는 단계를 말한다. 이때 기업의 목적이나 경영방침 등을 설정할 때 기업이 지켜나가야 할 윤리의식을 반영하여 설정하는 단계이다. 다섯째, 윤리선진 단계는 윤리경영에 있어 가장 이상적인 단계를 뜻한다. 즉 기업의 모든 행위가 명확한 윤리적 원칙 및 가치관에 입각하여 판단되고 실행되는 단계이다. 아울러 모든 조직 내 구성원이 윤리원칙에 따라 행동하는 최고 수준의 윤리경영단계를 가르킨다.

(2) 주요 연구영역

윤리경영에서 다루는 주요 연구영역은 크게 4가지로 설명할 수 있다. 첫째, 윤리의 영역 혹은 그 행위가 미치는 영역을 중심으로 연구하는 것이다. 이것은 대내적 기업윤리 영역과 대외적 기업윤리 영역으로 나눈다. 전자는 조직 구성원이 기업조직에 대해 갖게 되는 윤리의식 등을 주요 연구대상으로 한다. 반면에 후자는 조직 구성원이 기업의 이해관계자 집단에 대해서 갖는 윤리의식을 연구한다. 둘째, 윤리의 성격 혹은 내용에 따라 소극적 윤리영역과 적극적 윤리영역으로 구분하여 연구한다. 소극적 윤리영역은 바람직하지 못하거나 비윤리적인 문제를 주요 연구한다. 한편, 적극적 윤리영역은 바람직한 문제를 더욱 강화시키는 문제를 주요 연구대상으로 하는 것이다.

셋째, 윤리의 주체이다. 이 영역은 기업 자체를 윤리의 주체로 하는 경우와 조직 구성원을 윤리의 주체로 설정하여 연구하는 것이다. 전자는 기업에 대한 사회적 기대와 요구에 기업이 어떻게 대응해야 할 것인가를 주요 연구과제로 삼는다. 후자는 경영자 윤리와 종업원 윤리로 구분하여 어떤 책임과 자세로 임해야 하는지를 주로 연구한다. 넷째, 관리기능으로 다양한 부문을 포함하고 있다. 이를 테면, 환경문제와 관련된 윤리경영, 마케팅 관련 윤리문제, 내부자거래 등과 같은 재무관리 차원의 윤리문제, 생산관리, 회계관리, 정보관리 등과 관련된 제반 윤리문제들이 연구대상이다.

환경문제와 관련된 윤리문제는 각종 환경오염과 관련된 문제를 주요 연구대상으로 하며, 지구온난화 등 국제적 환경 이슈와 환경 관련 국제 협약 등을 주요 이슈로 다룬다. 인적자원관리와 관련된 윤리적 문제의 이슈는 종업원의 권리, 종업원의 의무 및 공익신고제 등이 연구대상이다. 마케팅 활동에 있어서는 자유경쟁과 시장의 효율성이라는 용어 아래 윤리적 제품관리, 윤리적 가격관리, 윤리적 유통관리, 윤리적 광고관리를 주요 영역으로 한다. 윤리적 회계와 재무관리에서는 회계제도와 투명성 제고에 관한 문제, 회계사의 윤리성 제고 그리고 재무관리에 있어서 윤리성을 다룬다. 생산관리에 있어서 윤리적 문제는 경영관리자와 근로자 차원에서 생산윤리의 문제를, 정보윤리에서는 정보공개나 사생활 보호 등과 관련된 윤리문제들이 주요 과제가 된다.

3) 기업경영의 사회적 책임과 공공성

(1) 기업경영의 사회적 책임

오늘날 기업규모와 기업의 사회 각 방면에 대한 접촉이 확대되고, 기업과 사회의 관계가 복잡하며 기업이 사회에 미치는 영향들이 늘어나고 있다. 이러한 상황에서 기업에서 일어나는 법률현상을 종래의 법률관으로 공정타당하게 처리할 수 없게 되었다. 예를 들면, 교통기관에 의한 재해, 공장의 매연·오염·폭발 등으로 인한 재해, 도시의 팽창·발전으로 인한 주민과의 마찰 및 충돌은 각각 특이한 사정에 기인한 것이다. 이것은 단순히 '과실이면 책임'이라는 원칙으로 간단히 처리하기가 곤란하다. 이러한 관계를 법률적으로 '사회적 책임'이라고 부르며, 이 책임에 대해서는 '과실이면 책임'이라는 원칙에 의하지 않고 무과실 책임이라는 것을 인정한다. 오늘날에는 소유권에 있어서 그 이용과 처분에 대해서는 사회적인 제반사항을 고려해야 한다고 제기되어 있다. 이러한 대표적인 주장은 '소유권은 의무를 수반한다'는 사상이다.

(2) 기업경영의 공공성

과거와는 달리, 오늘날 기업규모는 갈수록 거대화되며 기업의 소유자와 경영자가 별개의 것이 되었다. 기업의 경영목적도 이윤추구만이 아니라 사회적 견지에서 고려할 필요가 생겼다. 오늘날 주식회사에서 주주는 개인으로서는 회사자산의 소유자가 아니고, 회사자산은 회사 자체가 소유하게 되었다. 주주 개인은 회사에 어느 정도 이해관계를 가질 뿐, 회사를 지배할 수는 없다. 따라서 주주는 집단으로서 회사재산을 소극적으로 소유하며, 회사재산은 경영자가 소유하는 것으로 되었다.

회사에서 참여권에 대한 주주는 잡단으로 참가하고, 개인의 참여권은 인정되지 않는다. 회사의 이윤 분배에 대한 요구권도 집단으로 소유하는 것에 지나지 않는다. 더욱이 이윤분배 청구권이 확대·발전한 회사에서는 경영자에게 위양되어 있다. 현시대에 주식회사는 주주는 이윤의 획득은 물론 이윤분배까지도 경영자에게 위양하므로, 주주의 이익에 상위된다 하더라도 경영자는 권한을 법령·정관 등에 따라 집행할 수 있다. 여기에서 '기업은 사회적인 존재물' 또는 '기업은 사회의 공기'라고 말한다.

(3) 기업경영자의 사회적 책임

기업이 '사회적 존재물'이고, '사회의 공기'도 됨에 따라 기업경영은 사회적인 공기로서 그 역할을 수행하는 사회적 책임이 부과되었다. 현대의 기업경영자에게는 다양한 사회적 책임들이 부과되어 경영자의 활동 목표에도 다양한 변화를 일으켰다. 경영자는 기업이 충분한 이윤을 올리도록 경영활동을 하며, 주주는 물론 일반사회에 대하여 최대한 봉사해야 한다. 오늘날 기업은 정부와 민간단체로부터 통제를 받고, 다수가 기업에 대한 발언권을 갖고 있으므로 공정경쟁과 동업자와의 상생적인 협정을 고려해야 한다. 또한 경영에 관계된 주주·종업원·소비자·도매업자 및 사회에의 봉사와 이익의 조화·유지도 생각한다. 즉, 경영자가 기업을 성장·발전시키는 것은 일반사회의 부탁에 보답하는 사회적 책임이다. 이 요청에 응답하기 위해서 경영자는 기업의 기본목표를 확립하고, 이윤·분배·조직·인사에 대하여 적극적인 대책을 강구할 책임이 있다.

4) 기업소득의 증가와 공정한 분배

공정한 경쟁으로 공정이윤을 올리는 것은 자본주의 경제발전의 원동력이며, 기업경영의 최고목표가 된다. 그러나 이윤은 타인의 부당한 손실이나 희생 위에 얻어지는 것이어서는 안 된다. 경영자의 창조적 기능에 의한 기술혁신과 시장개척 등으로 이윤을 획득하는 것이 바람직하다. 자본주의 경제의 발전과 영속은 이러한 이윤획득에 의해서만 얻어질 수 있기 때문이다. 기업소득은 현명한 경영자에게 요구되는 장기적 시야를 갖는 계획적인 투자에서 생기는 것이다. 기업의 계획적인 투자는 경제를 안정적으로 성장시키며 나아가 계획적으로 안정적인 분배를 수행하게 만든다. 이를 위해서는 기업 의 현대적인 경영관리가 요구되는 것이다. 이를 위하여 기업의 현대화를 지속적으로 도모하며 소비자에 대한 혁식적인 마케팅 전략을 수립해야 한다.

기업은 자본가·경영자·노동자의 결합체이다. 이들 요소 간 양호한 인간관계는 기업의 운명을 좌우하며, 이을 위해서는 공정한 분배가 기반이 된다. 일의적으로 이들 3자에 대한 절대적인 분배액을 증대하는 것이 가장 좋은 방법이다. 분배의 원천인 기업소득을 증대하는 것이 선결 문제지만, 이를 분배과정에서 어디까지나 공정을 도모해야 기업이 발전한다. 따라서 분배에서 임금은 비용으로서 능률과, 생계비로 인간성과 관계된 요구가 나오며, 구매력으로서 시장을 형성한다. 한편 사내유보는 내부자금의 원천으로서 생산력 및 위험에 대한 준비 등과 관련된다. 다시 말해, 기업이 양호한 인간관계를 동태적으로 유지해 가면서 국민경제를 발전시키려면, 경제 합리성의 이면인 휴머니즘이 경영자를 비롯하여 기업 전체에 넘쳐야 한다. 현대 자본주의 사회에서 '공정한 이윤'은 경제 합리성의 척도이고, '공정한 분배'는 휴머니즘의 발로이다.

3. 경제윤리의 삶

1) 경제의 개념과 경제윤리

(1) 경제의 개념

사람이 살아나가기 위해서는 생존 자료인 재화가 필요하다. 재화 중에는 공기처럼 인간의 욕망에 비해 무한정으로 존재하여 매매나 점유의 대상이 되지 않는 자유재도 있다. 그러나 욕망에 비하여 그 양이 한정되어 있어 매매나 점유의 대상이 경제재이다. 경제란 생산수단과 노동으로써 자연에 작용하여 이러한 경제재를 획득(생산)하고, 그 생산물을 분배·소비하는 과정을 말한다. 경제[economy]는 재화를 생산하고 소비하는 인간행위를 의미한다. 특정 국가 혹은 다른 나라의 생산, 교환, 분배 그리고 재화 및 서비스의 소비와 관련된 인간의 모든 활동을 가리키는 살아가는 집단의 상호 작용을 일컫는 말이다. 경제는 가계, 기업, 국가에 의하여 이룩되는 경제활동을 말한다. 경제를 잘 이해하기 위해서는 가계, 기업 및 국가의 경제활동 등 경제주체가 서로 연관을 맺으면서 이룩하는 한 나라의 전체 경제활동을 종합적으로 살펴보아야 한다.

(2) 윤리와 시장경제

공공질서, 효도, 공경 등을 비롯하여 일상적으로 윤리라는 표현은 많이 사용되어진다. 윤리의 사전적 정의는 사람이 지켜야 할 도리, 실제의 도덕규범이 되는 원리이다. 다시 말해, 윤리란 문자 그대로 우리가 살아가면서 지켜야할 도리로서 생활 속에 내재된 가치인 것이다. 따라서 경제행위에도 윤리는 관여하게 된다. 개별 경제주체들의 경제적인 행위는 개인의 욕구를 극대화시키는 것에 초점을 맞추고 있다. 하지만, 욕구를 충족시키는 과정 즉 경제적 행위에는 '경제윤리'라고 하는 윤리가 밑바탕에 자리 잡고 있다.

A. Smith는 그의 저서 '국부론'에서 '시장제도는 개별 경제주체들의 자비심이 아닌 이기적인 욕구에 기초하고 있다'고 밝히고 있다. 그러나 A. Smith가 말한 개인의 이기심은 올바른 경제윤리관이 확립된 상태를 말한다. A. Smith는 직접적으로 이러한 기본전제를 생략

하고 있지만, 삐뚤어진 경제윤리에 기초한 개인의 이기심은 홉스가 말하는 자연상태 즉 '만인의 만인에 의한 투쟁'의 상태를 벗어날 수 없다. 시장이 이러한 자연상태에 놓이게 된다면, 죄수의 딜레마와 공유지의 비극과 같이 시장의 존립자체가 불가능한 상황이 될 수 있다. 따라서 시장경제가 정착되고 원활히 작동하기 위해서는 올바른 경제윤리의 정립이 무엇보다도 필수적으로 요구된다. 일찍이 M. Weber는 "올바른 경제윤리의 정착을 위해 시장은 경제행위의 장소를 제공함과 동시에 시장규율을 확립 유지시키는 기능을 할 수 있어야 한다"고 주장하였다. 올바른 경제윤리의 중요성과 올바른 경제윤리의 확립을 위한 시장, 즉 합목적적이고 효율적인 제도의 필요성을 강조하고 있는 것이다.

오늘날 우리는 짧은 기간 동안 고도의 경제성장을 이룩하는 과정에서 유럽의 초기 자본주의 시절 발견할 수 있는, 자본가적 윤리 즉, 경제주체들의 이기적 합리성과 윤리관의 적절한 조화를 찾아볼 수 없게 되었다. 대신 급속한 성장 속에서 경제주체들의 생산력 증대는 개개인의 경제윤리를 약화시켰고, 오직 개인의 욕구충족을 극대화하기 위한 이기심만 남게 되었다. 거대 산업자본의 금융부문 지배, 투기를 통한 부의 축적 등은 모두 이와 같은 경제윤리의 부재 속에 나타난 '천민자본주의'의 대표적 모습들이다. 경험적으로 알수 있듯이 올바른 경제윤리가 자리 잡지 못한 시장은 지속적인 발전을 할 수 없다. 시장에 필요한 윤리의 합목적성과 효율성이 그 무엇보다 요구되는 이유는 바로 거기에 있다.

2) 개별 경제주체의 윤리적 덕목

경제윤리는 개개인의 자연적인 욕망, 경제수준 및 사회적인 종교

또는 이데올로기에 의해 결정된다. 이러한 경제윤리는 각국의 상이한 경제현실에도 영향을 미치는 요인 중의 하나이다. 또한 개개인의 경제행위의 판단기준이 되는 윤리적 덕목이 있는 동시에, 사회 전체 혹은 시장이 추구하는 경제윤리도 공존하고 있다. 보편적인 가치관은 개별 경제주체들의 경제행위를 결정하는 절대적인 윤리적 덕목이며, 국가 및 지역마다 상이한 경제윤리는 시장 전체가 추구하는 경제윤리를 나타낸다. 인간은 누구나 개인의 욕망을 충족시키기 위해 노력한다. 욕망을 충족시키는 일반적인 방법이 바로 부의 획득이며, 개개인은 경제행위를 통해 개인의 부를 증진시킬 목적으로 경제행위를 한다. 운동경기와 마찬가지로 이와 같은 경제행위에도 개개인에게 필요한 윤리적 덕목들이 존재한다.

(1) 적절한 부의 추구

부를 추구하는 인간의 이기적인 본성은 경제행위를 추구하는 기본적인 동인이다. 경제는 인간의 이기적인 본성에 근거하여 활력을 갖고 유지되며, 공공의 이익이 증진된다. 오랜 기간 동안 개인의 부에 대한 욕구는 종교적, 도덕적으로 정당하지 못한 것으로 간주되었다. 기독교 윤리는 개인의 부의 추구를 제약하는 대신에 금욕주의적 가치관을 강조했다. 사실상 부에 대한 인간의 기본적인 욕구는 억제될 수는 있으나, 완전히 없애버릴 수는 없는 기본적인 본능이다.

지나친 부와 부에 대한 탐욕이 초래하는 정신적인 위험성에 대해서는 경계하더라도, 부의 유용한 측면을 간과해서는 안 된다. 개인적인 부의 추구는 경제의 성장 및 발전의 동인이기 때문에 개인이 부를 추구하는 욕구를 제한하는 것은 바람직하지 못하다. 따라서 극단적인 금욕주의와 물질적인 쾌락주의 사이에서 균형을 유지하면서 올바른 부의 가치를 인식하는 개인의 가치관이 필요하다.

(2) 합리성

M. Weber는 "자본주의 정신의 발전은 총체적인 합리주의의 발전의 일부로 이해할 때 가장 잘 이해된다"고 말했다. 시장경제 참여자의 합리성이라는 것은 크게 두 가지로 이해할 수 있다. 첫째, 사회와 자연을 과학적인 인과관계에 의해서 이해하는 것이다. 초기 자본주의의 태동기에는 매우 중시되는 합리성의 의미였지만, 현재는 과학의 발전과 개인 의식수준의 발전으로 모두들 인식하고 있는 것으로 보는 경우도 있다. 하지만, 지금도 경제주체가 의사결정을 내릴 때 주술적인 방법에 의존하여 결정을 내리는 경우가 있어 지나쳐서는 안 될 부분이다. 둘째, 도구적 합리성의 의미로서 주어진 목표를 달성하는 데 비용이 최소화되는 수단을 선택한다는 의미이다. 경제적 이윤을 극대화하기 위한 다양한 노력들, 그리고 슘페터가 말하는 '혁신'도 합리성을 지닌 올바른 경제윤리를 가진 기업가만이 할 수 있다.

(3) 정직함

B. Franklin은 '신용은 금전'이라는 유명한 말을 남겼다. 정직이야말로 시장경제 참여자들이 지켜야 할 덕목 중에 가장 중요한 요소이다. 시장 참여자 간 정보의 배분이 불균등한 상황에서 거래 당사자 상호 간에 신용마저 없다면, 개인은 역선택을 하게 될 가능성이 높다. 그 만큼 정보탐색 비용이 증가하여 거래비용이 많아지면 외부불경제를 키우게 된다. 신용이 없는 시장은 결국 존립할 수 없다. 모든 경제주체들은 신용을 인지하고 있지만, 단기적인 초과이윤은 계속하여 경제주체들의 정직을 시험한다. 그러나 정직하지 못한 경제

주체의 행동은 시장 존립에 앞서 먼저 자신의 이윤에 직접적으로 많은 영향을 미친다. 단기적으로 제품의 질과 가격을 속임으로써 더 많은 이익을 얻을 수 있지만, 기업 활동을 장기적으로 계속한다면 신용추락으로 인해 받는 타격은 단기적 이익보다 더욱 크다.

시장참여자들의 정직 만큼이나 중요한 것이 질서유지와 자원배분의 과정에 깊숙이 관여하는 공무원들의 정직하지 못한 행태이다. 뇌물이나 기타 불공정한 방법으로 조세감면, 금융배분의 불공정, 부정직한 기업 활동을 단속하지 못한다면, 거기서 발생하는 비효율성은 다른 경제적 비효율보다 무척 크다. 공무원들과 정치인에게 기대하는 고도의 도덕성은 바로 그들이 시장에 미치는 영향력이 매우 높기 때문이다.

(4) 근면성실

자신의 직업에 대한 성실한 태도는 자본주의 정신의 가장 중요한 요소이며 매우 중시되는 덕목이다. 기독교적, 유교적인 가치관 모두 자신의 일에 대해 최선을 다하는 자세는 매우 중시되었다. 자신의 일에 최선을 다하는 가치관은 과거에 계급질서를 유지하기 위한 통치수단으로 변질되어 사용되기도 했다. 그래도 근면성실은 자본주의 발전과 개인의 부를 극대화하기 위한 가장 기본적인 가치관이다. 개인 자신이 같은 일에 근면성실하게 임하는 동기는 물론 개인의 부를 추구하는 것이며, 이를 강제하는 압력이 존재하고 외부적인 압력은 바로 경쟁이다.

대부분의 사람은 외부적 압력 즉 경쟁의 정도가 약할 경우에는 극대화된 행동을 하지 않는다. 경쟁적 상황이 강제하는 개개인의 근면성실을 강조했다. 그러나 일반적으로 내부적 압력이 그렇게 무시할 만한 것으로 간주될 수는 없다. 왜냐하면 일에 대한 종교적, 도덕적 신념에 따라 개개인이 받는 내적 압력의 정도는 상당한 차이가 있다. 이것은 비슷한 환경이지만 종교 및 경제체계가 다른 나라의 경제현실을 설명하는데 어느 정도 설득력을 갖고 있다. 일할 때 양심적이고 근면성실한 태도가 기술의 진보나 생산성 증대의 기본적인 조건들이 되고 있다.

(5) 검약

베버는 검약이 자본주의의 정신의 중요한 일면이라고 주장하였다. 초기의 자본가들은 스토아학파 같은 기독교적 금욕주의의 영향을 받아서 매우 금욕적인 가치관을 가졌다. 초기 자본가들은 중세 기독교의 금욕주의적 가치관과 부의 추구라는 서로 상반된 가치관을 서로 조화시켜서 자본주의의 초기 성장에 기여하였다. 중세는 지나친 금욕주의의 강조로 경제의 발전 정도가 미미하였고, 특권 계층을 제외한 계층에서 부의 축적도 적었다. 그러나 초기자본주의 시대에는 금욕주의적인 검약이 자본축적에 상당부분 기여하였고, 현재에도 개발도상국의 자본축적 과정에서 중요한 경제윤리가 되고 있다.

그러나, 검약은 현재의 고도 대중소비사회에서는 수요의 위축을 가져올 수 있다. 지나친 검약의 강조는 오히려 경제에 역효과가 발생할 수 있다. 따라서 어느 정도 성숙된 경제라면 금욕주의가 강조된 검약의 의미보다는 자신의 소득과 신분에 적당한 소비가 더욱 강조되는 것이 좋다.

3) 사회적 경제정의

경제정의란 사기나 절도 등 명백한 범법행위를 바로잡는 문제가 아니다. 이것은 경제행위에서 고려되는 윤리적 선택의 문제이다. 경제윤리의 덕목이 보편적인 가치를 지닌다면, 사회의 경제정의 문제는 경제적 평등, 공평, 정당 등의 목표를 추구함과 동시에 경제의 효율성 극대화라는 보편적인 가치를 추구한다는 공통점은 있다. 하지만, 어느 부분을 더 비중 있게 다루느냐 하는 것은 사회, 경제마다 다르므로 절대적으로 옳고 그른 가치판단이 불가능하다.

(1) 경제적 정의

경제적 정의 문제는 학자마다 조금씩 다른 의견을 가지고 있다. 일반적으로 아리스토텔레스가 말한 정의와 유사한 개념으로 이해하는 경우가 많다. 이 경우에 경제적 정의economic justice는 분배적 정의distributive justice와 같은 개념으로 이해된다. 경제현상에서 분배적 정의를 기준으로 삼는 것은 경제행위 자체를 사회계약적 측면에서 보는 것이다. 타인을 자신의 이익획득을 위한 '계약상대자'로 간주하면서 발생하는 갈등을 해소하겠다는 것이다. 분배적 정의는 상호 간 상충되는 이해의 조정과정을 위해 어떠한 사회적 선택을 내릴 것인가 하는 윤리적 선택의 문제이다.

(2) 분배적 정의의 기준

분배적 정의에 있어서 평등은 가장 핵심적인 개념이며 가장 정의하기 어려운 부문이다. 평등의 개념을 결과평등주의, 혹은 기회평등주의를 강조할 것인가의 차이에 따라 경제체제의 차이를 낳게 되기 때문이다.

결과평등주의란 개인의 능력, 기여, 노력, 자질 등의 차이가 있더라도 모든 부와 소득은 균등하게 분배되고 모든 사람들은 균일하게 대우되어야 한다는 논리이다. 이러한 평등의 개념은 사회주의자들에 의해서 강조되는데 경제적 효율성의 문제가 발생한다는 것은 과거의 사회주의국가의 경제를 생각해보면 금세 떠올릴 수 있다. 결과평등주의를 강조할 경우에는 열심히 노력한 사람과 노력하지 않은 사람을 똑같이 취급하게 됨으로 어느 누구도 최선의 경제활동을 해야 할 동기가 사라져버린다. 또한 그것은 열심히 노력한 사람의 자유와 권리를 침해하게 될 가능성이 높아진다.

기회평등주의는 결과평등주의와 같은 획일주의가 열심히 노력한 사람에게는 국가적인 폭력을 행사하는 것이나 다름없다는 비판적인 관점에서 결과의 불평등을 인정해야 한다고 보는 개념이다. 단지 모든 사람에게 기회를 균등하게 제공하는 것이 중요하다는 입장이다. 그러나 기회평등주의 역시 모든 사람이 출발점이 되는 혈연, 학연 등 모든 요소를 부정한 채 기회를 제공하여야 한다는 불가능성을 내포하게 된다.

4) 올바른 경제정의 실현

현재의 경제는 과거에는 상상도 할 수 없을 정도의 규모로 성장하였고, 또한 그 과정에서 다양한 경제적 실험들이 전개되어 왔다. 시장경제 체제는 시장의 탄력성과 개인 자율성의 극대화라는 장점을 가지고 현재 세계적으로 가장 강력한 경제 이데올로기로 군림하고 있다. 이러한 자본주의경제체제 내부에서 윤리적 선택의 문제는 선결해야 하는 가장 중요한 문제이다. 현재 만연해 있는 경제주체들의 규칙을 무시하는 이기적인 행태는 올바른 경제윤리와 경제정의가 실현되지 못했기 때문에 발생하는 윤리적이며 정책적인 문제이다.

A. Smith가 제시한 효율적인 경제체제 즉, 개개의 경제주체들이 이기적인 동기에 의해 경제행위를 행하고, 또한 이러한 개개인의 이기적인 경제행위가 전체를 위해서도 공익의 증대라는 최적의 결과를 가져오려면 올바른 경제윤리가 확립되어야 한다. 이것은 개인의 경제윤리와 더불어 사회나 국가의 경제정의가 제대로 확립이 되어야 가능하다. 우선 개개의 경제주체들에게 보편적인 경제윤리가 올바르게 확립되고 경제정의가 반드시 명확하게 확립되어야 한다. 경제정의는 각 사회, 국가가 처한 상황에 맞게 구성원의 합의를 거쳐 적절한 방향으로 명확하게 정립되어야 한다. 올바른 경제윤리의 토대 위에서 경제는 우리가 이상적으로 생각하는 효율적이고 공평한 모습으로 변모되고 발전할 것이다.

참고문헌

권영경, 자본주의 경제윤리와 경제적 정의에 대한 고찰, 연세경제연구 제Ⅳ권 제1호 1997.

김성국, 디지털시대의 경영과 사회, 명경사, 2008.

김성수, 리더십과 기업윤리: 글로벌 리더십론, KBMI, 2003.

김성수, 21세기 윤리경영론-이론과 실제-, 삼영사, 2004.

박성수, 프로테스탄티즘과 자본주의 정신, 문예출판사, 1993.

윤종훈외 3인, 경영학 원론, 학현사, 2014.

이준구 · 이창용, 경제학 들어가기, 법문사, 2003.

이재율, 경제발전과 경제윤리, 계명대학교 산업경영연구소 경영경제 제27권 1호, 1994.

정현식, 경제윤리와 제도개혁, 한국경제 제19권 2호, 1993.

정봉현 (경영대학 경제학부)

교회와 법
성경과 법

1. 교회와 법

1) 사회규범으로서 법과 종교

물고기가 물을 떠나서 살 수 없듯이 모든 사람은 사회를 떠나서는 홀로 살 수 없다. 로빈슨 크루소처럼 무인도에 표류하여 혼자 사는 경우라면 모를까 사람들은 사회구성원의 일원으로서 법, 도덕, 종교, 관습과 같은 '사회규범'의 기속을 받으면서 살아간다. 따라서 사회 있는 곳에 법이 있게 마련이다ubi societas, ibi ius. 가끔 우리는 주위에서 "저 사람은 법 없이도 살 사람이야"라는 말을 듣는다. 그 말은 세상적으로 말하면 '무골호인'이라는 말이겠고 조금 에둘러 이야기하자면 법이 요구하는 수준을 뛰어 넘는 아주 인격이 고매하고 훌륭한 사람이라는 말일 것이다.

사회규범은 '자연법칙'과 비교되는 개념이다. 해는 반드시 동쪽에서 떠서 서쪽으로 지고, 중력의 법칙에 따라 물은 위에서 아래로 떨어지게 마련이다. 필연의 법칙이 작용하는 것이다. 그러나 사회규범은 당위의 법칙이 적용되고 사회규범에 반하는 현상이 발생하게 마련이다.

사회규범으로서 법은 외부적 강제성을 갖는 '현실적'이고 '세속적'이라는 특성을 갖는다. 종교의 계율에서도 살인하지 말 것, 도둑질하지 말 것, 간음하지 말 것[1]을 요구하지만, 보다 더 고차원적 내면적 가치인 '사랑과 용서'를 요구하기도 한다. 법의 세계에서는 드러난 행위가 가치판단의 대상이 되기 때문에 '누구를 죽이고 싶다'는 생각만으로는 처벌받지 않는다. 그러한 생각이 살인을 하기 위하여 모여서 논의하거나 흉기를 사는 등의 단계에 이르러서야 비로소 판단의 대상이 되는 것이다. 이에 반하여 도덕은 법과 같은 사회규범이지만 내면적인 동기까지 고려하기 때문에, 동기가 순수하지 못한 경우, 법에 의해서는 처벌되거나 문제되지 않지만, 도덕적으로는 비난을 감수해야 하는 경우도 생긴다. 예컨대 자신의 범죄를 감추기 위하여 거짓말 하는 것은 법적으로는 허용되어서 그것만으로 처벌받지 않지만, 도덕의 세계에서는 허용되지 않는다.

바꾸어 말하면, 법이란 도덕이나 종교와 달리 제2차적인 것에 불과하기 때문에 순전히 내면의 관심사인 영혼의 구제에 속하는 종교영역(생활)에는 법이 관여할 수 없다고 생각할 수 있다. 하지만 종교의 계율의 상당수는 사회규범으로서 실천적 의미를 갖는다.

1 이른바 도덕법이다. 성경의 구약에는 제사법과 음식법 등 방대한 양의 율법이 존재하는데 오늘날에도 의미가 있는 율법은 도덕법이다.

법의 세계에서는 갑남을녀와 같은 평균인, 보통사람을 대상으로 하여 판단하고, 또한 법을 제정할 때에도 평균인, 보통사람이 지킬 수 있을 정도의 것, 외부적 결과적인 것이다. 이에 반하여, 종교의 율법 안에서 그에 대한 완전한 실현이란, 세상에서 가장 완벽한 인간조차도 아무리 노력을 해도 율법의 한 조항도 실행하기 어려운 '동기의 지극한 순수성'을 요구한다. 예를 들어보자. 성경은 여자를 보고 음욕을 품고 여자를 보는 자마다 이미 간음하였다고 한다. 법의 세계에서는 어떠한 자가 간음할 생각을 가지고 있다는 것만으로 처벌하거나 문제 삼지 않는다. 간음하기 위하여 실행에 나아갈 때, 전문용어로 '실행의 착수'가 있을 때에 비로소 미수범이라도 되는 것이다. 그러나 종교의 세계에서는 '마음의 동기'까지도 판단하게 되는 것이다. 따라서 음욕을 품는 순간 이미 간음하였다고 하는 것이다.

이야기를 더 진전시켜 보자. 예수님께서는 '이에는 이, 눈에는 눈'[2]이라는 말을 너희가 들었으나 너희 원수를 사랑하며 너희를 박해하는 자를 위하여 기도하라고 한다. 심지어 오른쪽 뺨을 맞거든 왼쪽 뺨도 돌려 대주라고 한다. 억지로 오리를 가게 하거든 그 사람과 십 리를 동행하라고 한다(마 5: 39~41). 보통사람들은 죽었다 깨어나도 실천하기 힘든 요구이다. 그야말로 이 세상의 법과 비교되지 않는 '고상한 사랑의 율법'이다. 이 세상의 법은 보통사람이 실현할 수 있는 것이어야 되며, 혹 실현할 수 없는 것이라면, 그것은 법으로서 적당하지 않는 것이 될 것이다.

결론적으로, 이 세상의 법은 사회의 질서를 유지하기에 족한 정도

---

2 이른바 Talio의 법칙 또는 반좌형이라고 하여 구약 레위기 24:20, 신명기 19:21에서 나오는 동일 보복 원리에 대한 규례이다. 이는 복수의 확대를 막고자 하는 데에 그 제도적 취지가 있다.

의 외부적 행위의 준칙으로서 만족하고 있다. 그런데 종교상의 율법은 행위의 동기조차 가장 순수할 것을 요구한다. 그것이 요구하는 바는 사회의 질서유지가 표준이 되는 것이 아니라, 하나님의 눈으로 보아 '올바른 것'이 표준이다. 이러한 의미에서 사도 바울조차 율법을 실행할 수 없는 고뇌를 고백하고 있다. 즉, 우리가 율법은 신령한 줄 알거니와 나는 육신에 속하여 죄 아래에 팔렸도다. 내가 행하는 것을 내가 알지 못하노니 곧 내가 원하는 것은 행하지 아니하고 도리어 미워하는 것을 행함이라(로마서 7장 14-15절).

종교상의 율법은 이처럼 일반 사람들이 완전히 실현할 수 없을 정도로 높은 것이다. 그렇지만 이 '실현할 수 없을 정도'의 것이라 함은 실현하지 않아도 좋다는 것을 의미하는 것이 아니다. 이는 한편으로 실현하지 않으면 안 되고, 또 한편으로는 실현할 수 없다는 데 있다. 그래서 사도 바울은 "그러나 죄가 기회를 타서 계명으로 말미암아 내 속에서 온갖 탐심을 이루었나니 이는 율법이 없으면 죄가 죽은 것임이라. 전에 율법을 깨닫지 못했을 때에는 내가 살았더니 계명이 이르매 죄는 살아나고 나는 죽었도다. 생명에 이르게 할 그 계명이 내게 대하여 도리어 사망에 이르게 하는 것이 되었도다(로마서 7장 8절-10절)"고 한다.

요컨대, 종교는 법과 달리 내걸고 있는 율법의 준수를 가차 없이 추구하는 것이 아니라 죄를 자각케 하는 표준을 세워, 오직 신앙을 요구하고 신앙의 결과 자연스럽게 율법을 성취하려는 것이며, 이 점에서 종교상의 율법은 법과는 전혀 다른 면에서 인간에 대한 것이다.

기독교에서는 첫째로 인간에게 천국의 율법을 실현할 것을 요구하고, 둘째로 자력만으로 그 실현이 불가능함을 느끼게 하고(죄의 자각), 셋째로 신앙에 의해 그 죄의 고뇌로부터 해방하며, 넷째로 신앙과 은총에 의한 노력이 율법을 성취한다는 순서이다. 이 점에서 율법과 실정법은 그 역할이 확연하게 구분되는 것이다.

2) 법은 교회의 본질과 모순되는가

법은 교회의 본질과 모순되는 것일까. 법이 사회적인 것임에 반해, 종교는 좀 더 개인적인 것, 그 속의 율법도 보다 내면적인 것이란 점에서 사회의 법과 종교의 율법은 그 의미를 전혀 달리하게 된다. 그렇다면 법은 종교와 친하지 않는 것일까. 학자들 사이에서 교회법의 본질이라는 문제로 논해지는 것이다. 만약 종교를 전혀 개인적인 것, 개인에 대한 사랑의 가르침이요, 성스러운 것에 대한 개인의 관계로만 한정한다면, 사회적 강제성을 띤 법은 순수하게 내면적인 종교와는 서로 어울릴 수 없게 된다.

루터파의 저명한 역사가이자 법학자인 독일 학자 조옴Rudolf Sohm(1814-1971)은 이러한 시각에서 "교회법은 교회의 본질과 모순된다"고 주장한다. 그는 저서인 「교회법론」에서 말하기를, 인간의 나약한 신앙은 그리스도교회의 영속성을 보장받으려고 인간적 도구인 법체계를 동원해서 교회의 기둥과 대들보를 세웠는데, 교회의 본질은 '영적'인 것이고 법의 본질은 '세속적'인 것이어서 양자는 모순된다고 주장했다. 즉 그리스도의 몸인 영적인 단체(교회)와 세속적인 법이 함께 할 수 없다는 것이다. 이는 은혜와 사랑, 용서를 추구하는 것이 교회의 본질이라는 것으로서 교회법에 대한 반대론자와 궤를 같이 한다.

조옴의 이러한 명제에 대하여 중세부터 근대에 이르기까지 방대한 분량의 '교회법대전Corpus Juris Canonici'을 만들어 낸 카톨릭에서는 이를 인정하지 않는다. 카톨릭 교회의 견해는 그리스도에 의해서 전 인류의 구원을 위해서 창설된 교회는 처음부터 법 및 법적 제도를 본질적 요소로서 갖추었다고 한다. 즉 '보이는(가시적) 교회'와 영적 공동체로서 교회는 두 개의 것으로 생각할 것이 아니라, 인적 요소와 신적 요소로 된 하나의 실재라는 입장이다.

물론 교회의 본질은 종교적이요, 법의 본질은 지극히 현세적이다(물론 법철학과 같은 예외도 존재하지만). 그래서 가끔 농담으로 법학이라고 하지 않고 '밥학(빵을 위한 학문)'이라고 부른다. 교회는 그 이상과 본질에 비추어, 그리스도교 신자의 단체, 지상에서의 하나님의 백성, 하나님의 왕국, 그리스도의 몸이다. 그러나 법과 관련이 깊은 '국가'는 현실에 터 잡고 있으며, 국가의 구성원인 국민의 생활에 대해 강제력을 가지고 규율하는 것이다.

그런데 종교생활에 법이 관여할 수 없다고 하는 것이 종교혁명의 정신이었다. 루터는 1520년 12월 10일 비텐베르크 성문 앞에서 자신의 파문장과 함께 '교회법대전Corpus Juris Canonici'을 불살라 버렸다. 이것은 교황의 교회법만이 아니라 종교적인 법, 즉 교회법(여기서는 교회제정법을 의미한다) 모두를 악이라 칭했던 것이다. 루터는 교황의 교회법은 '반그리스도적이고 악마적인' 내용을 갖는 것이요, 교황이 반포한 모든 종교상의 법률 가운데는 '한 사람의 경건한 그리스도교를 가르칠만한 단 두 줄도 존재하지 않는다'고 하고, 또 로마법(캐논법)이 없어지지 않는 한 기독교는 존재하지 않는다고 했다.

그는 말씀과 성례(혹은 성사)sacrament[3]가 있는 곳에 그리스도가 있

3 개신교에서는 세례와 성찬, 두 가지만을 성례로 인정하고 있으나 카톨릭에서는 baptisma(세례), comfirmatio(견진), paenitentia(고해), Eucharistia(성체), ordo(신품), matrimonium(혼인), extremaunctio(종부) 등 7가지를 인정하고 있다.

으며 교회법은 교회를 만들어 내는 곳이 아니요, 교회법에 따른 교회는 그리스도의 교회가 아니라고 했다. 이는 그리스도의 교회(에클레시아)를 그리스도의 왕국, 하나님의 왕국이요, 거기에는 그리스도 이외에는 형태를 갖춘 수장, 사람이 만든 교리와 규칙은 있을 수 없는 무형의 것이라고 풀이하는데서 오는 것이다.

그러나 이러한 루터의 견해는 프로테스탄트 교회 내에서 정도의 차이를 두고 완화되었다. 눈에 보이는 교회가 지상에 존재하는 한 역시 교회법의 존재는 필연성을 갖는 것으로 인정하고 있다.

3) 법적인 의미에서의 교회

(1) 보이는 교회로서의 교회

법은 사회규범으로서 다수인이 사회를 이루는 데에 반드시 존재하지 않으면 안 될 조건이다. 그 사회가 국가이건, 교회이건, 노동조합, 공장, 주식회사이건 심지어 가족 간에도 법이 필요하다. 여기에서의 교회는 '보이는 교회'로서의 교회이다. 신도들의 모임으로서의 교회이다. 오늘날 한국사회에서 일반인들은 교회라는 단어를 들으면 건물로서의 '예배당'을 연상한다. 교회(教會)라는 단어의 한자를 보면 가르칠 교, 모일 회로 구성되어 있음을 알 수 있다. 즉 일정한 교의를 중심으로 한 모임이라는 의미이다.

그렇다면 법적으로 교회는 어떠한 의미를 갖는가. 보이는 교회는 성경적으로 '예수 그리스도를 구주로 믿는 신앙을 고백한 사람들의 모임'이라고 하며 거기에는 최후에 구원을 받을 사람과 받지 못할 사람들이 함께 생활한다(마 13:24-30)고 한다. 이에 반하여 보이지 않는 교회는 하나님의 택함을 받아 구원이 확실한, 전세계에 흩어져 있는 모든 사람들로써 구성된다. 그러나 후자는 전자를 떠나서 단독적으로 존재하지 않는다. 법적으로 교회는 일정한 신조나 교의를 신봉하는 사람들의 집단으로서 우리 법에서는 '법인 아닌 사단' 또는 '비법인사단'이라고 한다.

권리의 주체로서 자연인과 법인

계약과 같은 법률관계는 통상 '권리와 의무'의 관계로 나타난다. 그런데 권리와 의무의 주체에 의해서 법률관계가 형성된다. 이러한 권리와 의무의 주체에는 크게 자연인과 법인이 있다. 과거에는 모든 사람(자연인)에게 권리의 주체성을 인정하지 않았다. 근대 법치국가의 성립 이전에는 자유인만이 권리의 주체일 뿐 노예는 권리의 주체가 될 수 없었고, 또한 가장만이 권리의 주체가 되고 가족의 구성원들은 그렇지 못한 경우도 있었다.

뿐만 아니다. 신약성경시대에도 예수님이 물고기 2마리와 떡 5개로 5천명을 먹이실 때에도 여자와 어린이는 그 숫자에 포함시키지 않은 것만 보아도 여자와 어린이는 남자와 동등하게 취급되지 않았다는 사실을 알 수 있다. 여자가 남자와 완전히 동등한 권리를 가진 권리의 주체가 된 것은 20세기에 들어와서이다. 아무튼 오늘날에는 남자이든 여자이든 어른이든 어린이이든 또한 보통사람이든 장애인이든 사람(자연인)이기만 하면 '권리의 주체성'을 인정하고 있다. 이를 권리능력 평등의 원칙이라고 한다.

(2) 단체로서의 교회

권리의 주체로서 자연인 이외에 단체가 있다. 오늘날 단체에는 사람의 단체인 '사단'과 재산을 목적으로 하는 '재단'의 두 가지가 있다. 이러한 사단이나 재단이 권리의 주체성을 획득하는 경우 '사단법인'이나 '재단법인'으로 불리운다. 한 때 오직 국가만이 권리의 주체성이 인정되는 때가 있었다. 그 말은 법인으로 국가만이 인정되었다는 의미이다. 그 후 국가가 특별히 인정한 -특허 받은- 단체만 법인을 인정하다가, 이제는 각 나라마다 일정한 조건을 갖춘 경우에 단체를 법인으로 인정하는 정책을 사용하고 있다.

국가 이외에 단체가 권리의 주체성(법인성)을 획득하는 방법에는 허가를 받거나 인가를 받거나, 법률이 정하는 요건을 갖추는 방법이 있는데, 극단적으로 단체의 설립을 자유롭게 인정하는 국가도 있다. 법인이라는 의미는 자연인과 마찬가지로 거래의 주체로 될 수 있으며 부동산을 등기하는 경우에도 법인 명의로 할 수 있고, 소송을 하는 경우에도 자기의 이름으로 소송을 하거나 피고가 될 수 있다는 것을 의미한다.

법인은 여러 가지로 분류한다. 우선 공법인과 사법인으로 나눌 수 있다. 국가나 지방자치단체, 공공기관, 공익적 목적으로 특별히 설립된 단체로서 법률에 의하여 그 근거가 마련된 법인이 공법인이고, 사익을 목적으로 설립된 법인이 사법인이다. 법인은 다시 영리법인과 비영리법인으로 나눌 수 있다. 영리법인의 특징은 단체가 얻은 이익을 구성원에게 분배하는 것이며, 비영리법인은 그렇지 않은 법인으로서 학술, 종교, 자선, 스포츠 등을 목적으로 설립하는 법인이다. 다시 비영리법인은 공익비영리법인과 비공익비영리법인으로 나눌 수 있다. 시민단체나 NGO, 환경단체 등은 공익비영리법인이다. 이에 대해서 동창회, 친목회, 마을축구모임 등은 비공익비영리법인이다.

교회는 이 중 비영리단체이며 특히 종교단체이다. 국가의 입장에서는 이러한 종교단체를 다른 단체와 구별하여 특별법을 제정하기도 하고 다른 단체와 동일하게 다루기도 한다.

(3) 사단으로서의 교회

우리는 교회하면 대개 예배당이라는 건물을 떠올리지만 교회는 가장 소박하게 이야기하자면 신도들의 모임이다. 자연인으로서의 개인은 태어나면서부터 자신의 의사와 상관없이 일정한 공동체의 일원이 되기도 하고, 또는 자신의 의사에 의하여 공동체의 구성원이 되기도 한다. 교회는 성경적으로는 '주의 부르심을 입은 신도'라는 구성원으로 결성된 사단이다. 사단이 이러한 구성원이 존재하는 단체라면 재단에는 사원, 즉 구성원이 존재하지 않는다. 이 점에서 사단과 재단은 커다란 차이를 보인다. 따라서 재단에서는 목적재산이 단체의 성립에 중요한 요소이지만, 사단에서는 재산은 중요한 요소가 아니다. 만약 사단에서 구성원이 1명도 없게 되는 경우에는 이미 그 '사단성'을 상실하게 된다.

사람들의 모임 모두가 사단이 되는 것은 아니다. 사단이 되려면 규범인 정관이 존재해야 하고, 모임을 대표할 수 있는 대표기관과 집행기관을 갖추어야 한다. 사단의 또 다른 특징은 최고 의사결정기구로 '사원총회'를 갖는다는 점이다. 사원총회에서는 사단의 규범인 정관을 개정하거나 또는 사단을 해산할 수 있는 권한을 갖게 된다. 장로교회의 공동의회는 사원총회와 같은 기능을 한다. 장로교회와 카톨릭교회의 가장 큰 차이점은 카톨릭교회에는 이러한 공동의회와 같은 기구가 없다는 점이다. 카톨릭에서의 의사결정은 사제들인 주교들에 의하여 행해진다. 장로교회의 각 개교회는 각 교회의 운영규정을 교회헌법에 반하지 않는 한도 내에서 개정할 수 있는 권한을 가진다.

개혁교회라 할지라도 모든 교회가 이러한 공동의회 기구를 갖는 것은 아니다. 회중들의 모임을 인정하는 교단에서만 신도의 총의를 묻는 기구를 갖는다. 공동의회의 결의사항으로 ① 당회가 제시한 사항 ② 예산 및 결산 ③ 직원 선거 ④ 상회가 지시한 사항으로 되어 있는데, 장로교회라 할지라도 공동의회의 결의가 중요함을 알 수 있다.

4) 교회법

(1) 교회법과 국가법

오늘날 통상 우리가 법이라고 말하면 국가법을 의미한다. 법이 지켜지지 않을 때 국가권력에 의하여 강제된다. 범죄를 행하면 국가기관인 검사가 법원에 기소하고 법원의 재판의 결과에 따라 징역형이나 벌금형을 받게 되고 그 형이 집행된다. 누군가가 금전을 빌리고 갚지 않으면 국가기관인 법원에 민사소송을 제기하여 승소판결을 받아 국가기관의 도움으로 그 사람의 재산에 강제집행을 하여 만족을 얻는다. 이처럼 법과 국가는 불가결의 관계이다. 모든 국가는 법치국가를 지향하며 국민생활을 법에 의하여 규율하기 때문이다. 민주주의국가라면 국민의 대표기관인 국회나 의회에서 국가의 법을 제정한다. 현대의 모든 국가는 정당성을 확보하기 위하여 심지어 독재국가일지라도 형식적이나마 국민의 대표기관에서 법을 통과하여 시행하고 있다. 이러한 법들은 특정한 시대 특정한 국가에만 통용되는데 이를 '실정법'이라고 한다. 따라서 이러한 실정법들은 개정되거나 폐지되지 않는 한 지켜져야 한다. 이에 반하여 어느 시대에나 어느 국가나 적용될 수 있는 영원불변의 법을 '자연법'이라고 부른다.

법철학자들은 이러한 자연법이 이 세상에 존재한다고 믿고 오랫동안 자연법의 실체를 탐구하여 왔다. 진리란 어느 시대, 어느 국가를 막론하고 적용될 수 있는 영원불변이기 때문에 기독교의 교의가 진리라면 그에 입각한 교회법은 자연법적 색채를 가지고 있다고 보아야 한다. 기독교의 교의는 이 세상을 지향하는 것이 아니라 이 세상을 넘어서는 곳을 지향하며, 교회법은 '그 나라의 의'를 목표로 하기 때문에 일종의 자연법이다. 그러나 통상 우리가 교회법이라고 부르는 것 안에는 교의뿐만 아니라 교회조직과 교회의식, 교회재판까지 포함하기 때문에 교회법이 곧 자연법이라고 할 수는 없다.

(2) 교회법과 율법

기독교를 이해하지 못하고는 서양문화를 파악할 수 없듯이 교회법의 전통을 모르고서는 서양법의 흐름을 이해할 수 없다고 해도 과언이 아니다. 교회법을 이해하기 전에 먼저 '율법'의 개념에 대하여 이해해야 한다. 복음시대에 살고 있는 현대 기독교인들에게 '율법'이란 거추장스럽거나 과거 구약시대에 통용된 규범으로 자칫 오해되기 쉬운 개념이다. 그런데 율법이란 인간에 의하여 만들어진 법이 아니라 하나님에 의하여 주어진 법이다. 하나님은 한 율법을 행위에 대한 약속으로서 아담에게 주었다. 이 율법을 통하여 하나님은 아담 자신뿐만 아니라 모든 후손을 개인적이고, 온전하고, 거부할 수도 없고, 항구적인 복종에 매이게 하셨다.[4] 그와 동시에 하나님은 이 율법을 완성할 때에는 생명을 주고 범할 때에는 죽음을 준다고 경고하셨다. 또한 아담에게 이 율법을 지킬 수 있는 힘과 능력을 부여해 주셨다. 아담이 타락한 후에 이 율법은 의에 관한 완전한 규칙으로서 존속하게 되었다.

4 웨스터민스터 신앙고백 제19장 '하나님의 율법에 관하여' 참조.

율법의 최협의는 모세가 시내산에서 받았던 십계명인데 두 개의 돌판 위에 새겨져 있었다. 첫 번째 돌판에 새겨진 네 가지 계명은 하나님과 하나님백성과의 관계로서 하나님께 대한 하나님 백성의 의무였고, 두 번째 돌판 위에는 사람과 사람과의 관계에 대한 계명이 새겨져 있었다. 두 번째 돌판에 새겨진 것은 '부모를 공경하라, 살인하지 말라, 도둑질하지 말라, 간음하지 말라, 거짓증거하지 말라, 이웃의 소유를 탐내지 말라'이고 이 율법을 보통 도덕적 율법이라고 부른다.

율법의 협의는 이른바 모세오경이라고 부르는 창세기, 출애굽기, 레위기, 민수기, 신명기를 말하고 '토라'라고 한다. 광의로는 구약의 하나님의 언약(율법서, 선지서, 시가서)을 말하며, 이스라엘 공동체에 주어진 것 모두를 율법이라고 한다. 이것 이외에도 유대인에 의하여 제정되고 인정되는 율법으로 랍비 율법이 있다. 율법 중에서도 제사법이나 음식법 이외의 율법(도덕법)들은 오늘날에도 여전히 기독교인들에게 준수되어야 할 법들이다. 유대인들이 음식법을 지키지 않는 이방 사람들을 정죄할 때 사도바울은 모든 것이 내게 가하나 모든 것이 다 유익한 것이 아니라고 하여(고린도전서 13장 23절), 율법의 음식법의 준수가 필수적인 것은 아니라고 설파하기도 하였다.

신약시대에 이르러 교회법이 등장하게 된다. 교회법은 역사적으로 카논법[Canon law]이라고 불렸다. 교회법이란 그리스도교의 교의(교리)·교회조직·교회의식·신앙생활과 교회재판에 관한 모든 법규를 가리키는 말이다. 이것은 좀 더 엄밀히 말하면 '교회내부법'이고, 이에 대해 국가와 교회의 관계에 관한 법률은 '국가교회법'이라 하는데 후자는 국가법률에 속하는 것이다.

카논[Cannon]이라는 말은 그리스어의 Χανων[chanon], 즉 규칙[regula]이라

는 말에서 나온 것인데, 카톨릭 교회에서는 전세계의 주교들로 구성되는 공의회Konzil의 결의를 카논이라고도 하고, 「교회법전」의 조문을 카논이라고도 하는데, 일반적으로 카논법은 카톨릭교회의 교회법을 총칭하는 것이다.

프로테스탄트교회법은 카논법이라 하지 않고 교회법이라 하고, 그리스정교의 법도 그리스정교카논법이라고 수식어를 붙여 사용한다. 비그리스도의 종교들에 관계되는 법은 '종교법' 등으로 불린다. 카논법이라 불리는 교회법의 존재 때문에 카톨릭교회는 프로테스탄트교회와 다른 종교들과 비교해 보았을 때 상당히 '법률적이며, 질서와 권위'를 간직하고 있다. 그리고 이 질서와 권위는 하루 이틀에 이루어진 것이 아니고 교회법의 오랜 전통을 이루고 있다.

교회법의 권위가 하늘을 찌르는 때에는 교회법이 세속법의 영역까지 영향을 미치기도 하였으나 오늘날에는 정치와 종교의 분리 원칙에 따라(헌법 제20조 제2항) 교회법이 세속법에 미치는 영향은 제한적이다.

(3) 교회법 내 자연법과 실정법의 요소들

교회법 내에 자연법적 요소와 실정법적 요소가 혼재되어 있다. 교회법은 그리스도교의 교의(교리)·교회조직·교회의식·신앙생활과 교회재판에 관한 모든 법규를 가리키는 말이다. 이 중에서도 그리스도교의 교의는 자연법적 요소들로 구성되어 있는 반면에 교회조직이나 교회의식, 신앙생활과 관련된 교회재판 법규들은 그 당시의 시대적 상황에 따라 개정되기도 하는 실정법적 요소의 성격을 띠고 있다.

오늘날 헌법의 기본적인 요소들인 인간의 존엄과 가치, 생명 존중, 자유, 평등뿐만 아니라 나그네를 돌보라는 내외국인평등주의, 고아와 과부 등 약자에 대한 배려, 환경보전에 관한 규정들이 성경에 자주 등장하는데 이러한 것들은 자연법적 요소이다.

그러나 교회조직이나 교회의식에 관한 것은 자연법적 요소로 보기 어렵다. 어떤 경우에는 이러한 교회조직규정이 교의와 겹치기도 한다. 가톨릭에서는 교황을 '그리스도의 대리인'으로 본다. 그리고 그 근거를 성경에서 찾는다. 즉 가이샤라 빌립보에서 예수님이 "너희는 나를 누구라 하느냐"라는 질문에 대하여, 베드로가 "주는 그리스도시요 살아계신 하나님의 아들이시니이다(마 16:16)"라고 답변하자, "너는 베드로라 내가 이 반석 위에 내 교회를 세우리니 음부의 권세가 이기지 못하리라. 내가 천국 열쇠를 네게 주리니 네가 땅에서 무엇이든지 매면 하늘에서도 매일 것이요 네가 땅에서 무엇이든지 풀면 하늘에서도 풀리리라(마 16:18-19)"한 말씀에서 찾는다.

즉 예수님이 베드로를 그리스도의 대리인으로 삼아 사람들에게 하나님의 말씀을 대언할 수 있도록 했다는 것이다. 따라서 베드로를 제1대 교황으로 하여 교황제도를 옹호한다. 이에 대하여 개신교에서는 교황을 인정하지 않는다. 이른바 '만인사제주의'이다. 사제를 거치지 않고도 직접 하나님과 교통할 수 있다는 것이다. 따라서 이러한 교황제도는 자연법적인 것이 아니다. 오히려 일종의 실정법적인 것이다.

오늘날에는 카톨릭과 개신교는 교리와 의식에서 상당한 차이를 보이고 있다. 먼저 성경으로 개신교에서는 정경으로 66권의 성경을 인정하지만, 가톨릭에서는 6권을 더하여 72권을 정경으로 인정한다. 성찬에 관해서도 가톨릭에서는 화체설을 취하고 있는 반면, 개신교는 기념설에 입각하고 있다. 가톨릭에서는 개신교에서 인정하지 않는 천주성모대축일(1월 1일) 성모승천축일(8월 15일)을 성탄절, 부활절과 함께 축일로 기념한다. 그 밖의 개신교 안에서도 장로제도, 침례의식, 여자의 목사나 장로 안수 문제 등도 다툼이 있기는 하지만 일종의 실정법적 요소이다.

2. 성경과 법

성경 그 자체는 '하나님의 법'이다. 사랑의 법이다. 하나님께서 하나님의 자녀들에게 약속하신 말씀이다. 구약의 모세오경 안에는 하나님과의 관계에서 필요한 법도 존재하지만, 사람들 간의 사회규범으로서 작용하는 법들도 다수 존재한다. 성경은 하나님의 말씀이지만 인간의 언어로 씌어졌기 때문에 인간의 언어에 대한 이해도 필요하고, 그러한 언어가 법적인 용어인 경우에는 법적인 의미관련 파악도 필요하다.

성경의 기록이 완성된 지 거의 2,000년이 되어간다. 사람들의 삶의 모습은 2,000년 전과 지금을 비교하면 굉장히 많이 변하였다. 특히 산업혁명을 거치면서 과학기술의 발달은 인간의 생활을 편리하게 하였으며, 빈부의 격차는 벌어지고 있다 하더라도, 과거에 비해 전반적으로 삶의 질은 향상되었다. 그러나 여전히 하나님의 언약은 우리에게 적용되며, 우리의 삶의 지표(푯대)가 된다.

성경에서는 법적인 의미의 용어나 법률용어들이 많이 등장한다. 율법, 언약, 죄, 증인, 증언, 위증, 상속권, 이혼, 재판, 빚(채무) 등등. 언약개념은 계약개념과의 비교를 통해서 선명하게 드러난다. 율법은 이스라엘 백성들에게 주어진 일종의 '실정법'이었다. 성경에서는 재판과 관련한 용어들도 많이 등장한다. 따라서 법적인 의미의 용어나 법률용어에 대한 정확한 의미를 이해하고 있으면 성경을 이해하거나 해석할 때 도움이 된다.

법적인 의미관련 이해를 할 때 성경의 해석과 말씀의 삶 속에서의 적용이 좀 더 올바르게 행해질 수 있다. 오늘날에도 유대인들은 삶 속에서 하나님의 말씀을 어떻게 적용할 것인지에 대하여 고민하고 해답을 추구해 나간다. 우리가 이 땅에 사는 동안은 그리스도인으로서 이 '하나님의 법'을 매일 적용해야하기에 다양한 방법을 동원하여 접근할 필요성이 있다.

1) 언약과 계약

우리는 사회생활을 하면서 많은 사람들과 다양한 약속들을 한다. 그러나 그러한 약속들이 모두 법률관계(권리와 의무를 부담하여야 하는 관계)에 편입되는 것이 아니며, 어떤 약속들은 단지 '호의관계'에 머무르게 된다. 만약 어떠한 약속이 '법률관계'에 편입되면 당사자들은 권리의 취득과 의무의 부담을 지게 되며, 그러한 약속이 지켜지지 않은 경우에 국가의 강제력에 의하며 만족을 얻게 되지만, 단순한 호의관계인 경우에는 국가의 강제력은 발동되지 않는다. 이웃 또는 친척의 아이를 돌보아주기로 하거나, 지나가는 자동차를 얻어 타는 것은 계약관계가 아니다. 그 말은 당사자 사이에 권리 의무가 발생하지 않기 때문에 약속을 지키지 않았다 하여 상대방에 대하여 강제할 수 없다는 의미이다. 따라서 호의관계로 자동차에 동승시켜 준 경우에는 동승자의 목적지까지 태워다 줄 의무는 없는 것이며 그가 원하는 목적지까지 태워 주지 않아도 법적인 책임은 발생하지 않는다.

계약은 언어로 행해진다. 구두로 하거나 문서로 행해진다. 계약은 법률용어이다. 법률용어이지만 사람의 생활관계 속에서 가장 많이 사용하고 가장 많이 행한다. 우리는 매일 계약을 체결한다. 물건을 사고파는 매매계약, 택시나 버스를 탈 때의 운송계약, 돈을 빌릴 때 하는 소비대차계약, 주택임대차계약, 건물을 건축할 때 하는 도급계약, 물건을 교환할 때 하는 교환계약, 여행계약, 휴대폰을 사용할 때 하는 서비스이용계약 등 이루 헤아릴 수 없는 계약을 하고 산다.

자본주의사회의 생활질서는 재화에 대한 '사적 지배(소유)'와 그의 '자유로운 교환(계약)'이 법적으로 보장되어서 성립한다. 그리하여 근대사회는 모든 사람에게 독립·대등한 '권리주체'로서의 지위를 보장하고, 소유권과 계약이라는 법제도를 통해서 재산의 사적 소유와 그의 자유로운 교환관계를 법적으로 보장한다.

계약은 원칙적으로 양 당사자가 필요하다. 매매계약에서는 매도인과 매수인, 임대차계약에서는 임대인과 임차인, 금전소비대차계약에서는 돈을 빌려주는 사람과 돈을 빌리는 사람, 도급계약에서는 도급인(일을 맡기는 사람)과 수급인(일을 맡아서 하는 사람) 등 양 당사자가 필수적이다.

계약의 양 당사자는 동등한 입장에서 다루어진다. 근대 민법에서 계약자유의 원칙의 출발은 양 당사자가 대등하다는데서 출발한다. 따라서 민법의 계약법은 양 당사자 중의 일방을 우대하지 않는다. 양 당사자의 지위가 언제든지 상호 호환할 수 있다는 전제에 있기 때문이다.[5]

이에 대하여 언약은 영어로는 Covenant라는 용어를 사용하며, 일반적으로 하나님에 의하여 행해진, 종교적 공동체 또는 인간과의 약속 또는 공식적 협약이라고 정의한다. '언약'(창 6:18)은 히브리어로

5 그러나 오늘날에는 대개의 일반인들은 기업이 만든 제품이나 용역을 소비하는 소비자로 전락하였다.

'베리트(בְּרִית)'인데, '바라'(자르다, 끊다, 새기다)에서 파생된 말로 위반 시에는 죽음 및 관계 단절이 뒤따르는 하나님과 인간간의 엄정한 약속을 의미한다.

또한 베리트는 '쪼갠다'라는 뜻을 가지고 있다. 옛날 근동 지방에서 파기되어서는 안 되는 아주 중요한 계약을 맺을 때에 짐승을 죽여서 쪼개어 양쪽으로 나누어 놓은데서 유래된 말이다(창15:10, 렘34:18). 이것은 만약 계약자들이 약속을 지키지 않을 때에는 짐승처럼 쪼갬을 당한다는 의미이다.

일반적으로 계약은 양 당사자의 합의에 의하여 체결되는데, 하나님과 사람 사이의 언약의 경우 창조주와 피조물 사이의 관계라는 성격 때문에 인간의 동의 여부를 떠나 하나님의 선언과 함께 바로 체결된다는 점에서 법적인 의미의 계약과 구별된다.

2) 율법과 실정법의 충돌의 딜레마

신약 복음서를 보면 서기관과 바리새인들은 어떻게든 자신들의 위선을 지적하는 예수님을 곤경에 빠트리려고 시시때때로 기회를 엿보았다. 그 당시의 유대인의 전통을 지키지 않는 예수님을 비방하거나, 율법과 당시 로마법의 실정법이 충돌되는 문제들을 예수님 앞에 가지고 나와 그를 시험하는 경우가 종종 있었다. 그 때마다 예수님은 위대한 변론가요, 메시야답게 그러한 딜레마를 지혜롭게 헤쳐나갔다. 오늘날에도 이러한 문제는 성경의 해석과 관련하여 실정법과의 충돌로 나타난다. 국기에 대한 경례가 우상숭배에 해당하는가. 수혈이 필요한 환자에게 수혈을 하는 것이 생명의 근원인 피를 먹지 말라는 구약의 율법에 반하는가. 군대에서 집총을 하는 것이 성경에 반하는가. 동성애를 허용하는 것이 율법에 반하는가, 줄기세포를 이용한 실험은 어디까지 허용되는가 등의 문제가 있다.

이하에서는 신약성경에 나오는 예를 몇 가지만 소개하고자 한다.

(1) 간음 중 현장에서 잡혀온 여자(요한복음 8장 1절-11절)

사건은 예수님이 가르치시던 성전 뜰 안에서 일어난다. 바리새인과 서기관들이 간음하다 현장에서 잡힌 여자를 끌고 들어와 '성전의 예배'가 중단된다. 그들은 관례에 따라 여자의 옷을 허리까지 벗긴다. 무방비 상태의 여자는 무섭고 창피하여 두 손으로 가슴을 가린 채 예수님 앞에 몸을 움츠린다. 간음이란 두 사람의 행위이고 구약성경은 간음한 두 사람을 처벌하도록 되어 있으나 예수님 앞에는 여자 혼자만 와 있다(성경을 읽을 때마다 남자는 어디 갔는지 궁금하다). 서기관들과 바리새인들의 관심은 여자의 처벌에 있는 것이 아니라 예수님을 공격하는데 있었다. 그들은 자신이 하나님의 아들이라고 칭하는 자를 이제 진퇴양난에 빠트릴 수 있는 기회를 맞이한 것이다. 그들이 쳐놓은 덫(함정)에 예수님이 걸릴 것인지 절체절명의 시간이다.

유대인의 율법(종교법)에 의하면 간음한 사람은 돌로 쳐 죽이도록 되어 있다(레 20:10; 신 22:22)[6]. 그러나 로마의 법(실정법)에 의하면 유대인에게 사형할 권리를 부여하고 있지 않기 때문에 만약 예수님이 모세의 율법에 따라 돌로 쳐 죽이라고 하면 당시 로마의 실정법을 위반하게 된다. 만약 돌로 쳐 죽이지 말라고 하면 유대인의 법(실정법)을 위반하게 되는 것이다. 더군다나 예수님은 잘못한 사람에 대

6 누구든지 남의 아내와 간음하는 자 곧 그의 이웃의 아내와 간음하는 자는 그 간부와 음부를 반드시 죽일지니라(레 20: 10).

한 용서와 화해와 사랑을 말씀하셨기 때문에 더더욱 여자를 죽이라고 한다면 스스로 자기의 논리를 깨트리게 되는 모순에 빠지게 되는, 이러지도 못하고 저러지도 못하는 상황에 빠져 있다.

거기에 있는 모든 사람들의 시선이 예수님에게 향해 있다. 그들은 숨을 죽인 채 예수님이 어떻게 대응할지 지켜보고 있다. 모세의 법인 유대의 법을 따를 것인가 아니면 로마법인 실정법을 따를 것인가. 사랑과 자비심이 많기로 유명하다던데, 혹 이 간음한 여자를 풀어줄 묘안이라도 생각해낼까? 그렇게 된다면 성전에 모인 무리들 앞에서 모세의 율법을 어겨야 한다. 모든 사람은 극도의 긴장감과 침묵에 빠져서 긴장된 상태로 시선을 예수님에게 향한다.

긴장이 팽배한 그 순간 예수님은 아주 특이한 행동을 하신다. 몸을 굽혀 손가락으로 땅에 글씨를 쓰신 것이다. 아직 사태를 파악하지 못한 사람들조차 예수님의 행동에 주의를 집중하고 이 분이 무엇을 하시나 하는 생각으로 관심을 쏟기 시작하였다. 이것은 복음서를 통틀어 예수님이 글씨를 쓰시는 유일한 장면이다. 성경의 기록자인 요한은 예수님이 모래 위에 뭐라고 쓰셨는지 밝히지 않는다. 예수님의 생애를 그린 영화에서 세실 드밀Cecil B. DeMille은 그 분이 갖가지 죄목을 쓴 것으로 표현한다. 간음, 살인, 교만, 탐심, 정욕, ... 이렇게 단어를 하나씩 쓰실 때마다 바리새인들이 몇 명씩 사라진다. 이것은 어디까지나 영화제작자의 상상이다.

어쨌든 그 위험한 순간에, 거짓말쟁이로 몰리거나 유대법을 어기거나 로마법을 어길 수밖에 없는 딜레마의 순간에, 예수님은 모든 것을 중단하신 채 말 없이 땅위에 글을 썼다는 사실만을 우리는 알 뿐이다.

아일랜드 시인 시머스 헤이니Seamus Heaney는 예수님이 무리의 관심도 집중시키고 또 청중이 원하는 결과와 그 분이 보이실 반응의 의미 차이도 극대화하면서 모든 의미에서 시간을 벌고 있다고 말한다. 어쩌면 고도의 계산된 행동일지도 모른다. 예수님의 이러한 행동에 흥분하여 간음한 여자들을 데려왔던 바리새인과 서기관들, 그리고 예수님에 대하여 안 좋은 생각을 가지고 있던 무리들도 약간 냉정을 되찾고 관심을 집중시켰을 것이다.

잠시 후 예수님은 입을 열어 대답하신다. 바리새인과 서기관들의 질문에 대하여 긍정일까 부정일까, 돌로 치라는 답변일까 혹은 치지 말라고 하는 답변을 할까 궁금한 순간, '돌로 치라'고 한다. 그러나 조건을 붙인다. 너희 중에 죄 없는 자가 먼저 돌로 치라고 한다. 그리고 다시 몸을 구부려 글씨를 쓰시며 좀 더 기다린다. 공격자들이 하나씩 사라지는데 성경은 이 말씀을 듣고 양심에 가책을 느껴 '어른으로부터 시작하여 젊은이까지' 하나씩 하나씩 떠나가고 예수님과 여자만 남았다고 한다(아마 어른들이 죄가 더 많았으리라).

그러자 예수님이 몸을 일으켜 그 앞에 혼자 남은 여자에게 말씀하신다. "여자여, 너를 고소하던 그들이 어디 있느냐? 너를 정죄한 자가 없느냐?", "주여 없나이다" 여자가 말한다. 죽을 줄 알고 겁에 질려 끌려온 여자에게 예수님은 사면(죄를 사해줌)을 베푸신다. 그리고 덧붙인다. "나도 너를 정죄하지 아니하노니 가서 다시는 죄를 범치 말라"

예수님은 유대인의 법과 로마법 둘 중의 하나를 선택할 수밖에 없는 상황에서 멋지게 그 상황(문제)을 해결한다. 돌로 치라고 함으로써 유대인의 법을 위반하지도 않으면서, '죄 없는 자'만이 그 여자를 정죄할 수 있다고 함으로써 결론적으로는 로마법에도 위반하지 않게 되었다.

이 사건에서 예수님은 사람을 의인the righteous과 죄인sinner의 두 부류로 나누지 아니하고 '죄를 인정하는 죄인'과 '죄를 부정하는 죄인'으로 구분 방식을 바꾸셨다. 간음하다 현장에서 잡힌 여자는 어쩔 수 없이 죄를 인정할 수밖에 없었다. 그러나 바리새인과 서기관들은 죄를 부정하거나 타인의 죄에는 민감하나 자기들의 죄에는 둔감한 자들이었다는 것을 알 수 있다.

(2) 하나님의 것과 가이사의 것 (마 22:17-22, 눅 20:22-26)

마태복음 22장 15절 이하와 누가복음 20장 19절 이하에서 보면 바리새인들이 어떻게 하면 예수님을 말의 올무에 걸리게 할까 상의하고 자기 제자들을 헤롯 당원들과 함께 예수님께 보내어 질문한다. "선생님이여, 우리가 아노니 당신은 참되시고 진리로 하나님의 도를 가르치시며 아무도 꺼리는 일이 없으시니 이는 사람을 외모로 보지 아니하심이니이다. 그러면 당신의 생각에는 어떠한지 우리에게 이르소서, 가이사에게 세금을 바치는 것이 옳습니까 옳지 않습니까."

이 질문에는 고도의 전략이 숨어 있다. 여기에 언급된 세금은 그 당시 로마의 속국이었던 이스라엘이 로마에 내는 세금을 말한다. 헤롯왕 다음의 유대왕이었던 아켈라오(2:22)가 A.D. 6년에 아우구스투스 황제에 의해 폐위된 이후 세리들이 유대의 모든 성인 남자들로부터 거두어 로마에 바쳤던 인두세(주민세)를 말한다. 그 당시 유대인들은 무거운 세금에 대한 원망뿐만 아니라 데나리온 경화에 새겨진 '로마황제의 초상(가이사)'은 그 고통을 가중시켰다. 신이 아닌 것을 신격화하고 그것을 새기는 것은 신의 계시, 그 중에서도 가장 중요한 십계명을 위반하기 때문이었다. 로마에 세금을 바칠 때는 반드시 데나리온 경화를 사용해야 했으므로 그 거부감은 더 컸다. 따라서 이러한 경화를 취급해야 했던 징수관(세리)은 유대법의 관점에서 볼 때, 죄인이나 다름없었고, 그들은 징수관(세리)을 죄인 취급하였다.

이에 따라 유대 민족주의자들은 납세를 거부하고 심지어 무장 저항운동도 전개하였다. 따라서 예수님이 '세금을 바쳐야 한다'고 하면 민족의 반역자로 낙인을 찍으려 하였고, 안된다고 하면 로마의 저항자로 로마 당국에 고발하려고 했던 음모가 깔려 있었다.

사람이 태어나서 피할 수 없는 것 두 가지가 있는데 죽음과 세금이라고 한다. 국가는 세금을 가지고 운영할 수밖에 없으므로 역사 이래로 모든 사람에게 세금은 필수적이었다. 오늘날 한국에서도 목회자의 세금문제가 뜨거운 이슈로 논의되고 있다. 현재까지는 목회자는 면세가 되고 있지만 목회자도 국민의 한 사람인만큼 세금을 내야 한다는 의견이 서서히 동조를 얻어가고 있다. 심지어 한국의 한 시민단체는 종교인에게 세금을 거두지 않은 것은 국세청장이 직무 유기를 하는 것이라며 검찰에 고소하기도 하였다. 세금문제는 이처럼 실정법과 밀접한 관련을 맺고 있다.

로마의 속국이었지만 유대인들도 로마의 국민 된 사람으로서 세금을 내야 하는 것은 실정법상 당연한 것이었지만, 민족주의자들은 로마의 국민임을 부정하고 세금납부 거부운동을 벌이고 있던 실정이었다.

그들의 질문 뒤에 예수님의 반응을 보도록 하자. 예수님께서는 그들의 악함을 아시고 이르시되 "외식하는 자들아 어찌하여 나를 시험하느냐. 세금 낼 돈을 내게 보이라" 하시니 그 중의 하나가 데나리온(은전의 명칭) 하나를 가져왔고, 예수님께서 말씀하시되 "이 형상과 이 글이 누구의 것이냐." 그들이 말한다. "가이사의 것입니다.": 그 당시의 화폐는 로마 황제의 형상이 새겨진 것을 통용했던 것이다.

그리고 거기에는 "만인의 주 신성한 아우구스도의 아들 디베료 가이사"라는 글이 쓰여 있었다. 그런데 그들이 가이사라고 말하는 순간 예수님께서는 '가이사의 것은 가이사에게, 하나님의 것은 하나님께' 바치라 하시니 그들이 이 말씀을 듣고 놀랍게 여겨 예수님을 떠나갔다.

이처럼 명쾌한 대답을 할 수 있을까. 만약 예수님께서 세금을 내라고 하였다면 민족반역자로 낙인을 찍었을 것이고, 세금을 내지 말라고 하였다면 로마에 반역하는 것이 되는 진퇴양난의 순간에, 예수님은 한 차원 높여서 대답을 하신 것이다. 가이사의 것은 가이사에게, 하나님의 것은 하나님에게. 이 땅에 속한 것과 하나님의 것은 구별되어야 하지만 어찌 보면 이 세상의 모든 것이 하나님의 것임을 지적하신 대답이다. 예수님의 명쾌한 대답에 함정에 빠트리러 온 그들이 예수님의 놀라운 발언에 놀라서 꽁무니를 빼는 장면을 상상하면 재미있다.

나중 로마 황제 콘스탄틴 황제는 A.D. 313년에 밀라노 칙령을 반포하고 기독교를 공인하게 되는데 성직자에게는 병역과 세금을 면제해 주기도 한다. 또한 일부 유럽(독일, 이태리, 스페인, 스위스, 스웨덴)에서는 일반 국민들로부터 종교세를 거두어 교회에 지급하기도 한다. 국가와 종교, 실정법과 종교는 간혹 긴장과 갈등관계를 자아내기도 한다. 오늘날 모든 국가의 헌법에서는 '종교의 자유'를 보장하고 있지만, 종교의 자유는 내재적 외재적 한계를 갖는 경우가 있다. 앞에서도 언급하였듯이 한국에서도 국기에 대한 경례를 거부한 사례, 부모가 자녀의 수혈을 거부하여 자녀가 죽어간 사례, 종교적 양심상 군대에서 집총을 거부한 사례(한국에서는 대체적 복무를 인정하지 않고 있다) 등이 있다. 오늘날 양심상 복무대체의 문제, 종교인의 과세문제 등이 거론되는 것도 이의 연장선상에 있다.

3) 눈에는 눈, 이에는 이(출애굽기 21장 23절-25절; 레위기 24장 19절-20)

예수님께서는 산상수훈에서 '눈은 눈으로, 이는 이로 갚으라' 하였다는 것을 너희가 들었으나 나는 너희에게 이르노니 악한 자를 대적하지 말라. 누구든지 네 오른편 뺨을 치거든 왼편도 돌려대며 또 너를 고발하여 속옷을 가지고자 하는 자에게 겉옷까지도 가지게 하며 또 누구든지 너로 억지로 오 리를 가게 하거든 그 사람과 십리를 동행하라고 하신다(마 5:38-41). 이른바 사랑의 법, 용서의 법, 화해의 법이다.

구약에서 나오는 '눈은 눈으로, 이는 이로'라는 율법은 두 군데서 언급이 되고 있다. 즉「그러나 다른 해가 있으면 갚되 생명은 생명으로, 눈은 눈으로, 이는 이로, 손은 손으로, 발은 발로, 덴 것은 덴 것으로, 상하게 한 것은 상함으로, 때린 것은 때림으로 갚을지니라(출애굽기 21장 23절-25절)」와「사람이 만일 그의 이웃에게 상해를 입혔으면 그가 행한 대로 그에게 행할 것이니 상처에는 상처로, 눈에는 눈으로, 이에는 이로 갚을지라. 남에게 상해를 입힌 그대로 그에게 그렇게 할 것이며(레위기 24장 19절-20절)」이다.

오늘날까지 형법학자 내지 형사정책을 연구하는 학자들은 어떻게 하면 범죄를 줄일까하는 데 연구의 초점을 맞추고 있다. 전통적이고 고전적인 형벌이론이 이른바 '응보형주의'이다. 즉 범죄에 상응하는 형벌을 가함으로서 범죄인 이외의 사람들로 하여금 겁을 주어서 동일한 범죄를 하지 않도록 경고하는 것이다.

구약성경의 '이에는 이, 눈에는 눈'과 같은 법을 Talio의 법칙lex

talionis 또는 응보형주의라고 한다. 즉 피해자가 받은 피해 정도와 동일한 손해를 가해자에게 내리는 보복 법칙으로서 동해보복법(동일한 손해로 보복하는 법)이라고 한다. 이 법칙의 가장 대표적인 사례는 세계에서 가장 오래된 성문법인 고대 바빌론의 함무라비법전(B.C. 1750년)이다. 고대 바빌론 법률은 피해자가 받은 피해 정도와 똑같은 벌을 범죄자에게 부과한다. 구약시대의 율법은 이러한 동해보복형을 형벌의 기본사상으로 인정하고 있었다.

언뜻 보면 이러한 동해보복형은 잔인한 것 같지만 범죄가 확대되는 것을 막기 위한 법이었다. 인간의 심리는 피해를 당하면 그 이상으로 돌려주고 싶어한다. 성경에서도 곳곳에서 그러한 장면이 나옴을 알 수 있다.

그러나 입법제도를 세우면서 재판을 하여 피의 복수를 제한하고자 하였는데 그것이 바로 도피성제도이다(민수기 35:9-34, 19:1-13). 고의적인 살인자의 경우에는 사형에 처해졌고, 이 일은 피의 보수자(억울하게 살해당한 자의 가장 가까운 형제)에게 주어졌다(민 35:19~21). 그러나 우발적인 살인자의 경우에는 살인자가 도피성으로 피하면 정당한 재판을 받기까지 생명을 보호받을 수 있었으며, 대제사장이 생존하는 동안 도피성에 머물기만 하면 생명을 보존할 수 있었다(민 35:22-25). 이 도피성법은 피의 보복을 정당화하지만 그것에 대한 제한을 가한다. 먼저 판결이 요구되고 판결에서 실수가 인정되면 예외를 두는 것이다.

그런데 오늘날 근대 법치국가에서는 사적 복수는 금지된다. 형벌권은 오직 국가만이 행사하며 범죄에 대하여 기소(소추)기관과 재판기관은 엄격히 구분된다. 기소기관은 검찰이며 재판기관은 법원이다. 재판에서 유죄로 확정되기까지는 무죄로 추정되며(헌법 제27조

제4항), 범죄인이 무죄를 증명하는 것이 아니라 국가기관인 기소자(검사)가 유죄를 증명하여야 한다.

3. 학문으로서 법학

법학은 가장 개념정의가 어려운 '정의'라는 가치를 지향하는 법을 연구하는 학문이다. 법학은 사학, 문학, 의학 등과 더불어 가장 오래된 학문 중의 하나이다. 법학(法學)은 생활관계에서의 법적 현상, 법적 사실 등 법에 관한 것을 연구 대상으로 하여 이론적·체계적으로 고찰하는 학문이다. 그 특성이 '도그마틱'하다는 점에서 신학과 일맥상통한다. 많은 신학자들이 신학을 하기 전에 법학을 하였다는 점에 주목할 필요가 있다. 또한 법학은 이 땅에서 존재하는 여러 분쟁의 해결 모색을 하고 그에 대한 해결책을 제시하는 학문이다. 대개 존재하는 실정법에 대한 해석을 주로 하지만, 좀 더 기초적인 연구를 하는 법철학이나 법사학도 존재한다. 오늘날 현대국가는 법치주의와 민주주의를 근간으로 하는데, 법치주의란 국민의 대표기관에 의한 입법과 법을 집행하는 행정, 분쟁해결에 대한 판단작용인 '사법(司法)'으로 나타난다.

2009년에 도입된 로스쿨제도로 말미암아 로스쿨 설립인가를 받은 대학들은 모두 법과대학이 폐지되었다. 이제 법조인이 되기 위해서는 로스쿨에 입학해서 3년간 공부를 한 다음 변호사시험을 합격하여야 한다. 그 외에는 달리 법조인이 되는 방법이 없게 되었다. 변호사시험을 합격한 후 바로 검사에 임용되기도 한다. 판사가 되기 위해서는 재판연구원(로클럭)이나 변호사경력을 쌓은 다음 판사에 지원하여 임용되어야 한다.

로스쿨제도의 도입은 한국사회에서 법학이라는 학문이 전환점을 맞이하였다는 것을 의미한다. 로스쿨은 변호사라는 직업인을 양성하는 곳이기에 종전의 전통적인 법학의 쇠퇴를 우려하는 목소리가 높다. 하지만 학문으로서 법학은 여전히 유효하다. 각자에게 자기의 몫을 찾아주는 원리의 탐구는 계속되어야 하기 때문이다.

송오식 (법학전문대학원)

Part 3.

- 봉사의 삶
- 해외 치과 의료봉사에 참여하면서
- 빛과 향기로운 크리스천의 사회봉사와 소명

봉사의 삶

1. 초기 광주 전남지역의 의료 역사

우리나라의 역사를 돌아보면 많은 서양의 의료인, 목회자, 선교사 등이 이 나라의 국민들을 위하여 봉사의 삶을 통해 기여한 바가 큰 것을 알 수 있다. 100년간 열강 식민지 쟁탈전으로 나라가 위기에 처해 있고, 국민들은 가난과 무지로 어둠에 휩싸인 나라 조선! 파란 눈, 곱슬머리의 낯선 사람들이 한 번도 가보지 못한 이국땅을 향해 몇 달의 항해 끝에 조선에 도착하여 우리나라의 곳곳에 그리고, 광주 양림 동산에 자리를 잡고 신기한 방법으로 병든 자를 돌보기 시작했다. 그들의 평생을 우리 백성을 위해 수고하였던 이야기가 봉사를 통해 나타난다. 이 땅에서 그들의 삶은 수많은 사연과 눈물과 감동이었으며, 가는 곳마다 베푼 사랑과 봉사는 수많은 사람들을 죽음에서 생명으로 옮겼고, 질병에서 회복된 사람들은 그들의 뒤를 따랐다. 깨달음을 얻고 이 사회의 빛과 소금이 된 사람들 또한 셀 수 없이 많았다. 광주 전남지역에서의 외국인 의료인과 선교사들의 삶과 그들의 봉사를 살펴보고자 한다. 그리고 저자의 해외 의료봉사 경험을 나누고자 한다.

1) 초기 전남 지역 의료봉사의 시작

1895년 배유지(유진벨) 선교사가 목포에 자리를 정착하기 시작하였으며, 1900년 오웬은 버지니아 대학에서 의학공부를 마치고 한국의 남쪽 목포에 진료소를 개설해서 의료의 혜택을 처음 나누기 시작하였다. 전신마취하의 대수술과 소수술들이 행해졌고, 많은 환자들을 진료하였으며, 직접 환자들을 방문하는 왕진을 시행하였다. 안타깝게도 그는 1909년 폐렴으로 사망하게 되었다.

배유지(유진벨) 선교사

닥터 오웬

2) 광주에서 의료봉사의 시초

1905년 11월 20일 닥터 놀란은 미국 켄터키 센트럴 의과대학을 졸업한 의사로 광주진료소(제중원 현 광주 기독병원)를 최초로 설립하였다. 미국인 의사의 명성이 전남의 해안과 도서지역에까지 신속하게 전파되어 많은 환자들이 찾아왔으며, 특별히 놀란은 질병예방과 위생관리에 대한 교육을 시행하였으며 지역 주민들의 신임을 얻었다.

광주 제중병원의 시초 (현 광주기독병원)

3) 광주 의료 봉사의 발전

(1) 닥터 포사이트의 봉사

1909년 닥터 오웬이 죽음을 맞이했고, 그 즈음에 나환자 의료봉사가 시작되었다.

닥터 포사이드는 1904년 한국에 왔다. 닥터 포사이트는 강도들에게 두들겨 맞은 조선인 환자를 돌보았는데, 그 때 강도들이 다시 와서 포사이트의 머리를 때리고 귀에 깊은 상처를 내었고, 육중한 칼로 옆얼굴에 상처를 내고는 죽도록 내버려 두었다. 하지만 늙은 조선인 아주머니가 그를 돌보아주어 생명은 건질 수 있었다. 그는 미국에 돌아가서 회복 한 후 다시 목포로 와서 의료봉사에 임하였다. 그러던 중 동료인 닥터 오웬이 폐렴으로 죽어가고 있음을 들었고, 진료를 와줄 것을 요청하여 이동 중이었다. 그는 목포에서 광주로 오는 길에 길가에 병들어 거의 죽어가는 나환자 여자를 발견하였고 조랑말에서 내려 그녀를 태우고 본인은 광주까지 걸어갔다. 그 나환자 치료를 위해 병원 진료소로 데려가길 요청했지만 허락이 되지 않아 벽돌을 굽는 가마터를 임시 보호소로 개조하여 환자를 돌보았다. 그가 광주에 도착했을 때 동료인 오웬은 세상을 떠난 후였다. 그는 오웬의 침대를 나환자 여인에게 주어 돌보았다. 오웬의 희생이 나환자에 대한 사랑이 싹트게 되는 계기가 되었던 것이다. 이것이 조선에서의 나환자 사역의 시작이 되었다. 후에 나환자들은 그들의 힘으로 닥터 포사이트와 닥터 윌슨의 기념비를 세워주었다. 포사이트는 1911년 이질(설사병)에 걸려 미국으로 돌아갔으나 회복되지 못한 채 1918년 켄터키에서 죽음을 맞이했다. 포사이드의 환자에 대한 깊은 사랑과 헌신에 감동하여 깡패였던 최흥종은 목사가 되어 나환자를 돌보는 헌신을 하게 되었다고 한다.

(2) 윌슨의 봉사

1912-1926 닥터 윌슨(우월순)

윌슨은 워싱턴 대학교 의과대학을 졸업하고, 뉴욕 이비인후과 의사가 되었으며, 독일과 뉴욕에서 외과의사 수련을 받은 실력이 탁월한 의사였다. 그는 광주지역에서 본격적으로 나환자의 치료봉사를 시행하였다. 에딘버러의 나협회 후원을 얻어 봉선동 나환자 진료소를 설립하여 운영하였으며, 600명의 환자들과 함께 거주하였다. 그 후 1925년 여수 애양원으로 이전하여 나환자의 진료가 이루어졌다. 그는 일왕과 대통령으로부터 그 봉사의 공로를 인정받아 훈장을 수여받았다.

포사이트 선교사

우월순 선교사

최초의 나환자 입원실 - 가마터

봉선동의 나환자진료소

(3) 닥터 브랜드

버지니아 대학 의과대학을 졸업하고 죤스 홉킨스 대학에서 성형외과를 공부하였고, 1930년부터 광주 제중병원에서 근무하였다. 뜻하지 않은 화재로 병원이 전소되었으나 광주 시민들의 도움과 미국 장로교의 기금으로 새 건물의 신축이 이루어졌다. 그 당시 한국에서 결핵이 건강 제일의 적이었으므로 1934년 결핵병동을 신축하여 결핵퇴치를 위한 진료와 봉사가 시작되었다. 그는 1938년 갑자기 42세의 나이로 한국에서 죽음을 맞이하였다.

닥터 브랜드

(4) 간호사 세핑 (Shepping)

독일 출생, 미국에서 간호학교를 졸업한 간호사였으며, 1912년 광주 제중병원에 부임하였다. 여성과 어린이 교육에 헌신한 독신 여성이며, 간호학 교과서를 번역하고 대한 간호협회가 국제 간호협회에 가입할 수 있도록 적극 노력하였으며 학교설립, 금주동맹 조직운동, 윤락여성 지도, 빈민구제 활동 등을 하다가 광주의 양림동 묘지에 잠들었다. 그녀의 남겨진 유산은 잘라서 가난한 사람에게 나누어주고 남은 담요 반장과 동전 몇 개가 전부였다고 알려지고 있다.

2017년 그녀의 헌신적 사랑과 희생을 그리는 영화가 만들어져 상영되어 후대의 많은 사람들에게 감동을 주기도 하였다.

간호사 세핑

(5) 해방 후 자선과 구호의 시대

제중병원이 폐쇄되었다가 일본의 패망 후 1951년 Graham Memorial Hospital & Tuberculosis Center로 재개원하였다. 제중병원은 모든 것을 주는 치유, 자활, 버림받은 자(불구폐질자, 정신질환자) 보살핌, 윤락 여성 선도 및 재활에 앞장섰다.

광주의 성자라고 불리는 닥터 카딩턴Codington은 "물욕이 없고 자기 옷을 다 벗어 헐벗은 사람에게 주어버리기 때문에 항상 단벌 신사였으며, 원장댁은 늘 가난한 학생들의 합숙소 같았다"고 전해진다. 그는 윤락여성 선도에 앞장서 대인동에 집을 마련하고 기술학원에 보내며, 재봉틀을 사주었다. 그는 결핵환자를 돌보다가 한국이 어느 정도 잘 살게 되자, 1974년 방글라데시로 새로운 음지를 향해 봉사를 떠났고 그 곳에도 빈민들을 위한 병원을 세워 자신의 생애 후반을 보냈다.

닥터 카딩턴

신설된 광주기독병원과 결핵병동

(6) 의료의 발전

1961-1985년 교육의 초석을 놓은 닥터 디트릭 선교사

제중병원은 의사 수련병원으로 발전 (1965)하였으며, 수피아 간호학교가 설립(1967), 기독간호대학(1973)이 설립되었다.

그 외에도 광주의 의료봉사에 헌신한 의사, 치과의사, 간호사의 사진들이다.

4) 치과의사 뉴스마(Nieusma)

치과의사 뉴스마

1961년 뉴스마는 한국어 공부를 마치고 1963년 치과 과장으로 부임하여 기독병원 치과와 광주지역의 치과계의 발전에 큰 획을 그으신 분이다. 최상의 치과의술이 시행되었으며, 매월 농촌 순회, 무의촌 치과진

료를 시행하였다. 닥터 뉴스마의 지도로 수련을 마친 수많은 치과의사들이 국내외에서 전문 치과의사로서 역할을 담당하고 있다.

5) 광주 기독병원 의사들에 의한 국내외 의료봉사

(1) 국외 의료봉사

방글라데시의 통기지역에 진료소 개설

1992년 꼴람똘라 진료소를 개설했으며, 많은 수의 의사와 간호사들이 파견되어 다양한 해외 의료봉사를 시행하고 있다.

(2) 다양한 국내 의료봉사

무의촌을 도는 선박 구원호와 협력하여 의료봉사를 시행하고, 무료진료 봉사활동, 불우환자 구제사업, 소년・소녀가장 돕기, 농어촌 지역 교회와 연계 연4회 의료봉사를 시행하고 있다.

*** 닥터 놀란의 의료일지**

(미국 켄터키 센트럴 의과대학 졸업, 1904년 조선 도착, 1905년 광주 진료소 개설)

한 사람은 나병환자인데 손가락이 모두 떨어져 나가고 없었으며,

커다란 궤양으로 인해 모양이 일그러져 있었습니다. 턱에 괴저가 생긴 아이를 데려와서 다음날 오전에 수술을 했습니다. 다음은 가려움증 환자인데 한의사로부터 숯으로 만든 연고를 처방받아 한달 동안 열심히 발랐는데도 아무 효과가 없다고 찾아와서 비누로 목욕을 시켜주고 다음 날 와서 치료를 더 받으라고 하였습니다.

어떤 나이든 환자는 눈 세척약을 먹는 약으로 잘못 알고 마신 사례도 있었으며, 쇠약하고 창백한 어린아이가 왔는데, 그는 여름타는 병이었습니다. 이 아이는 하루에 쌀밥을 4그릇씩이나 먹어도 기운이 점점 떨어지고 있다고 의사에게 말합니다. 그래서 의사는 어머니에게 위생에 대해 몇 가지 중요한 요점만 알려주고, 하루 동안은 보리물만 마시게 하고 다른 음식은 먹이지 말라고 지시하였습니다. 그랬더니 아이 어머니는 미친 사람이 아니고는 도저히 그런 지시를 할 수 없다고 생각하면서 의사말대로 하다가는 아이를 죽이겠다고 즉시 데리고 가버렸습니다.

또 다른 환자는 6살 된 아이인데 아직까지 머리를 감기거나 목욕을 시켜준 일이 없는 불쌍한 아이였습니다. 그 아이의 두피는 화농성 부스럼으로 엉망이었습니다. 보조원들은 그런 환자를 어떻게 처치해야 하는지를 잘 알고 있기 때문에 의사에게 보이지도 않고 순식간에 아이의 머리를 깍은 후 녹색 솔과 약비누로 깨끗이 씻어주니 다음에는 재발하지 않았습니다. 여기에 적은 내용들은 그저 단순한 산발적인 에피소드가 아니라 무섭게도 반복해서 볼 수 있는 현상입니다.

진료소를 개설한 지 6개월 동안 진찰실에서 2,416명을 진료하였고, 26건의 대수술과 수많은 소수술을 시행하였으며, 한국인 가정에 152건의 왕진과 일본인 가정에 24건의 왕진을 다녔습니다. 또한 저의 조수는 기록되지 않은 많은 환자를 치료하였습니다.

진료소의 정상 근무 외에도 저는 가정방문을 했으며, 질병예방과 위생관리에 대한 교육을 하였고, 저의 조수에게 매일 의학이론과 임상교육을 시키고 있습니다. 그는 어찌나 열심히 배우던지 교육을 시작한지 6개월밖에 되지 않은 지금 벌써 매우 만족할 만한 마취사요, 쓸만한 조수가 되었으며, 저의 지시 감독하에 누공시술과 골괴사 제거수술도 집도하였습니다. 이러한 양적인 외과적 수술이 가능했던 것은 오웬의사 부부와 스트레퍼 양, 프레스톤 목사의 도움에 의한 것이며, 그들은 항상 저의 도움의 요청에 흔쾌히 응하고 있습니다. 진료사역 요구에 상응할 수 있는 건물과 시설이 조기에 마련될 것으로 전망되어 밝은 장래가 약속되고 있습니다.

참고문헌

제중원 편지, 피디아이 (출판).
광주 기독병원 90년 약사 (1995).
광주기독병원 선교회 연구도서 (2015).

김선미 (치의학전문대학원)

해외 치과 의료봉사에 참여하면서

나의 삶 중에 가장 힘든 시기를 꼽는다면 치과대학 2학년 때를 들 수 있을 것이다. 그때 나의 아버지는 위암 말기 진단을 받으셨다. 1남 4녀 중 장녀였던 나는 견디기 힘든 삶에 눈물의 시간들을 보낼 수밖에 없었다. 위 주변 장기와 림프절에 전이가 많아 수술을 해도 치유 가능성이 낮았다. 내가 할 수 있는 것은 하늘의 은혜를 구하는 것 밖에 없었다.

아버지는 위절제 수술을 받으셨는데 이후 놀랍게도 재발이 없이 회복하셨다. 전문 의사들도 놀라워하는 결과였다. 나는 너무 감사했고, 이후 나의 삶의 방향은 가치 있고 의미 있는 일을 찾게 되었고 재능봉사를 실천하는 것으로 변하였다.

그 시절 치대 기독 동아리 친구들과 학동에 있는 행복재활원 장애인 시설에서 봉사에 참여하였다. 치과의사가 되고나서도 외국인 근로자 치과의료봉사, 장애인 시설 의료봉사, 농촌지역 치과의료봉사 등에 참여해왔다.

치의학전문대학원 교수로 임용되고 2010년부터는 해외 의료봉사에 참여해오고 있다. 2010년 여름휴가 때 어느 교회의 의료팀에서 인도 뉴델리로 의료봉사를 계획하였다. 나도 치의학전문대학원 학생들 4명, 내과 의사인 남편, 그리고 3명의 자녀들과 함께 참여하였다. 긴 시간을 비행기로 이동하면서 어떤 사람들을 만나게 될지 기대하며 의료봉사가 잘 이루어지길 기원하였다. 공항에 도착해서 또 많은 시간을 차로 달려, 오랜 기간 인도를 위해 일해 오셨던 한국 분이 세운 작은 초등학교에 도착하였다. 벽돌로 지어진 학교였는데 창문도 없었고 윗 층의 조그만 강당은 완성이 안 되어 하늘이 바로 보였다. 그런데 이 허름한 곳에 빽빽이 모여 있는 어린 학생들을 보면서 나의 눈에서는 나도 모르게 눈물이 흘러나왔다. 그들은 피부는 거무스름하고 옷은 누추한 모습이었지만 노래를 부르는 모습이 너무 사랑스러운 얼굴들이었다. 이 작은 천사들을 볼 때 감동이 밀려왔고 너무 귀하게 느껴졌다. 한국에서는 느낄 수 없는 소중한 경험이었다.

40도를 넘는 무더위 속에서 불빛도 없이 손전등을 비춰가며 구부정한 자세로 어린 아이들의 충치를 치료해주고 썩은 이를 빼주고 스케일링을 했지만 힘들다기보다 기쁨으로 치료에 임했던 것은 내게 감사의 마음이 있었기 때문이었다. 봉사 막바지에 둘째 아들이 인도 음식을 먹고 심한 장염에 걸려 한국에 도착하자마자 10분마다 화장실을 들락거리고 계속 토하는 증세가 발생하여, 대학병원에서 1주일이나 입원치료를 받았다. 아들은 그 와중에도 불평하지 않고, 인도 아이들을 생각할 때 나는 병원에 입원해서 치료도 받을 수 있고 얼마나 행복한 사람인가, 또 그들을 만나고 올 수 있어서 오히려 감사하다 했다. 해외봉사의 놀라운 유익이었다. 나 또한 열악한 인도의 환경을 경험하면서 한국이 얼마나 큰 축복을 누리고 있는가를 깨닫게 되었다.

2011년 여름휴가에는 아프리카 동부에 위치한 탄자니아의 수도에서 아주 멀리 떨어져 있는 마사이족 마을에서 의료봉사를 시행하였다. 마사이족 마을까지는 거의 이틀이 다 걸려 험난한 길을 달리고 달려 늦은 밤에 도착했었다. 전기도 없고, 수도도 없고, 화장실도 없는 그야말로 현대문명이 없는 곳이었다. 하지만 그곳의 부족들은 깜깜한 어둠속에서 유난히도 하얀 이를 드러내면서 큰 환호성과 노래를 부르며 이역만리의 의료팀을 환영해주었다. 그리고 우리가 숙소로 안내된 곳은 나뭇가지와 소똥과 흙으로 만들어진, 가구라곤 하나도 없고, 그릇만 몇 개 있는 누우면 나뭇가지들 사이로 하늘의 별빛이 보이는 집이었다. 그런데도 그 안에서 우리 아이들과 함께 잠을 잘 때 평안함을 누렸다. 또한 그들의 까만 피부, 겹겹이 땋은 까칠한 머리, 알록달록한 옷과 조개껍데기로 만든 목걸이도 참 예뻐 보였다. 악기도 없지만 열정적으로 부르는 아카펠라와 코러스는 정말 환상적이었다. 물이 없어 씻을 수도, 화장을 할 수도 없었고 화장실 사용도 많은 어려움이 있었지만, 언어가 잘 안 통하는 상태에서도 봉사를 기쁨으로 할 수 있는 것은 봉사하는 자만이 얻는 행복일 것이다.

마사이 마을에는 한 한국분의 후원으로 마을 회관이 지어졌는데, 이곳에서 의료 봉사를 진행하였다.

과거 우리나라가 어려웠을 때, 선한 뜻을 가진 서양의 의사, 치과의사와 봉사자들이 우리나라에 학교와 병원을 세워주고, 고아들을 돌보아 주었던 것처럼, 이제 가난에서 벗어난 한국이 그 빚을 갚는 마음으로 탄자니아에 중학교, 고등학교, 그리고 기숙사를 설립하여 학생들을 사랑으로 가르치는 현장을 보았다. 이 학교는 매년 국가에서 실사하는 평가에서 항상 1위를 차지하여 학생들이 서로 들어오려고 경쟁한다는 이야기를 들었을 때, 아프리카에 수준 높은 교육을 제공하는 한국 책임자분의 열정을 다한 헌신이 존경스러웠다.

그 후 2012년 여름휴가에는 필리핀 빈민지역 몬딸반에서 치과의료봉사를 시행하였다. 갑자기 쏟아지는 폭우에 홍수를 만나 호텔에 갇혀있는 날도 있었지만, 막상 봉사지에 도착해보니 비싼 치과 치료비로 인해 치과를 방문하기 어려운 필리핀 몬딸반 사람들에게 치과치료는 많은 인기가 있었고, 나도 그 짧은 기간에 그렇게 많은 썩은 이 발치를 해본 적이 없었다. 미리 준비해 간 칫솔세트도 큰 호응을 얻었다. 의과봉사단도 함께 의료봉사를 펼쳤는데 경제적 어려움으로 병원을 찾기 어려운 이들에게 의료봉사팀은 큰 환영을 받았다. 점심시간도 없이 밀려드는 환자를 치료하기에 땀범벅이 되었지만 우리 모두는 기쁜 마음으로 진료와 치료를 진행하였다.

2013년 2월에는 미얀마 양곤에서, 2013년 여름에는 몽골의 빈민지역 알탕불락과 울란바타르 지역에서 의료봉사활동을 진행하였다. 알탕불락의 보건소에서 주민들을 대상으로 충치치료, 발치와 스케일링, 의치 수정 등의 치과진료가 시행되었는데, 특별히 전남대 치전원과 자매결연을 맺은 몽골 치과대학의 교수와 학생이 함께 의료봉사에 참여하여 더 활발한 진료가 이루어질 수 있었다. 치료와 함께 예방을 위해 치약과 칫솔을 나누어 주며 잇솔질법을 교습하였고, 진료 후에는 청소년들 대상으로 구강건강 교육과 불소도포를 시행하여 주민들로부터 좋은 반응을 얻을 수 있었다.

2014년 여름에는 베트남의 빈민지역 타이응웬에서 의료봉사를 진행하였다. 공산국가여서 철저히 감시당하는 상황 속에서 어려움을 겪기도 했지만 찾아오는 주민들에게 정성껏 치료를 해주었다. 진료가 끝난 후에 현지 보건소장으로부터 감사장도 전달받았고 다음에도 방문해 달라는 요청도 받았다.

2016년에는 태국을 방문하였는데, 특별히 우리가 봉사한 곳은 산골에서 힘들게 살아가고 있는 소수민족인 카렌족 마을이었다. 포장이 안 된 길들을 용달차로 옮겨 다니면서 험한 산골 마을들을 방문하여 치과치료를 해주고 어린 학생들에게는 구강 건강법을 두 번의 통역을 거쳐 교육하는 등 힘든 일정들을 보냈지만 그들의 순수한 얼굴들을 보며 봉사의 기쁨을 체험하였다.

2017년에는 미얀마의 네피도를 방문하였다. 한국의 치과의사들과 그 곳 네피도의 치과의사들이 합력하여 두 초등학교를 집중적으로 구강보건교육, 잇솔질 교습, 치아우식치료 및 불소도포 등을 통해 구강위생에 대한 의식을 높이고자 노력하였다. 그들의 선한 눈빛과 감사의 인사를 받으며 작은 사랑을 나눌 수 있음을 감사하였다.

나는 세계의 의료적으로 낙후된 여러 나라 곳곳을 찾아가 봉사에 참여하면서 몇 가지 소중한 교훈을 깨닫게 되었다.

첫째는, 나의 재능을 의미있게 사용할 수 있는 봉사의 삶을 실천할 수 있는 것이 얼마나 감사한지를 깨닫는 것이다. 나는 늘 나의 부족하고 작은 사랑을 나누지만 그들에게 정말 절실한 도움이 되기를 기대하고 기도했었다. 봉사의 삶을 사는 사람은 가장 행복한 사람인 것을 깨닫는다.

둘째는 나의 가족들과 나의 사랑하는 제자들이 함께 동행함으로 그들도 또 다른 나눔의 삶을 마음에 품고 실천할 수 있게 된다는 것이다. 이제 의과대학생이 된 둘째 아들은 바쁜 시간들에도 우간다, 말레이시아, 인도 등 해외 봉사나 해외 의료봉사에 적극적으로 참여하고 있다. 동행했던 학생들도 나중에 나보다 더 많이 나눔의 삶을 살아갈 것을 확신한다.

63세에 대장암으로 세상을 떠나기 1년 전 오드리 햅번이 두 아들에게 남긴 유명한 시를 떠올려본다.

매력적인 입술을 갖고 싶다면 친절한 말을 하라.
사랑스러운 눈을 갖고 싶다면 다른 사람의 좋은 점을 발견하라.
날씬한 몸매를 원하거든 너의 음식을 배고픈 사람에게 나누어라.
아름다운 머리카락을 갖고 싶으면 하루에 한번 어린이가
손가락으로 너의 머리를 쓰다듬게 하라
아름다운 자세를 갖고 싶으면 결코 너 자신이 혼자 걷고 있지
않음을 명심해서 걸어라.

사람들은 상처로 부터 복구되어져야 하며, 낡은 것으로부터
새로워져야 하고, 병으로부터 회복되어야 하고 무지함으로부터
교화되어야 하며, 고통으로부터 구원받고 또 구원받아야 한다.
결코 누구도 버려서는 안된다.
기억하라 만약 내가 도움을 주는 손이 필요하다면 너의 팔 끝에
있는 너의 손을 이용하면 된다.
더 나이가 들면 손이 두개라는 것을 발견하게 될 것이다.
한손은 너 자신을 돕는 손이고, 다른 한손은 다른 사람을
돕는 손이다.

- 오드리 햅번 -

■ 2010년 8월 3일 ~ 8월 6일

인도 뉴델리 지역에서 한국인 선생님이 운영하는 빈민초등학교를 방문하여 치과 및 의과 의료봉사를 시행하였다.

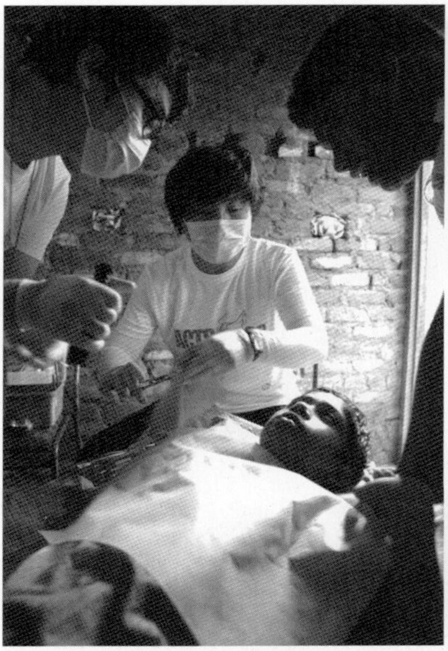

■ 2011년 8월 11일 ~ 8월 20일

탄자니아의 수도에서 아주 멀리 떨어져 있는 마사이부족이 사는 마을에 가서 봉사를 하고 왔다. 의료봉사팀과 함께 많은 의과와 치과환자들을 진료하였다. 전기와 수도시설도 없었지만 그들의 환한 표정, 화려한 의상과 열정적인 합창은 지금도 기억에 생생하다.

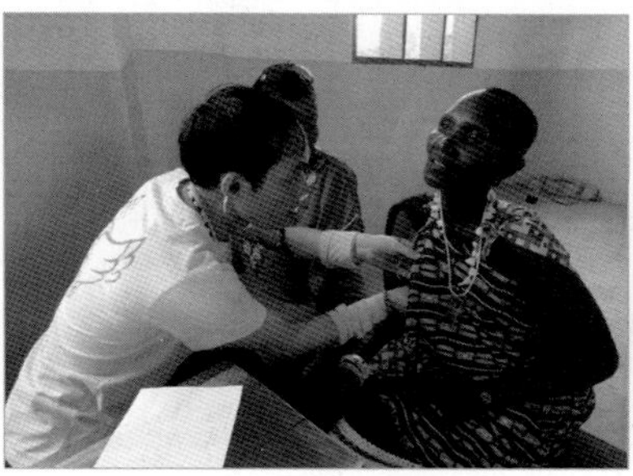

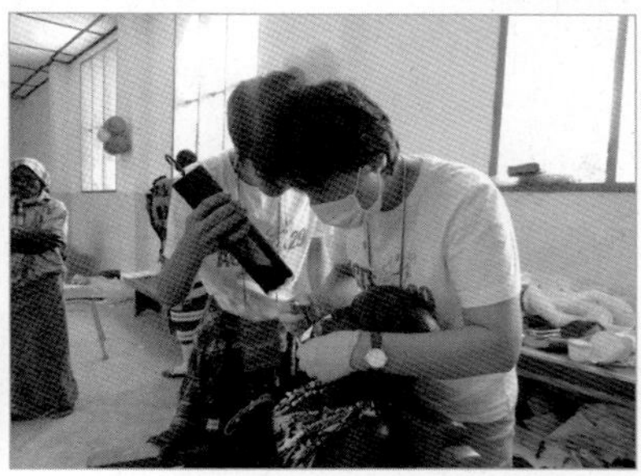

■ 2012년 8월 6일 ~ 8월 10일

필리핀 소외지역 몬딸반에서 치과의료봉사를 시행하고 돌아왔다. 전문의들과 약사, 간호사, 자원봉사자들로 구성된 의료봉사단도 함께 의료봉사를 펼쳤는데 경제적 어려움으로 병원을 찾기 어려운 이들에게 의료봉사팀은 큰 환영을 받았다. 이곳은 봉사한 여러 지역 중 가장 많은 발치를 시행했던 곳이었다.

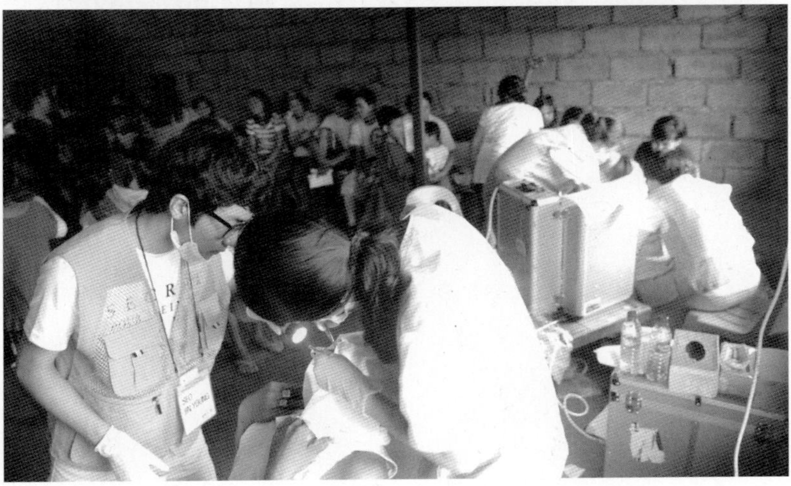

■ 2013년 2월 7일 ~ 2월 11일

설 명절 기간을 이용해 미얀마 양곤에서 치과의료봉사를 시행하고 돌아왔다. 미얀마 양곤 지역의 초등학교와 중학교 학생들, 소외지역의 주민들을 대상으로 치아우식 및 치주병 예방을 위한 구강건강교육을 시행했으며, 스케일링, 발치, 충치치료 등을 시행하였다.

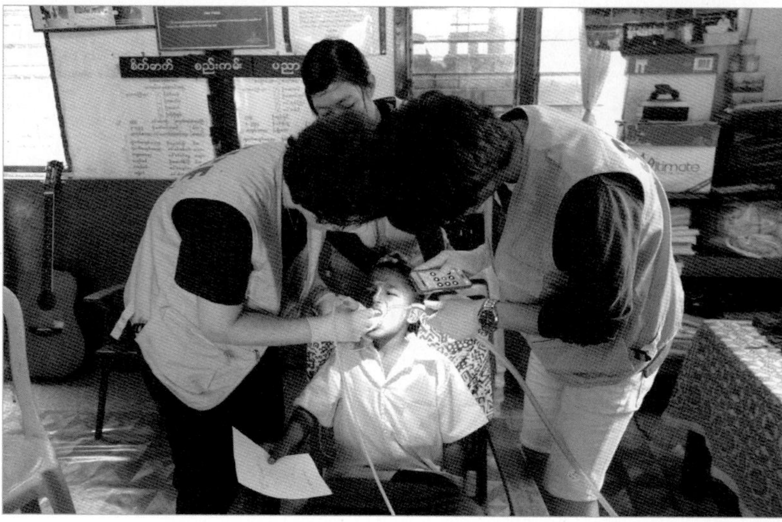

■ 2013년 8월 5일 ~ 8월 10일

몽골의 빈민지역 알탕불락과 울란바타르 지역에서 의료봉사활동을 진행했다. 의료봉사팀과 함께 1,000여 명의 환자를 진료하였는데, 특별히 전남대 치전원과 자매결연을 맺은 몽골 치과대학의 교수와 학생이 함께 의료봉사에 참여하여 더 활발한 진료가 이루어질 수 있었다. 치료와 함께 예방을 위해 치약과 칫솔을 나누어 주었으며, 진료 후에는 청소년들 대상으로 구강건강 교육과 불소도포를 시행하여 주민들로부터 좋은 반응을 얻을 수 있었다.

■ 2014년 7월 28일 ~ 8월 1일

베트남의 수도인 하노이에서도 약 2시간 떨어져있는 타이응우옌 Thai Nguyen 지역에서 충치치료, 스케일링, 발치, 예방치료 등의 치과 의료봉사가 이루어졌다.

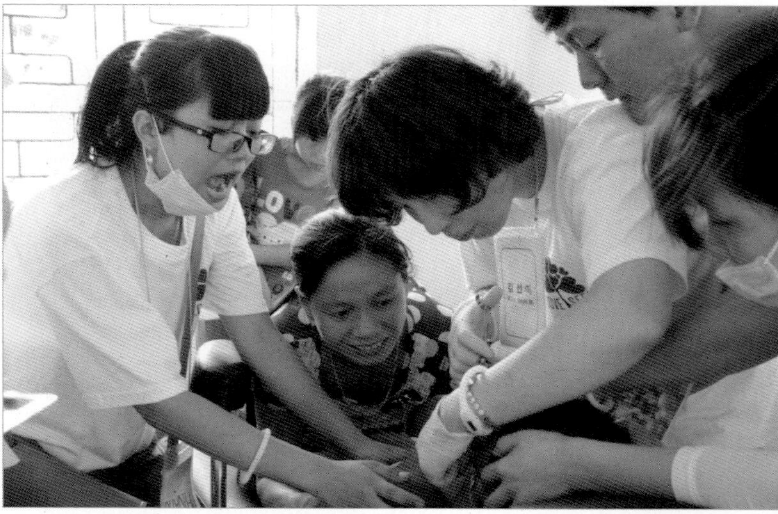

■ 2016년 2월 8일 ~ 2월 15일

설명절을 맞이하여 서강석내과 의료팀과 함께 태국의 옴꼬이 지역에서 의료 봉사활동을 펼쳤다. 의료시설이 열악한 해발 2000미터가 넘는 산족마을을 옮겨 다니면서 현지 주민들을 대상으로 구강건강교육, 치석제거, 어린이 발치 등의 진료를 시행했다. 또한 주민들에게 칫솔과 치약 등을 나눠주고, 칫솔질 방법 등을 교육했다.

강○○ (전남대 치전원 2년) 학생은 “이번 의료봉사를 통해 행복의 또다른 의미를 깨달았다.”면서 “몸은 비록 힘들지만 손길이 필요한 사람들에게 작은 도움이 됐을 때 이전과는 비교할 수 없을 정도의 행복을 느꼈다.”고 말했다.

기○○ (전남대 치전원 2년) 학생도 “그저 누군가를 도와주는 것에서 나아가 그들의 따뜻한 마음을 느낄 수 있어야 진정한 봉사라는 사실을 알게 됐다.”면서 “앞으로도 의료지원이 필요한 다른 지역에서도 봉사의 기회를 더 많이 갖고 싶다.”고 말했다. 봉사를 함께 다녀온 학생들의 감상문을 첨부한다.

■ 2017년 8월 23일 ~ 8월 27일

여름방학기간에 치전원 학생들과 함께 미얀마의 네피도를 방문하였다. 그 곳 네피도의 치과의사들과 합력하여 초등학교 학생들에게 구강보건교육, 잇솔질 교습, 치아우식치료 및 불소도포 등을 시행하였으며, 어린이들의 구강보건에 대한 의식을 높이고자 노력하였다.

김선미 (치의학전문대학원)

생애 첫 해외봉사를 다녀와서

전남대학교 치의학 전문대학원 2학년 ○○○

저는 올해 2월 설 명절에 소아치과의 김선미 교수님과 치의학전문대학원 학생들, 그리고 서강석내과 의료팀과 함께 태국 산족마을에 의료봉사를 다녀왔습니다. 지금도 태국 옴코이의 숙소에서 추위에 떨며 잤던 그 날 밤이 떠오릅니다. 태국이라는 더운 나라도 산 속 깊이 들어가면 겨울에는 온도차가 매우 심했습니다. 새벽에 출발하여 인천까지 5시간, 태국 치앙마이 공항까지 6시간, 마지막으로 산 중에 있는 교육센터 숙소로 가기까지 3시간이라는 긴 시간 끝에 거의 자정이 되어서야 목적지에 도착했습니다. 이 교육센터는 한국분이 태국 카렌족의 어린이들을 위해 옴코이에 세우신 어린이 및 청소년 훈련원과 같은 곳입니다. 산속에서 학습시설이 없어서 학교에 다니지 못했던 카렌족의 학생들을 입소시켜 사랑으로 양육하며 가까운 학교에 보내고 있었습니다. 아침 일찍 일어나 좋은 말씀을 듣고 공부하며, 방과 후에는 태권도, 악기, 컴퓨터 등을 배우고 있었습니다. 저는 이곳이 세워진 배경과 그동안 이곳에서 자라난 청소년들이 공무원으로, 학교 선생님으로 사회에서 여러 역할을 감당하는 청년들로 성장하였다는 이야기를 듣게 되었습니다. 이것이 이루어지기까지 위해 태국의 산족마을의 험한 산속을 여기 저기 다니시면서 경험했던 이야기를 들으면서 그 민족을 위해 수고하셨던 분의 생활상을 엿

볼 수 있었습니다.

추위와 모기와 밤새 사투를 벌이고 다음날 비몽사몽 일찍이 일어나서 트럭의 짐칸에 몸을 실은 우리 봉사 팀은 한 시간 넘게 산 속 오지를 향해 달리다가 첫 봉사지인 카렌족의 한 마을에 이르렀습니다. 산 속에서 자급자족하며 살아가기 때문에 특별히 가진 거라고는 나무로 지어진 집과 몇 개 되지 않은 가재도구뿐이지만 누구나 밝고 천진난만한 모습들을 하고 있었습니다. 마을에 세워진 작은 교회에 봉사를 위한 장비와 기구를 세팅 한 후, 치과 팀과 내과 팀으로 구성되어 진료를 하는데 마을의 많은 사람들이 한꺼번에 몰려와 짧은 시간 안에 진료를 하자니 정신이 없었습니다. 위급한 상황이 아니라면 산 밖을 평생 나가볼 기회도 없어 대부분의 사람들은 구강 상태가 그리 좋은 편이 아니었습니다. 치아에 단단히 박혀 있는 치석을 우리가 가져온 치과 도구로만은 완전히 제거하기 힘들어 김선미 교수님께서는 매번 안타까워 하셨습니다. 치료뿐만 아니라 예방도 중요하기에 구강 상태가 좋지 않으신 분들에게는 잇솔질 교육도 빼먹지 않으려고 노력하였습니다. 그들은 작은 치료에도 '코큰캅(고맙습니다)'이라고 하며 우리에게 밝은 미소로 고마움을 표시하며 귀한 음식(그곳에서는 달걀부침도 귀한 음식임)까지 대접해주시며 우리를 따뜻하게 환영해주셨습니다. 다음으로 봉사했던 마을에서는 어린 아이들이 많아 진료보다는 불소도포와 잇솔질 교육을 통해 구강병 예방의 중요성을 인식시키는데 중점을 두었습니다. 소수민족의 언어는 태국의 언어와는 또 달라 의사소통을 할 수 없어 한국선생님과 그 지역의 선생님의 3중 통역을 통해서 잇솔질 교육을 했습니다. 그런 와중에도 아이들은 우리의 교육에 잘 따라와 주었고 예쁜 미소로 반응해 주었습니다.

다음 날의 봉사는 카렌족의 다른 마을을 방문하는 것으로 시작되었습니다. 치과장비와 의료 기구를 준비하는데 익숙해진 봉사 팀은 전날에 비해 비교적 수월하게 환자들을 진료할 수 있었습니다. 그 다음으로 방문한 곳은 아담한 초등학교였습니다. 이 학교에서는 전교생을 모아놓고 교수님께서 구강건강교육과 칫솔질 방법을 교습하셨고, 우리는 준비해간 칫솔 치약 세트와 비타민 등을 학생들에게 나누어 주었습니다. 아직 어린 아이들이어서 치료도 중요하지만 앞으로의 구강 관리법을 알려주는 교육이 중요하고 의미가 있었습니다.

비록 4박 5일의 짧은 일정이었지만 이번 치과의료봉사를 통해 그저 막연했던 해외봉사의 두려움을 떨칠 수 있었고, "나만을 위한" 비전이 아닌 "많은 사람을 위한" 비전을 가지고 살아가야겠다는 다짐을 하게 되었습니다. 봉사라는 것이 그저 누군가를 도와주고 나 자신을 희생한다고만 생각했던 내 자신이 부끄러워지는 기회였습니다. 봉사를 통해 저는 남을 이해하며 사랑하는 법을 배우게 되었습니다. 태국의 오지뿐만이 아니라 많은 의료 지원과 선교가 필요한 다른 지역에서도 해외 봉사를 할 수 있는 기회를 많이 가지고 싶습니다.

해외 봉사를 떠날 수 있게 도와주신 김선미 교수님과, 같이 동행한 의료팀과 치과팀, 그리고 저를 여기까지 이끌어 주신 하나님께 감사를 드립니다.

태국 해외의료봉사를 다녀와서

전남대학교 치의학 전문대학원 2학년 ○○○

지난 2월 8일부터 5일간 전남대학교 치과병원 김선미 교수님과 함께 태국 치앙마이에서 4시간 정도 떨어져 위치한 옴코이 지역으로 치과 봉사를 다녀왔습니다. 저희 팀은 3일 동안 해발 2,000m에 달하는 높은 산지에 사는 카렌족 마을들을 다니며 스케일링 및 잇솔질 교육을 했습니다. 몸은 고단하였지만, 아직도 그 순간들을 떠올리면 가슴 벅찬 감격이 밀려올 만큼 많은 것들을 보고, 배우고, 느끼는 소중한 시간이었습니다.

개인 당 가져갈 수 있는 수하물의 무게가 제한되어 있기 때문에, 기본적인 진료장비를 포함, 치과진료와 잇솔질 교육 후에 선물로 나누어주려고 준비한 400여 개의 치약칫솔 세트와 비타민, 영양제 등을 하나라도 더 담기 위해 저희 팀원들은 공항에서도 몇 번이나 짐을 풀었다 싸기를 반복했습니다. 그 결과 다행히 여러 마을교회와 학교들을 돌면서 준비해갔던 선물들을 부족함 없이 딱 맞게 다 나누어주고 돌아올 수 있었습니다. 치약칫솔세트를 받고 너무나 기뻐하며, 이 닦는 법을 잘 몰랐던 아이들이 초롱초롱한 눈으로 교수님의 설명을 집중해서 배우던 모습을 잊을 수가 없습니다.

옴코이 지역은 높은 산속이라서 낮에는 덥고 밤에는 심하게 추웠습니다. 태국은 겨울이 짧고, 겨울이라도 낮에는 덥기 때문에 난방의 개념이 전혀 없었습니다. 입고 갔던 겨울옷과 침낭으로 꽁꽁 싸매고 잤는데도 밤새 추위에 떨어 아침에 눈떴을 때 두통이 심할 정도였습니다. 또한 마을들을 다닐 때에는 진료장비들과 함께 트럭 뒷 칸에 앉아 이동해야 했습니다. 비포장도로의 산길을 오르내리며 팔다리에 멍도 들고, 온갖 흙먼지를 다 뒤집어 써야 했지만 마을에 도착할 때마다 멀리까지 뛰어나와 손 흔들며 우리 팀을 반겨주는 아이들을 보는 순간 힘들다는 생각들이 싹 사라졌습니다.

얼마 전 학과 동기들과 다녀온 동유럽 배낭 여행에서 멋진 공연도 보고, 맛있는 음식들을 먹으며 이것이 행복이라고 생각했습니다. 하지만 이번 의료봉사를 통해서 사랑하는 사람들과 좋은 시간을 보내는 것이 행복한 일이지만, 내 몸은 비록 조금 힘들지라도 단 한 번도 의사를 만나본 적 없는 사람들에게 작은 도움이 되었을 때, 이전과는 비교할 수 없는 기쁨과 행복을 느끼게 되었습니다. 내가 가진 것들을 나를 위해서만 쓸 때보다 남을 위해 쓸 때, 훨씬 더 내가 행복해 진다는 것을 온몸으로 느끼는 시간이었습니다. 나만 생각하고, 나를 위한 삶만을 살았을 때는, 오히려 내가가진 것들을 당연하게 여기고 내가 갖지 못한 것들을 생각하며 불평하고 불만족스러운 삶을 살았습니다. 하지만 옴코이 지역의 아이들과 마을주민들의 삶을 보고 나서는, 관심만 있다면 내가 가진 것들이 훨씬 더 가치 있는 곳에 귀하게 쓰여질 수 있다는 확신이 생겼습니다.

비록 짧은 의료봉사를 마치고, 지금은 일상으로 돌아왔지만, 평소에도 그곳을 생각하며 작은 것에도 감사하고, 전공 공부도 최선을 다해서 열심히 해야겠습니다. 앞으로도 기회가 되는대로 의료진의 손길이 닿기 힘든 지역에 가서 제가 가진 작은 것들을 나누고 올 수 있기를 바랍니다.

빛과 향기로운 크리스천의 사회봉사와 소명

1. 기독교사회봉사의 의미

1) 기독교사회봉사활동이란?

한국기독교는 1세기 역사를 통해 인적, 물적 풍부한 자원을 소유하게 되었음에도 불구하고 교회의 본질적 사명인 복음전파를 통한 사회봉사를 소홀히 하고 있다는 지적과 함께 대형교회의 경우 개교회 중심의 교회팽창과 물질만능의 소용돌이에 휩싸여 있는 모습을 볼 수 있다. 교회는 세상을 향해 복음을 선포하고 예수그리스도의 사랑을 실천할 때 진정한 교회로 성장할 수 있다. 따라서 인류를 구원하시기 위해 친히 인간의 몸으로 이 땅에 오신 예수그리스도를 따르는 교회와 크리스천은 그 분의 실천정신인 사랑과 섬김의 삶을 실천함이 당연한 도리이다.

'인자가 온 것은 섬김을 받으려 함이 아니요 도리어 섬기려 하고 자기 목숨을 많은 사람의 대속물로 주려 함이니라'고 말씀하셨다. 이처럼 섬김은 예수그리스도의 섬김의 사역에서 비롯되었으며, 섬김의 원형은 바로 예수그리스도께서 수행하신 화해의 섬김(봉사)에서 찾을 수 있다.

Hessel은 그의 저서 『Social Ministry』에서 사회봉사diakonia에 대한 성서적 개념을 첫째, 어려운 처지에 있는 개인이나 단체를 해방시키는 목적이 있으며 둘째, 단순히 교인 증가수단이 아니라 그 자체에 가치가 있다고 하였다. 이에 사회봉사는 그리스도 사건에 근거되어 있기 때문에 그리스도 중심의 봉사자가 되어야 한다는 의미에서 기독교사회봉사란 구원과 그리스도중심의 섬김과 실천으로 이루어지는 사람과 사회를 향한 모든 행위를 말한다.

사회봉사활동은 우리 각자에게 어떤 의미일까? 나의 작은 행동이 어떤 큰 영향력을 가져올지 상상을 해보자. 나비의 날갯짓과 같은 작은 변화가 폭풍우와 같은 커다란 변화를 유발한다는 나비효과처럼... 나의 교육봉사활동으로 인해 학생의 삶이 변화하고, 지역사회 그리고 국가가 발전할 수 있는 계기가 될 수도 있다. 오늘날의 사회봉사활동의 흐름은 자신의 영역을 지키고 친족과 이웃, 국익을 위해 봉사하는 삶도 여전히 중요하고 가치가 있지만 우리가 주목해야 하는 것은 인류 공동의 이익과 국경을 넘는 보편적 가치를 추구하면서 살아가는 사람들이 점점 많아지고 있다는 사실이다. 대표적인 예가 한국대학의 기독교수들이 정년을 하고 아시아 및 아프리카의 오지를 찾아 저개발국가에서 가족들과 함께 거주하며 대학으로부터 전혀 사례를 받지 않고 100% 자비량으로 학생들에게 전공지식을 가르치며 인성지도를 통해 헌신 봉사하는 PAUA(범아시아-아프리카대학협의회)교수님들을 떠올릴 수 있다. 또한 해를 거듭할수록 많은 젊은 이들이 해외봉사를 떠나고 있다. 해외봉사 프로그램이 넘쳐나고 대학생에서 점차 연령대를 낮춰 중고등학생을 대상으로 하는 해외봉사활동도 확산되고 있다. 이처럼 사회봉사활동은 21세기에 인류의 행복과 발전을 좌우할 제3영역의 핵심이 되고 있다. 인류가 지금까지 발전시켜 온 영역으로서 제1영역은 정부이며, 이것은 국민이 낸 세금으로 유지되어 왔으며, 제2영역은 기업으로서 제품을 판매한 이윤으로 유지되어 왔다. 이제 인류가 개발해야 할 제3영역은 사회봉사활동으로서 비영리분야라 할 수 있다. "자원봉사란 욕구가 인식되어졌을 때 어떤 구체적인 이득을 생각하지 않고 사회적 책임이라는 태도로 행동을 선택하는 것이며 이것은 시혜나 무언가를 기대하거나 어쩔 수 없이 행하는 것을 초월하는 의미(Dunn, 1995)"라고 한다. 즉, 기독교사회봉사활동은 그것을 필요로 하는 사회적 문제와 욕구, 그리고 자원봉사자의 개인적 동기라는 두 가지 요소가 없이는 이루어질 수 없는 활동이다. 따라서 기독교사회봉사활동의 의의를 사회적 차원의 필요성과 개인적 차원의 참여라는 두 영역으로 살펴 볼 필요가 있다.

(1) 기독교사회봉사활동의 사회적 의의

"네 이웃을 네 몸과 같이 사랑하라"는 말씀은 기독교사회봉사에 대한 핵심내용으로서 무조건적이며 자기희생적인 의미를 내포하고 있다. 크리스천은 교육을 통하여 가르침을 받고 세상에 나아가 봉사하여야 할 사명이 있는데 사회봉사는 신앙의 표현이요 결단으로 나타나는 것이기도 하다. 세상을 향한 봉사공동체로서의 교회, 예수그리스도의 현존양식, 세상을 위해 고난 받는 전적인 타자로서의 교회, 삼위일체적 봉사공동체로서의 교회가 21세기 한국교회와 크리스천의 사회봉사라고 말할 수 있다. 따라서 기독교사회봉사활동의 사회적 의의를 몇 가지로 나누어 생각해 보면 첫째, 현대 사회복지제도는 그 대상이 확대됨에 따라 재정과 인력의 제한으로 상대가 기대하는 욕구를 모두 충족시키기에는 역부족인 상태로서 사회봉사활동은 이러한 공적, 제도적 복지 서비스의 불완전성을 보완하는 의미인 것이다. 둘째, 사회봉사활동은 시설의 사회화를 위한 필수적인 활동으로 보는 것인데 즉, 시설이 위치한 지역에 살고 있는 사람들이 일을 도와주며, 시설사업을 보완하는 역할을 하고, 인간관계를 통해 시설과 지역사회간의 심리적 장벽, 편견, 무관심을 없애주며, 주민의 사회참여 능력을 향상시키고, 주인의식이나 공동체 의식을 갖게 하는 사회봉사활동을 하는 것은 통합화나 정상화와 같은 새로운 복지인식을 일반화시키고 시설을 사회화 시키는데 도움을 줄 수 있는 것이다. 셋째, 사회봉사활동은 시민의 자발성에서 우러나온 민간 활동이고, 또한 활동의 과정을 통하여 공동사회 의식을 높이는 것이므로 복지사회를 향한 시민참여의 한 형태로서 매우 가치 있는 활동이 될 수 있다.

(2) 기독교사회봉사활동의 개인적 의의

첫째, 자신의 시간, 기술, 지식을 자기가 아닌 타인, 공공의 복지를 위한 활동에 참여함으로써 크리스천으로서 성숙한 인격을 형성하게 되고, 지식과 기술, 태도 면에서 자기성장을 이루게 되며 자아를 발견하게 된다. 둘째, 무보수 봉사활동을 통해 정신적인 보상을 받을 수 있고, 이타적인 인생을 살게 된다. 셋째, 사회봉사활동을 통해 지역사회와 연계하여 지역사회에 대한 새로운 이해를 하게 되며, 넓은 시야와 다양한 경험을 쌓을 수 있으며 인생을 풍요롭게 누릴 수 있게 된다. 넷째, 사회봉사활동을 통해 상호 신뢰를 기조로 하는 인간관계를 수립하고 참여과정에서 사회문제, 혹은 사회복지와 관련한 문제에 접하게 되면서 사회복지의 대상이 되는 문제가 타인의 문제만이 아니라 자신의 문제이며 공동의 문제라는 공동체 의식과 연대적 감정을 깨닫게 된다. 따라서 봉사활동은 사회복지를 향한 주체적인 시민 참여의 한 형태가 될 수 있는 것이다. 이처럼 사회봉사활동의 개인적 동기는 각 개인의 이해와 욕구를 반영하는 것으로서 이타주의와 자기 이익간의 혼합 또는 연속성 상에 있어야 한다.

필자 개인의 인생역정을 돌아볼 때 사회봉사로 출발하여 오늘의 내 자신이 있음을 발견하고 하나님께 감사하지 않을 수 없다. 사십대 중반 장애인시설에서 매주 2회에 걸쳐 장애인들과 더불어 희로애락을 함께 경험하며 시작했던 봉사활동을 통해 제2의 천성을 발견하고 큰 행복감과 기쁨을 느낄 수 있었고, 그를 계기로 사회복지현장에 뛰어들어 두루 경험하게 되었으며 부족한 학문적 깊이를 쌓아 마침내 대학으로부터 현장전문교수로서 부름을 받아 후학들을 지도할 수 있는 영광을 맛볼 수 있었다. 장애인들과의 아름다운 만남이 없었다면 오늘의 나는 없었을 터이고 인생의 진정한 가치를 모르고 허무한 삶을 영위했을 수도 있다. 사회적 가치역할이 훼손되기 쉬운 소외계층과의 뜻깊은 만남이 오늘의 나를 있게 하였기에 남은 인생의 여정도 힘들고 어려운 환경에 처해 있는 소외계층들을 위해 작은 손길이나마 넣어주고 싶은 빚진 마음가짐이다.

2) 기독교정신에 기반한 한국의 사회봉사활동 발전과정

일반적으로 한국의 자원봉사활동의 기원을 두레, 품앗이, 계 등 공동체적 상부상조의 삶에서 찾는다[1]. 그러나 이러한 봉사활동의 형태는 서로 도움을 주고받는 것으로 자발성, 무보수성, 이타주의 등을 원칙으로 하는 봉사활동의 근본적인 개념과는 약간의 거리가 있다고 볼 수 있다. 우리나라에서 순수한 개념의 봉사활동이 시작된 것은 1903년 YMCA창립을 시작으로 1921년 태화기독교사회관에서 여성계몽과 어린이 건강을 위한 봉사활동의 사회복지사업을 시작한 것이 효시이다. 이 시기에 기독교사상, 민주주의 철학 등이 유입되면서 교회 및 관련단체의 자선적, 박애적 성격을 띠는 초기 형태의 자원봉사가 시작되었다.

1950년대와 1960년대에 이르러 종전까지 산발적으로 전개되었던 봉사활동이 YMCA, YWCA를 중심으로 활발하게 운영되기 시작하였고, 인도주의 차원의 적십자운동과 더불어 보다 조직적으로 활성화되었다.[2] 1978년 한국사회복지협의회가 사회봉사안내소를 개설하고, 자원봉사자 교육훈련을 받은 자원봉사자를 사회복지부분에 배치하면서 전문적인 봉사활동 관리가 시작되었다. 1980년대에는 경제수준의 향상, 국민의식의 증대, 가족구조의 변화 등에 따라 사회복지 및 자원봉사의 역할이 증대되었다. 대외적으로는 1986년 아시안게임과 1988년 올림픽대회 개최를 계기로 많은 국민이 자원봉사에 참여하면서 사회봉사에 대한 전 국민적 관심을 불러일으키게 되었다.

1990년대에 이르러서는 '한국자원봉사연합회'가 창립됨으로써 최

1 강준원 외 <사회복지학개론>(2008, 광문각) p.105.

2 류기형 외 <자원봉사론>(1999, 양서원) pp.76-79.

초의 전문적인 민간 자원봉사단체가 설립되었다. 더불어 행정자치부, 문화관광부, 여성부를 중심으로 자원봉사 업무를 담당하는 부서뿐만 아니라 정부지원의 각종 자원봉사센터들도 전국적으로 설치되었다. 일반인의 봉사활동 인식에 큰 변화를 준 계기는 1995년 발표된 교육개혁안 내용이었다. 초중고등학생들의 종합생활기록부와 고입 및 대입 내신에 자원봉사활동 실적을 반영하도록 한 교육개혁안이 발표되자 청소년과 학부모들의 사회봉사활동에 대한 관심이 급격히 증가되었다. 1996년에는 대학사회봉사활동의 활성화를 위하여 '한국대학사회봉사협의회'가 발족되는 등 우리 사회의 변화에 발맞춰 다양한 계층에서 참여가 확대되었다. 이처럼 사회봉사에 대한 시민 참여가 확산됨에 따라 사회봉사를 체계적으로 지원하고 사회봉사자를 보호하기 위하여 2006년부터는 '자원봉사활동기본법'[3]이 시행되고 있다.

"완전한 하나님의 나라가 현재와 연결될 수 있도록 그리스도의 동역자로서 그의 봉사영역에 우리가 선택할 수 있는 것이 아니라 그리스도 앞에서 책임져야 할 살아있는 기독교 신앙의 본질이고 핵심적인 차원이다(마25:31~46)."

사도시대의 교회로부터 현대 교회에 이르기까지의 교회의 섬김의 역사가 이를 보다 선명하게 증거해 주고 있다. 역사적으로도 섬김으로서 사회와 공존하는 교회가 되어야 하는 책임은 선택의 문제가 아니라 반드시 해야 하는 사명이기에 교회와 크리스천은 성서적인 섬김의 전략을 세워 사회를 섬기는 책임을 감당할 수 있어야 한다.

3 배기효 외 <자원봉사론>(2007, 공동체) pp.47-49.

3) 사회봉사자의 기본자세 및 태도[4]

■ 사회봉사자의 자세	■ 사회봉사활동 유의사항
• 자신이 관심을 가진 일부터 시작한다. • 자기 주위에 있는 일부터 시작한다. • 우선 가족과 직장의 이해를 얻는다. • 겸손한 태도와 감사하는 마음으로 한다. • 사회봉사활동의 가치를 믿는다. • 자발적, 적극적으로 책임감을 가진다. • 물질적 보수를 바라지 않는다. • 봉사를 통하여 배우려는 자세를 갖는다.	• 자발적으로 봉사활동에 적극 참여한다. • 반드시 계획에 따라 봉사활동을 한다. • 봉사활동 시 안전에 각별히 유의한다. • 지역사회 관계자들의 협조를 구한다. • 기관의 업무정보를 누설하지 않는다. • 사회봉사활동의 한계를 분명히 한다. • 사익을 위해 정치적으로 이용하지 않는다.
■ 사회봉사자의 수칙	**■ 봉사활동기관 선정 시 유의사항**
• 봉사 대상자에게 정성을 다한다. • 봉사기관의 안내와 결정에 따른다. • 매사에 철저히 약속을 지킨다. • 신속하고 확실하게 맡은 일을 수행한다. • 겸손한 태도로 상대방의 처지를 이해한다. • 봉사자 상호간 서로 존중하고 협력한다. • 웃는 얼굴로 공손한 언어를 사용한다. • 안전에 유의하며 사고 예방에 힘쓴다. • 몸을 청결하게 하고 복장을 단정히 한다.	• 봉사학생의 자기발전에 도움이 되어야 한다. • 봉사대상에게 실질적 도움이 되도록 한다. • 학생들의 발달단계에 적절해야 한다. • 학생들이 구체적으로 할 수 있는 것이어야 한다. • 가족단위 봉사활동은 인성교육의 요람이다. • 적어도 6개월 이상 지속적인 봉사활동이 바람직하다.

4 백은영 <청소년자원봉사활동 어떻게 할까?>(2012, 초록우체통) p.25.

4) 대학생사회봉사활동의 필요성

사회봉사활동은 학생들의 바람직한 인성을 함양할 수 있는 개인적 필요성과 교육의 장을 넓힐 수 있는 교육적 필요성이다. 개인적 필요성에는 첫째, 인간존중의 정신과 태도를 형성하게 한다. 봉사활동을 통해 학생들은 자기의 존재의미와 자기존중의 정신을 깨달을 수 있고, 인간의 존엄성과 가치를 인식하여 건전한 인격형성의 바탕을 마련할 수 있다. 둘째, 사회성을 개발할 수 있다. 봉사활동은 학생들로 하여금 다른 사람과 협력하고 원만한 인간관계를 유지시킬 수 있는 사회성을 길러준다. 셋째, 자신감과 지도력을 향상시킨다. 학생들은 봉사활동 과정에서 집단 활동을 통해 자기를 표현할 기회를 가짐으로써 자신을 갖게 되고 다른 사람과 협동하고 돕는 과정에서 잠재적인 지도력을 개발하게 된다. 넷째, 공동체 의식을 함양할 수 있다. 학생들은 봉사활동을 통해 어려운 이웃을 도와 함께 살아가는 공동체의식을 기를 수 있다. 이기주의적 태도를 버리고 구성원들이 서로 돕고 살아가는 사회를 통하여 자아를 실현하며 성숙한 인격체로 성장할 수 있다. 다섯째, 민주시민으로서 책임감을 형성한다. 봉사활동은 학생들에게 바람직한 민주시민의 자질을 함양시켜 준다. 봉사활동에 적극 참여함으로써 자발성, 협동정신, 책임감 등 민주시민의 자질이 높아진다. 여섯째, 보람 있는 여가생활을 즐길 수 있다. 학생들이 자발적으로 자기 취미와 적성에 맞는 봉사활동을 하면서 보람을 느낄 뿐만 아니라 탈선이나 비행예방의 효과가 있다. 일곱째, 진로선택에 도움을 줄 수 있다. 학생은 봉사활동을 통해 자신의 취향과 작성을 발견할 수 있는 기회가 주어지며 새로운 기술을 습득하거나 이미 가진 기술을 더욱 발전시킬 수 있다.

2. 사회봉사 실천사례를 통한 크리스천의 소명

생명을 살리는 크리스천의 소명의식

1) 흑암의 터널에 갇힌 비행청소년을 새 희망의 빛으로!

행복한 가정의 원천은 가정 내에 건강한 웃음꽃이 얼마나 활짝 피어나느냐에 달려 있다. 비록 물질적으로 곤고한 삶이라 할지라도 가족들이 서로 위로하고 격려하며 사랑의 대화가 꽃피고 관심과 배려가 넘쳐난다면 그 가정이 바로 천국가정이라 할 수 있다. 그러나 많은 비행청소년들이 가정 밖으로 팽개쳐져 나오는 것은 그럴듯한 집house은 있지만 가정home이 해체되고 무너져서 청소년들이 '가정'이라는 울타리 밖으로 버림받고 상처투성이로 깊은 수렁에 빠지게 되는 것이다.

2000년부터 광주시청소년상담복지센터에서 부부 전문직자원봉사자로 몸담아 수많은 비행청소년들을 가슴으로 품으며 그리스도의 사랑을 통해 비행청소년 선도사역할 감당할 수 있음에 얼마나 감사한지 모른다. 쑥스러운 마음으로 한 사례를 소개하고자 한다.

태어나자마자 담요에 싸여 고속도로 터널 속에 버려졌던 핏덩어리 어린 생명은 생부모로부터 버림을 받고 패트롤카에 간신히 구조되어 육아시설에 맡겨졌고 성도 이름도 없이 불행한 인생의 출발점에 서게 되었다. 중3, 16세가 되던 해까지 육아시설에서 성장하며 단 한번도 '엄마' '아빠'라고 불러보지 못하고 우울한 청소년시절을 보내던 그는 시설이나 학교에서 왕따를 당하고 반항적이고 돌출적인 비행을 저지르며 수많은 문제행동을 일으켜 청소년상담센터에 의뢰된 선도대상 청소년으로서 저희 부부에게 맡겨진 사례가 되었다. 격한 반항심과 우울감에 빠진 그는 마음의 문을 열지 못하고 오랜 기간 상담자인 필자의 애간장을 태우며 반감을 표현하기 일쑤였다. 가슴 속에 분노와 사회에 대한 적개심으로 가득한 친구는 눈을 제대로 맞추지 못하고 피하기만 하던 그가 7~8개월이란 시간의 흐름 속에 서서히 마음의 문을 열기 시작하였고 어느 날 피자를 먹던 친구의 눈에 약간의 눈물이 고인 모습을 발견하게 되었다. 마침내 말문을 열게 된 친구는 '선생님, 저 때문에 힘드셨죠?' 뜻밖의 질문을 던지며 지난날의 자신의 처절한 삶의 얘기들을 털어놓기 시작했다. 시설에서 생활하며 16살이 된 지금까지 매일 밤 이불에 오줌을 싸서 이모에게 호되게 기합 받고 형들에게 감히 형언할 수 없는 폭력과 시달림에 고통을 받았으며 학교에서 조폭과 같은 또래들로부터 왕따와 폭력을 당하고 그의 따른 울분으로 약한 친구들에게 폭력을 행사하는 악습의 되풀이였음을 토로하였다. '나를 낳아준 부모님은 왜 나를 버렸을까?' 원망과 분노로 일그러진 모습 속에서 그의 마음 깊은 곳까지 공감하는 심정으로 귀 담아 경청하는 동안 그의 마음이 차분하게 누그러지며 자신의 부모님을 찾을 수 없을지 나에게 도움을 요청하였다. 이미 시설에서 유전자검사를 실시하였지만 불가능한 결과를 얻었던 그로서는 어쩜 마지막 절규와도 같았다. 다름 아닌 자신을 버린 부모님에 대한 원망과 실의에 젖어 자존감은 온통 망가졌으며 정체성을 잃은 그는 매일 밤 오줌실수를 하였던 것이다. 그의 간절한 바람이 무엇인지를 알게 된 우리 가정은 가족회의를 통해 그를 우리 가정의 구성원으로 받아들이기로 결정하고 며칠 후 가족회의에 초대하여 마침내 거룩(?)한 선포식을 하게 되었다. 청소년시절이 몽땅 짓뭉개진 그에게 '엄마' '아빠'라는 칭호를 부를 수 있는 기회가 17살에야 이루어지게 되었다. 이제까지 '원장님',

'이모님', '선생님'이라는 칭호만을 사용하던 그에게 '엄마' '아빠'라는 새로운 칭호를 부를 수 있는 특별(?)한 권한을 허락하자 그는 와락 엄마와 나의 품에 안겨 얼마나 감격하여 울며 기뻐하는지 온 가족이 눈물로 범벅이 되고 말았다. 그 감격의 순간이 지금도 기억에 남아 있다. 그 특별한 이름이 바로 '엄마' '아빠'였던 것이다. 그에게 새로운 가정과 부모가 생긴 것이다.

가정법원에 법적 미성년후견인을 신청하고 석 달이 지나서야 마침내 법적 보호자로서 통보를 받았고 '가슴으로 낳은 내 아들'이 된 것이다. 새로운 가정을 얻게 된 아들은 중학교를 가까스로 졸업하고 실업계고등학교에 진학하여 밤늦게까지 열심히 공부하며 새로운 인생을 출발하게 되었고 1학년 초에 거의 밑바닥을 헤매던 성적이 차츰 중상위권을 유지하더니 고 3에 진급해서는 전교 상위권에 진입하여 주위를 놀라게 하였고, 매주 토요일마다 장애인시설에서 자원봉사활동을 하여 3년 동안 316시간 봉사활동 실적으로 한국청소년위원장이 수여하는 자원봉사활동 대상을 수상하였고, 3년간 지각이나 결석 없이 개근하여 개근상, 봉사상, 선행상, 성적우수상 등을 차지하였고 영예의 졸업식장에서는 국회의원 모범표창을 받기에 이르렀다. 대학 진학문제로 고심하던 중 특수교사의 비전을 갖고 N대학에 도전하여 수시합격과 함께 장학금을 받았음은 물론 성장했던 육아시설에서는 특별한 기적의 화제 거리가 되었다. 대학 4년 동안의 생활 중에 갈등과 어려움도 적지 않았지만 하나님 은혜로 마침내 졸업을 하게 되었고 졸업과 동시에 졸업동기 중 최초로 취업에 성공한 졸업생으로서 귀감이 되었다. 장애전담 특수어린이집에 특수교사로 취업하여 어언 3년 반의 세월이 흘렀고 서구지역 주공아파트에 독립하여 세대주로서 사회적, 경제적 자립이 이루어졌고 이제 27살의 당당한 청년 직장인으로서 미래를 알차게 열어가고 있다. 문제청소년으로서 조롱받던 그는 자신이 성장했던 육아시설에서 주일 저녁예배에는 기타를 치는 찬양리더로서 주님께 헌신하며 어린 동생들에게 롤 모델로서 자리매김을 하고 있으며 머지않은 날 따뜻하고 건강한 가정의 건실한 가장으로서의 역할을 감당하리라 믿어 의심치 않는다.

'인간은 만남으로 자란다.' 어떠한 만남이냐에 따라 우리 인생은 다양한 방향으로 성장할 수도 있고 악의 구렁텅이로 빠질 수도 있다. 가슴으로 낳은 내 아들과의 만남은 어쩌면 하나님께서 예비하신 만남이 아닐까 생각하며 진정으로 감사하지 않을 수 없다. 우리가 하나님과의 인격적 만남을 통해 예수그리스도께서 이 땅에 오신 섬김의 리더십을 본받아 작은 사랑을 실천할 수 있길 기도한다.

2) 전남대기독교수회의 예수사랑 실천

기독교적 인성의 계발은 전인(全人)으로서 영적인 인간이 지닌 지성, 감성, 의지를 조화롭게 이루어 나가도록 하는 데 있으며, 이상적인 인간상에 대한 성서는 하나님을 사랑(신6:5)하고 이웃을 사랑(레19:18)하며, 자연을 통치하고 관리(창1:28)하는 자, 즉 '하나님의 형상'의 존재로 살아가는 인간이며, 가장 대표적으로 이상적인 인간상이 예수그리스도이시다. 우리 모두는 예수님의 형상을 닮아가려고 노력한다. 예수님사랑의 실천방향으로서 우리는 하나님을 경외하며 그의 뜻을 찾는 인간이 되어야 하며, 자신을 발견하고 수용하는 인간, 기독공동체의 일원으로 이웃과 협력하고 봉사하는 더불어 사는 인간으로서 이웃을 사랑하며, 일상의 삶 속에서 창조적인 일에 참여하는 인간으로서 자연 질서와의 관계에서 바르게 살아가는 인간이 되어야 할 것이다.

필자가 몸 담아 섬기고 있는 전남대기독교수회는 매주 화요일 오전 8시에 한 자리에 모여 찬양과 경배, 중보의 기도를 통해 학생사랑, 학교사랑, 나라사랑, 이웃 사랑을 몸소 실천해 오고 있다. 기독교수들의 자비량으로 헌금을 모아 지방에서 올라온 어려운 환경의 학생들에게 기숙시설 2개동을 마련하여 무료로 제공하고, 농어촌지방의 목회자 자녀들에게 소정의 장학금을 지급하고 있으며, 매 학기마다 기독교수들의 따뜻한 성금을 모아 육아시설을 찾아 아동들이 즐겨하는 음식과 성금을 전달할 뿐만 아니라 찬양곡을 준비하여 작은 음악회형식으로 시설 아동들과 사랑의 교제를 나누고 있다. 또한 매년 5월에 열리는 '전남대 크리스천 찬양제'에 시설 아동으로 구성된 합창단을 초청하여 하나님께 영광을 올려 드리고 아동들에게 미래의 꿈과 희망을 선사하는 아름다운 행사를 진행해 오고 있다. 사회봉사를 통해 지역사회 통합에 이바지하고 예수님의 사랑을 전하는 매우 뜻깊은 행사로서 건강한 사회구현을 위한 기독교수들의 헌신적 사회봉사에 하나님께서도 기뻐하시리라 믿는다.

3) 국제의료봉사를 통한 지구촌 사랑의 실천

국제사회봉사활동이란 국제적인 봉사활동에 자발적으로 참여하는 활동을 말한다. 즉 국제봉사활동은 언어, 종교, 정치, 사회경제적 장애를 뛰어 넘어 자신의 시간, 능력, 에너지를 사용하여 사회변화, 경제발전, 환경보존 등을 실천하는 사랑과 섬김의 활동이다. 국제사회봉사활동을 통해 얻을 수 있는 기대효과는 세계시민으로서의 다양한 만남을 통해 새로운 경험을 배우게 되고 국제사회에 공헌함으로써 세계시민으로서의 인류공동체의식이 함양되며 국제적인 문제해 결과제에 동참함으로써 바람직한 인생관과 가치관 형성에 이바지할 수 있다.

전남대 치전원에 재직 중이신 K교수님은 부부 의사로서 매년 방학을 이용하여 해외의료봉사활동을 통해 헌신적으로 예수님의 사랑을 실천하는 롤 모델로서 타의 귀감이 되고 있다. 부부는 물론 자녀들과 함께하는 의료선교봉사활동은 자녀들의 품성과 신앙교육에 큰 영향을 미치게 된다. 주변을 살펴볼 때 인술을 펼치는 의료인보다는 물질만능의 유혹에 빠져 허우적거리는 의료인들이 적지 않음에 비추어 볼 때 신앙인으로서 지구촌의 어려운 이웃들을 향한 숭고한 봉사정신은 높이 평가받아 마땅하다. 해외의료선교를 준비하는 과정에는 수많은 어려움들이 예상된다. 다양한 의료장비는 물론이요 의료봉사자 인적 구성과 장비수송, 현지의 향토병, 열악하고 불비한 여건들에 대처하기 위한 갖가지 준비물과 시간 할애 등 보통사람들로서는 실천하기 쉽지 않은 대단한 성의가 뒤따라야 할 것이다.

우리 지역에서는 광주기독병원을 비롯한 대형병원들이 앞장서서 의료봉사를 선도하고 있지만 뜻을 갖는 교회 단위로 의료선교활동을 시행하는 모습들은 하나님께서 기뻐하실 사랑의 실천 활동임에 틀림없다. 언더우드 선교사, 서사평, 우월순 선교사, 4대에 걸쳐 헌신적 사랑을 베푸신 유진벨 선교사 가문을 비롯한 수많은 선교사들이 척박한 조선땅에 죽음을 불사하고 의료선교를 통해 복음의 씨앗을 뿌렸던 핏 값으로 오늘날 우리의 삶이 유지되고 있음을 생각할 때 우리는 예수님 사랑의 빚진 자들로서 지구촌을 사랑하고 인류를 사랑하는 마음으로 사회봉사에 헌신적으로 참여함이 마땅한 도리라고 생각된다.

3. 21세기 기독교사회봉사의 실천방향

21세기에는 급격한 사회변화와 양극화, 심각한 환경파괴 등으로 정의, 평화, 창조질서의 보전에 대한 크리스천의 사회적 책임이 부과되고 있으므로 향후 활발한 논의가 필요하며 실천방향이 도출되어야 할 것이다. 한국교회는 약 110년 전 1907년에 대 부흥과 회개운동이 전개되었던 상황을 회고하면서 섬김의 새로운 패러다임을 펼쳐나가야 한다. 하나님 나라의 실현을 위한 보다 포괄적인 의미의 사회봉사를 담아 교회와 사회 속에서 그 역할을 감당할 수 있어야 한다. 교회는 하나님의 백성으로 부름 받은 성도들의 모임이며 하나님나라 실현을 목적으로 하는 신앙공동체로서 전적인 타인을 위해 존재하는 것으로서 세상과 이웃을 섬기는 것을 그 본질적 목적으로 하고 있다. 사회봉사는 그리스도중심의 섬김의 실천을 통한 행위로서 그리스도의 몸인 교회는 화해, 치유, 봉사, 섬김의 구체적인 실천행위 속에서 종의 모습을 지닌 교회가 되어야 함이 언급되어 있듯이 교회는 이웃을 위해 존재할 때 진정한 교회로서의 가치를 발견할 수 있으며, 지배적 성격이 아니라 돕고 섬기는 종으로서의 모습을 적극적으로 실천해야 한다는 의미를 강조하고 있음을 깨달아야 한다. 학교는 교육의 요람이요 상아탑으로서 기독교수의 역할이 그 어느 때보다 중요한 시점으로 부각되고 있다. 봉사활동을 빙자한 이단세력이 들끓고 있으며 호시탐탐 젊은 영혼들을 악의 영으로 갉아 먹고 가정과 학교생활을 파탄으로 몰아가고 있음은 심각한 상황이 아닐 수 없다. 대학교수들은 학교 교육현장에서 연구와 교육, 사회봉사의 역할을 충실히 감당하며 학생들에게 긍정적인 영향력을 줄 수 있어야 하며 학생들과의 인격적인 만남을 통해 전문지식 전수는 물론 삶의 지혜를 가르칠 수 있도록 항상 옷깃을 여며야 한다. 학교현장에서 기독교수님들의 헌신적 사역을 지켜보며 감동을 느낄 때가 많은데 진정한 학생사랑의 모습은 독실한 신앙심의 발로가 아니면 불가능하다. 자신이 몸담고 있는 가정과 일터에서 신뢰와 존경을 얻지 못한다면 지역사회와 이웃을 위한 사회봉사활동은 허구에 불과할 따름이다.

21세기의 기독교사회봉사활동은 단지 가난하고 억눌린 자들을 돕는 미시적 차원에서 벗어나 보다 거시적이고 적극적인 차원으로 확대된 섬김과 나눔의 개념을 갖고 지구촌을 섬기는 글로벌 비전을 수립해야 할 때이다. 최근 정부뿐 아니라 기업과 대학, 종교단체와 NGO등에서 운영하는 해외봉사 프로그램이 생겨나고 젊은이들이 해외로 떠나고 있다. 그들은 왜 떠나며 낯선 땅에서 어떠한 역할을 하게 될까? '울지마 톤즈'에서 보았듯 이태석 신부처럼 헌신적 예수사랑을 몸소 실천하고자 하는 이들의 움직임이 예사롭지 않음은 참 다행이라 생각된다.

4. 해외봉사활동 가이드북[5]

해외봉사활동의 밑바탕에는 국제개발협력이라는 범세계적 합의가 깔려 있다. 해외봉사에 대한 구체적 준비절차와 정체성 논의를 통해 바람직한 접근방법을 이해해야 하며, 다양한 지원에서부터 귀국 후 활동까지 상세한 정보와 계획수립이 전제되어야 한다. 사회봉사활동의 거시적인 관점에서 능동적으로 활동을 수행하며 방향성을 충분히 검토할 수 있도록 핵심내용을 소개하고자 한다.

---

5 한국국제협력단(KOICA) <해외봉사 바로 알고 가기> pp.114-121.

1) 정부파견 해외봉사단

지난 2009년 우리나라 정부파견 해외봉사단이 월드프렌즈코리아 WFK(World Friends Korea)로 통합되면서 2009년부터 매년 4,000명이 넘는 봉사단원이 파견되고 있다. 해외봉사 봉사프로그램마다 자격요건, 활동분야, 파견기간 등이 다르기 때문에 자신에게 맞는 프로그램이 무엇인지 확인이 필요하다.

(1) KOICA해외봉사단(외교부)

정부에서 파견하는 대표적인 해외봉사단 프로그램으로 만20세 이상 62세 이하의 대한민국 국민이라면 누구나 참여할 수 있다. 1990년 최초 파견 이후 지난 20년 동안 해외봉사단원 파견경험을 바탕으로 한 모집선발, 교육훈련, 활동지원 귀국 후 사후관리 등 단계별로 체계화된 프로그램을 운영하고 있다. 개발도상국의 수요를 바탕으로 우리가 비교우위에 있는 교육, 보건, 공공행정, 산업에너지, 농림수산 등 5대 분야 50여개 직종 위주로 단원을 파견하고 있으며, 연 평균활동인원은 총 40여개국, 1,600여명에 이른다. 일반봉사단, 국제협력요원, KOICA-NGO봉사단, 산학협력봉사단 등의 세부 프로그램으로 나눠진다.

(2) KOICA중장기자문단(외교부)

국내 우수 퇴직인력을 활용하여 해당 분야의 지식과 경험을 전수하여 개발도상국의 사회경제개발 및 빈곤퇴치에 기여하고자 2010년에 새롭게 도입된 프로그램이다. 해당분야 학사학위 이상의 10년 이상 경력을 가진 퇴직(예정)자를 대상으로 선발, 6개월~1년간 개발도상국 정부기관에 파견하여 교육, 농림수산, 보건, 공공행정, 산업에너지 분야에서 정책자문 및 기술 전수의 역할을 수행한다.

(3) 대한민국 IT 봉사단(행자부)

만 18세 이상의 대한민국 국민을 대상으로 팀을 구성, 주요 정보화 협력국가에 파견하여 IT교육 및 공동 프로젝트 수행 등을 통해 국제 정보격차 해소 및 글로벌 인재양성에 기여하는 단기 해외봉사 프로그램이다. 여름방학(7~8월)기간에 단기(1개월)로 파견되는 경우와 국내 대학 및 국제기구 등과 연계하여 중기(4개월)로 파견하는 경우로 나뉜다.

(4) 한국대학생해외봉사단(교육부)

한국대학사회봉사협의회와 태평양아시아협회로 나뉘어 운영되고 있다. 전자의 경우 대학생들이 해외봉사를 통해 나눔과 배려를 직접 실천하고 국제경험을 통해 글로벌 리더십을 향상시켜 문화교류를 통해 국제 친선과 상호 이해 증진에 기여하는 것을 목적으로 한다. 교육봉사, 전공연계 특화봉사 분야로 파견되며 연인원 700여명이 1개 팀 2~30명으로 구성되어 방학기간을 활용하여 2~3주간 현지에서 봉사활동을 진행하게 된다. 후자의 경우 개발도상국 청소년들과의 문화교류를 통해 양국 간 상호이해증진과 국제화 시대에 적응하는 차세대 리더로서의 자질향상을 목적으로 한다. 방학기간 동안 2~30명으로 이루어진 20여개 팀, 총 500여명의 대학생들이 태평양아시아지역 국가에 파견되어 활동을 펼친다.

(5) 개도국과학기술지원단(교육부)

우수한 국내과학기술인력을 개발도상국의 학술 및 연구기관에 1년간 파견, 과학기술분야 교육 및 연구협력을 통해 최신 과학기술

정보를 공유하며, 우리나라와 굳건한 과학기술협력관계 구축에 기여하고 있다.

(6) 퇴직전문가(지경부)

정보통신, 중소기업지원, 기상관측, 환경에너지 정책 등 우리나라가 가지고 있는 우수한 공공서비스 지식과 경험을 전수하여 개발도상국가의 경제사회발전에 기여하는 것을 목적으로 2010년부터 시행되고 있는 프로그램이다. 만50세 이상으로 해당분야 10년 이상의 경력을 가진 퇴직(예정)자를 대상으로 선발, 주요 34개 공공서비스 분야를 대상으로 1년간 개발도상국 정부 및 공공기관에 파견하여 전문가로 활동한다.

(7) 세계태권도평화봉사단

태권도 봉사를 통해 세계인과 함께 희망을 나누고 궁극적으로 스포츠를 통해 평화를 구현하는 것을 목적으로 도입, 2008년부터 2011년까지 총 134개국에 635명의 봉사단원을 파견하였다. 매년 2회에 걸쳐 단기 및 중장기 태권도평화봉사단과 태권도문화공연단을 파견하고 있으며, 태권도 정신을 비롯하여 한국어 등 한국문화 전파에도 기여하고 있다.

2) 민간파견 해외봉사단

최근 해외봉사에 대한 일반인의 관심이 높아지면서 기업, NGO, 대학교 등의 민간에서도 해마다 수많은 봉사자를 해외로 파견하고 있다. 이는 일반 국민들이 보다 다양한 경로를 통해 해외봉사에 참여할 수 있는 길이 마련되었다는 점뿐만이 아니라, 정부파견 해외봉사단의 활동이 미치지 못하는 지역과 분야에 대해 민간의 장점을 활용하여 보다 유연하고 탄력적인 대응이 가능하다는 점에서 양자는 상호보완적 관계라고 할 수 있다. 기업을 통해 파견되는 해외봉사단은 기업의 사회공헌활동의 이환으로 노력봉사, 교육봉사 및 문화교류활동 등을 펼치고 있다. 활동기간은 일주일에서 수개월, 1년까지 기업마다 다르며 항공료, 체재비 등의 제반비용을 주최 측에서 지원하는 만큼 경쟁률이 높은 편이다.

NGO를 통해 봉사단원으로 파견되는 경우, 이미 체계적으로 기반이 마련되어 진행 중인 NGO의 각 해외사업장에서 활동하면서 현지 주민들과 밀착하여 활동할 수 있는 점이 매력적이다. 이 때문에 일부 자비를 부담하고 참가를 희망할 정도로 지원자들의 열의가 높다. 특히 KOICA의 지원으로 파견되는 KOICA-NGO봉사단의 경우 일정 수준 이상의 체재비를 보장받으면서 각 NGO사업장에 파견하기에 보다 안정적으로 활동할 수 있기에 매력이 있다.

(1) 해피무브 글로벌 청년봉사단(현대기아차그룹)

현대자동차 그룹은 '해피무브 글로벌 청년봉사단'을 운영하여 연간 1천 여 명의 대학생을 대상으로 해외봉사 프로그램을 방학 중에 실시하고 있다. 서류와 면접심사를 통해 선발되며 파견국가 특성에 따라 환경, 지역, 의료봉사를 실시하고 있다. 또한 기아차는 2006년부터 대학생을 대상으로 유네스코 한국위원회와 함께 문화교류, 자원봉사, 환경보호 등 다양한 테마의 프로젝트를 수행하는 '글로벌 워크캠프'에 대한민국 대표로 참가할 대학생 50여명을 선발 후원하고 있다.

(2) Sunny봉사단(SK그룹)

SK그룹의 경우 대학생을 대상으로 Sunny봉사단을 통해 해외봉사를 실시하고 있으며 2004년부터 베트남, 태국, 몽골 등 아시아지역에 방학을 이용하여 대학생 봉사단을 파견하고 자원봉사활동을 펼치고 있다.

(3) Beyond봉사단(포스코그룹)

포스코그룹은 국제NGO 해비타트와 함께 대학생을 대상으로 'Beyond봉사단'을 운영한다. 매년 초 100여명의 대학생 봉사단을 선발, 교육 및 국내 봉사활동 후 겨울방학을 이용하여 해외봉사단으로 파견하고 있다.

(4) 굿네이버스(Good Neighbors)

굿네이버스는 1991년 3월 한국인이 설립한 국제NGO이며, 1996년 국내 최초로 UN경제사회이사회의에서 NGO최상위 지위인 포괄적 협의지위를 받은 단체이기도 하다. 기독교정신을 바탕으로 방글라데시, 케냐, 필리핀 등 개발도상국에 봉사단을 파견하고 있다. 연 3차례 자체 모집, 선발한 해외봉사단을 6개월에서 1년 이상 파견한다. 파견분야로는 사회복지, 아동교육, 영어교육 등이며 기독교 신자만 지원이 가능하다.

(5) 세계청년봉사단(COPION)

1999년 중앙일보 산하로 세계청년봉사단은 해외봉사 프로그램의 전문성을 강화하고 해외네트워킹 NGO로서의 입지를 다지고자 2008년 COPION으로 명칭을 변경하였다. 매년 두 차례 해외봉사단을 선발하여 전 세계 43개국에 있는 143여개의 NGO 및 비영리기관에 봉사자들을 파견하고 있다. 활동분야는 교육(한국어, 영어, 태권도) 및 의료 보건관련 업무, 의료 간호서비스, 건축, 농촌봉사, 사무보조 등으로 매우 다양하다.

(6) 국제워크캠프기구(IWO)

국제워크캠프기구는 세계의 평화와 연대를 위해 전 세계의 자원봉사단체 및 국제 교류단체들과 함께하는 국제 NGO이다. 파견기간과 지역은 매번 조금씩 차이가 있으나 다양한 국적의 젊은이들이 2~3주간 공동생활을 통해 현지지역주민들과 교류하여 지역사회 발전을 위해 봉사한다.

(7) 해비타트(Habitat)

해비타트는 1976년 사회사업가인 미국인 밀라드 풀러가 창설, 주택 신축 및 보수를 통해 무주택 서민의 주거문제를 해결해 주는 국제적인 기독교 자원봉사단체이다. 2003년 현재 80여개국에서 2천개가 넘는 지회가 있으며 전 세계적으로 10만채가 넘는 주택을 공급했다.

해비타트는 기독교 비영리 건축 봉사활동 프로그램으로 지미 카터 미국대통령 등 많은 유명 인사들이 참여하여 널리 소개된 바 있다. 참여를 위해 단체 및 개임별로 일정 조정이 가능하며 7일에서 14일간 활동을 한다.

참고문헌

강준원 외(2008). 사회복지학개론, 서울: 광문각.
김두현(1999). 청소년자원봉사활동의 정책방향과 과제, 서울: 삼원문화사.
김성이(1998). 자원봉사활동의 조직과 운영에 관한 연구, 사회복지.
김용복(1998). 21시기의 사회변동과 미아코니아선교「풀빛목회」.
김혜원, 이규빈(2012). 해외봉사 바로알고 가기, 한국국제협력단.
류기형 외(2003). 자원봉사론, 서울: 양서원.
류종훈(2007). 사회봉사와 선교복지론, 서울: 21세기사.
배기효 외(2007). 자원봉사론, 서울: 공동체.
백은영(2012). 청소년자원봉사활동 어떻게 할까?, 서울: 초록우체통.
이용교(1995). 한국청소년정책론, 서울: 인간과 복지.

강준원 (종교문화연구소 연구원)